U0512061

刘雅兰 著

福斯特

生态学马克思主义

研究

Study on
Foster's Ecological
Marxism

社会科学文献出版社
SOCIAL SCIENCES ACADEMIC PRESS (CHINA)

目　录

导　论

一　研究背景、理论意义与实用价值

（一）研究背景

全球气候变暖、南极冰川融化、大洋洲森林大火、美国禽流感、中亚蝗虫灾难……人类面临一个又一个灾难。地球是怎么了，世界末日来临了吗，世代居住的家园将要成为可怕的人间地狱吗，原因在哪里，问题怎么解决，人与自然该如何相处，一连串的问题在不断地拷问着人类的灵魂。

工业文明推动人类历史的车轮，而它所造成的生态危机也在不断吞噬人的无机身体——自然界。自工业革命以来，在资本逻辑的牵引下，资本主义制度在追求利润的征途中，不断加大对自然资源的掠夺，给自然生态带来了灾难性后果。碳排放量不断增加、气温回升、全球变暖、南极冰川融化、物种濒临灭绝、蝗虫肆虐东非、海洋污染加剧、土壤沙化等"自然"灾害日益加剧，承载着人类世代繁衍的星球面临崩溃的威胁。文艺复兴把人类理性从宗教束缚下解放出来，但主体性的自我膨胀俨然把自己看作地球的主人。"宇宙之大，唯我独尊，天地之广，唯我最优"的思想被资产阶级奉若神明，在工具理性指引下人与自然展开史无前例的交战。自然不再被视为人的无机的身体，而是沦落为满足人欲求的工具性存在。当人类的无限欲望超越自然有限的承载力，自然在资本奴役下变得千疮百孔、面目全非之时，山河开始怒吼、自然开始咆哮，生态危机频繁爆发。目前，环境危机正残酷地撕毁着人类对未来畅想的美好愿望和梦想，假若人与自然的关系不能得到有效改善，人类将陷入万劫不复的危险境地。

当自然生态告急，经济发展遇到瓶颈时，以追逐更多剩余价值为唯一目的的资本主义制度将经济活动的重心从实体经济转向金融部门。垄断金融资本在全球迅速扩张，虽然在一定程度上促进了经济的发展，但也暗藏着颠覆资本主义的危险因子。因为任何虚拟经济必须建立在实体经济之上，"以实为基，反哺实体"应该是虚拟经济的基本准则。但若虚拟经济过度活跃，与实体经济发生严重脱离并反过来统治实体经济，经济危机则在所难免。由美国次贷危机发展而来的金融灾难，不断向实体经济渗透并在全球蔓延，给世界经济、社会等领域造成重大创伤。全球面临经济长期停滞、失业率居高不下、收入差距不断拉大、社会阶层严重分化的威胁。同时，随着全球化在世界的布展，金融资本越出国界活跃在国际化大舞台，形成了全球性的垄断金融资本。垄断资本借助于跨国公司不断掠夺第三世界低廉的劳动力和自然资源，甚至通过国际债务操控不发达国家的经济运行。金融危机随着垄断资本传导至第三世界，使全球经济陷入停滞—金融化陷阱。

垄断资本主义宣传所谓的"普世价值""自由市场"等理念不断渗透广大发展中国家，依靠跨国公司、世界银行、国际货币基金组织等撕裂中心与外围国家之间的发展间隙，进一步通过生态帝国主义加大对边缘国家的践踏与破坏。垄断资本主义还假借不发达国家人口过多、经济发展落后等理由企图转嫁生态危机责任，加大对发展中国家的指控和制裁，以此掩盖其罪恶本质。中国在经济全球化进程中，既面临发展的大好机遇，也遭遇了前所未有的挑战。如何在自然危机与社会危机的交织中、国内外因素的重叠交错间，构建人与自然、人与人和谐共生的美好生活，既是我们党提出的人类命运共同体伟大工程的题中应有之义，也是全国各族人民的共同心声。

（二）理论意义

生态问题的严峻性，尤其是自然生态和社会生态的双重困境，已经成为阻碍人类发展进步的赘疣。当今，如何消除生态危机，追求人与自然、人与人的和谐相处，构建人类的美好生活，是摆在人类面前亟须解决的重大课题之一。20世纪60年代，美国生物学家蕾切尔·卡逊的《寂静的春天》引起巨大反响。随后，对人与自然的反思成为文学、生物、科学、哲学、社会学等领域的热门话题。当人们普遍认为生态问题仍是困扰经济发展的致命症结时，学者围绕解救自然，弥补人与自然之间的裂缝，进行了广泛的研究与探讨。有学者认为技术在资本主义社会的非理性运用，造成了对自然的奴役和控制，技术成为资本追求利润的帮凶。为了避免技术非理性运用造成的生态困境，本·阿格尔认为应用小规模技术可以化解生态危机。"在资本主义条件下，小规模技术意味着不仅要改组资本主义工业生产的技术过程，而且要改组那种社会制度的权力关系。"① 针对这种幻想通过科技进步来解决环境问题的方案，福斯特在《生态危机与资本主义》一书中质疑技术的魔杖能否解决环境问题，通过"杰文斯悖论"的分析，指出资本主义对积累的贪恋，使得"技术本身（在现行生产方式的条件下）无助于我们摆脱环境的两难境况"②。

有的学者对科学技术持悲观主义态度，认为科学技术是导致生态危机的罪魁祸首。法兰克福学派的霍克海默和阿多诺是持此观点的典型人物。在他们看来，启蒙走向了反面，"被彻底启蒙的世界却笼罩在一批因胜利而招致的灾难之中"③。启蒙祛除了神话对人的统治和奴役，却将科技奉为新的"神话"，给人类和自然界带来前所未有的灾难。崇尚市场的新自由主义者，企图将自然资源纳入市场体系参与供求竞争，依靠无形的手给自然定价，从而调整资源稀缺，达到遏制环境污染的目的。然而，自然不属于任何人、任何组织以及任何团体。对于自然，人类只具有使用权、收益权，而根本不具有所有权，唯利是图的资本家无权给自然定价并将其抛入市场体系量化销售。

随着苏联解体、东欧剧变，马克思主义也遭遇理论挑战，而生态学马克思主义从人与自然关系的视角为马克思主义注入了新的活力。

---

① 〔加〕本·阿格尔：《西方马克思主义概论》，慎之等译，中国人民大学出版社，1991，第501页。
② 〔美〕约翰·贝拉米·福斯特：《生态危机与资本主义》，耿建新、宋兴无译，上海译文出版社，2006，第96页。
③ 〔德〕马克斯·霍克海默、西奥多·阿多诺：《启蒙辩证法：哲学断片》，渠敬东、曹卫东译，上海人民出版社，2006，第1页。

生态学马克思主义从西方马克思主义理论中脱颖而出,其立足自己的理论视域推进了马克思主义的发展。比如:美国的詹姆斯·奥康纳和加拿大的本·阿格尔通过改造马克思的唯物主义来开启马克思思想的生态学维度;英国的戴维·佩珀认为,历史唯物主义与生态学不是对立的关系,二者具有内在的相通性,在对西方绿色思潮的批判中,他从生态学角度对历史唯物主义做了进一步阐发,丰富了生态学理论宝库。美国左翼社会学家始终以《每月评论》为平台透视资本主义社会,关注人类未来的发展走向;该杂志的主编约翰·贝拉米·福斯特,通过梳理马克思实践唯物主义的历史背景,深刻解读了马克思唯物主义内含的生态学思想。他以其独特的理论视角塑造了马克思唯物主义在生态学领域的革命性权威,为解决当下的自然生态危机和社会生态困境提供了哲学基础支撑,摆脱了以往生态学者以"生态论生态"的理论怪圈,为寻找问题突破口提供了一种有影响的理论方案。

环境为经济发展提供资源支撑,经济发展为环境保护提供物质保障。"环境与经济已互为因果,不考虑环境问题而仅就经济研究经济伦理,或不考虑经济问题而仅就环境保护研究环境伦理都已行不通。"① 福斯特对资本主义的批判没有拘泥于单纯的自然生态危机,而是进一步拓展到社会生态领域。2007 年以后,随着美国次贷危机的蔓延,全球经济长期无法走出金融危机的阴霾。为了重启经济发展,驱除金融危机的幽灵,国内外学者纷纷围绕金融危机的原因、影响及其与社会制度的关联做出大量探索。对于这场金融危机的原因,学者们从金融监管放松、金融机构过度膨胀、储蓄与消费比例失调、金融衍生品泛滥、银行家的贪婪等角度做出多种解释。不过,这些因素大都是点燃金融危机的外在因素,因此这些研究没有从根源上触及危机爆发的内在根据。福斯特循着资本逻辑的脉络,指出金融资本是当今资本主义社会危机产生的根源,而罪魁祸首是资本主义制度。他通过分析金融化在资本主义中的地位和作用,指出资本主义已进入垄

---

① 卢风:《资本、道德与环保——"经济伦理与环境伦理高端对话"侧记》,《哲学动态》2011 年第 10 期。

断金融资本主义阶段。这一时期的资本主义并没有改变资本贪婪的本性，金融资本仍是以攫取高额利润为唯一目的。新自由主义是垄断资本意识形态的集中表达。在新自由主义主导下，金融资本借助全球化力量不断拓展利润空间，广大发展中国家在发达国家倡导的"自由化""民主化""市场化""全球化"价值观的诱导下逐步打开国门，全面开放农业、商业、服务业以及金融证券等门户。第三世界被纳入金融资本增殖的链条，垄断资本主义通过全球劳动力套利榨取贫困国家低廉的自然资源和劳动力资源，结果造成了中心与外围的断裂。福斯特立足金融资本对垄断资本主义的批判，戳穿了垄断资本的真实面目，揭穿了新自由主义的虚伪谎言。他的社会生态思想进一步丰富了生态学马克思主义理论，也为我们对资本主义的分析和批判提供了新的视角和理论支撑。同时，他对实体经济与虚拟经济关系的讨论，对我们在经济发展中如何规制虚拟经济的比重，发挥虚拟经济对实体经济的反哺效应提供了理论借鉴意义。

（三）实用价值

生态文明建设是关系人民福祉，关乎民族未来，事关中华民族伟大复兴的战略工程。2017 年 10 月 18 日，习近平同志在党的十九大报告中指出，要打造美丽中国，就必须牢固树立和践行"绿水青山就是金山银山"的发展理念。在尊重自然、顺应自然、认识自然的前提下，统筹城市与乡村、经济与社会、人与自然的和谐发展。历年来，我们党在带领人民发家致富的同时，从来没有忽略人与自然的关系。在党的卓越领导下，先后制定了一系列环境保护的决策方案，生态文明建设取得了可喜的成果。比如：在 2012～2015 年，科技在工业企业中的应用降低了污染物的排放量，使"工业部门平均化学需氧量排放强度和二氧化硫排放强度分别下降了 37% 和 41%"；优化、调整三大产业结构之间的比例关系，第一、二、三产业的比值由 2012 年的9.4∶45.3∶45.3 调整为 2017 年的 7.6∶40.5∶51.9，提高了资源利用率和环境改造率，生态环境整体面貌大为改观。[①] 但从整体上看，环境

---

① 张友国：《新时代生态文明建设的新作为》，《红旗文稿》2019 年第 5 期。

问题仍然滞后于经济建设，重点表现为自然资源存储量不足，水污染、大气污染、噪声污染严重，尤其是雾霾逐渐成为杀害人类的隐形凶手。而物种的减少、土壤的沙化、资源的匮乏、环境的污染，更成为制约经济社会可持续发展的瓶颈，严重背离了人与自然和谐相处的美好初衷。

当今，面对挥之不去的雾霾阴影、森林面积缩小、草场退化、自然灾害频发等一系列危害人民生命健康和财产安全的生态问题，如何解决关乎人民切身利益和经济发展的生态危机，是摆在党和人民面前的重大时代课题。为此，我们党先后提出了一系列方针策略。党的十六届三中全会首次提出科学发展观理念。胡锦涛对科学发展观做出了全面的、详细的、科学的规定，即"坚持以人为本，树立全面、协调、可持续的发展观，促进经济社会和人的全面发展"①，同时把握好"五个统筹"关系。2007年，党的十七大报告对科学发展观做了进一步的补充和完善，明确指出"发展"是其基本要义，"以人为本"是科学发展观的核心、出发点和落脚点，"全面协调可持续"是基本要求，"统筹兼顾"是实现科学发展的根本方法。同时，科学发展观被写入新修改的党章中，成为党执政兴国的指导思想。2012年，在党的十八大上，胡锦涛进一步指出发展仍是解决中国道路前进中遇到的所有问题的关键，同时从生态文明的高度进一步阐释了科学发展的内涵。他指出："建设生态文明，是关系人民福祉、关乎民族未来的长远大计……把生态文明建设放在突出地位，融入经济建设、政治建设、文化建设、社会建设各方面和全过程，努力建设美丽中国，实现中华民族永续发展。"②把科学发展观融入五位一体的战略布局中，为生态文明建设指明了新的发展方向。党的十九大报告明确指出新时期我国社会的主要矛盾已经转化为人民日益增长的美好生活需要和不平衡不充分的发展之间的矛盾，而解决矛盾的关键和基础仍是发展，从"创新、协调、绿色、开放、共享"五个方面开辟了发展观的新

---

① 《十六大以来重要文献选编》（上），中央文献出版社，2005，第465页。
② 《十八大以来重要文献选编》（上），中央文献出版社，2014，第30~31页。

篇章，并把人与自然的关系提高到"人与自然是生命共同体"[①]的高度，为实现人与自然的永续发展提供科学的自然观基础和根本性的思想指南。

我们党一直在孜孜不倦地深化人与自然和谐共生的执政理念，任何有益于人与自然和谐共处的生态思想我们都应积极借鉴吸收。作为生态学马克思主义的代表人物，福斯特在哲学基础上对人与自然和人与人关系的反思以及围绕"新陈代谢断裂"和"停滞——金融化陷阱"等生态学马克思主义思想的致思，蕴含着丰富的人与自然、人与人和谐相处的生态学因子。因此，我们希望通过对福斯特生态学马克思主义的哲学基础、自然生态和社会生态思想的整体梳理，能够寻找到解决当今生态危机和金融危机的理论借鉴，以期发现福斯特生态思想对建设美丽中国的启发。

二 国内外研究现状

（一）国外研究现状

梳理国内外学者的研究现状，是进一步推进理论研究的基础。而福斯特本人的原始著作是国内外研究者进行研究的现实土壤。在这里，我们首先对福斯特本人近些年的思想做一简要介绍。

福斯特作为当今生态学马克思主义的标杆人物，对人与自然关系的探讨没有落入既定的思维模式，而是从生态学的视角对马克思实践唯物主义进行重新解读。他不但从"新陈代谢断裂"角度批判了资本主义社会中人与自然、经济与自然的对立，也从"停滞——金融化陷阱"的角度剖析了垄断金融资本主义，立足生态危机与金融危机双重维度展开对资本主义的反思和批判，为我们今天解决生态问题开辟了新的理论视角。

福斯特作为一位与时代同频共振的高产学者，通过检索"每月评论"网页，我们发现近年来他一直致力于对马克思生态学思想的深化和推进，主要学术成果有："Education and the Structural Crisis of

---

① 《十九大以来重要文献选编》（上），中央文献出版社，2019，第35页。

Capital：The U. S. Case"（《教育与资本的结构性危机——以美国为例》，2011）、"Capitalism and the Accumulation of Catastrophe"（《资本主义与灾难的积累》，2011）、"Marx and Engels and 'Small Is Beautiful' & A Response"（《马克思恩格斯"小即是美"研究及回应》，2012）、"The Global Stagnation and China"（《全球经济停滞与中国》，2012）、"The Endless Crisis"（《无休止的危机》，2012）、"A Missing Chapter of Monopoly Capital：Introduction to Baran and Sweezy's 'Some Theoretical Implications'"（《垄断资本缺失的一章：巴兰与斯威齐之"一些理论意涵"导论》，2012）、"The Planetary Rift and the New Human Exemptionalism"（《地球断裂与新人类豁免主义》，2012）、"The Planetary Emergency"（《星球危机》，2012）、"James Hansen and the Climate-Change Exit Strategy"（《詹姆斯·汉森与气候变化退出战略》，2013）、"Toward a Global Dialogue on Ecology and Marxism：A Brief Response to Chinese Scholars"（《走向生态学与马克思主义的全球对话：对中国学者的简要回应》，2013）、"Class War and Labor's Declining Share"（《阶级战争与劳工份额下降》，2013）、"Marx, Kalecki, and Socialist Strategy"（《马克思、卡莱茨基和社会主义策略》，2013）、"The Cultural Apparatus of Monopoly Capital：An Introduction"（《垄断资本文化机器导论》，2013）、"Introduction to the Second Edition of The Theory of Monopoly Capitalism"（《垄断资本主义理论》第二版导言，2013）、"The Epochal Crisis"（《划时代的危机》，2013）、"Marx and the Rift in the Universal Metabolism of Nature"（《马克思与自然界的新陈代谢断裂》，2014）、"Stagnation and Financialization：The Nature of the Contradiction"（《停滞与金融化：矛盾的本质》，2014）、"Surveillance Capitalism：Monopoly-Finance Capital, the Military-Industrial Complex, and the Digital Age"（《监控式资本主义：垄断金融资本、军工复合体和数字时代》，2014）、"Paul Burkett's Marx and Nature Fifteen Years After"（《保罗·伯克特的马克思与自然出版后十五年》，2014）、"Chávez and the Communal State：On the Transition to Socialism in Venezuela"（《查韦斯政府：关于委内瑞拉向社会主义的转型与过

渡问题》，2015）、"The Climate Moment"（《气候时刻》，2015）、
"Late Soviet Ecology and the Planetary Crisis"（《苏联晚期生态与星球
危机》，2015）、"The New Imperialism of Globalized Monopoly-Finance
Capital：An Introduction"（《全球垄断金融资本下的新帝国主义导
论》，2015）、"The Great Capitalist Climacteric：Marxism and 'System
Change Not Climate Change'"（《资本主义的大挑战：马克思主义和
"改变体制而不是改变气候"》，2015）、"Marxism and Ecology：Com-
mon Fonts of a Great Transition"（《马克思主义与生态学：伟大转折》，
2015）、"Marxism and the Dialectics of Ecology"（《马克思主义与生态
辩证法》，2016）、"The Opt Out Revolt：Democracy and Education"
（《选择退出反抗：民主与教育》，2016）、"Marx's Ecology and the
Left"（《马克思的生态学与左翼》，2016）、"Marx and the Earth：An
Anti-Critique"（《马克思与地球：一种反批判》，2016）、"Monopoly
Capital at the Half-Century Mark"（《半个世纪以来的垄断资本》，
2016）、"Marxism in the Anthropocene：Dialectical Rifts on the Left"
（《人类世的马克思主义：左派的辩证分裂》，2016）、"The Reproduc-
tion of Economy and Society"（《经济与社会的再生产》，2016）、"Ma-
rx as a Food Theorist"（《作为食物理论家的马克思》，2016）、"The
Global Reserve Army of Labor and the New Imperialism"（《全球劳动后
备军与新帝国主义》，2017）、"Trump and Climate Catastrophe"（《特
朗普和气候灾难》，2017）、"The Return of Engels"（《恩格斯的归
来》，2017）、"Neofascism in the White House"（《白宫的新法西斯主
义》，2017）、"Revolution and Counterrevolution，1917 – 2017"（《革命
与反革命，1917 ~ 2017》，2017）、"The Long Ecological Revolution"
（《漫长的生态革命》，2017）、"The Earth-System Crisis and Ecological
Civilization：A Marxian View"（《马克思主义视角下的地球系统危机
与生态文明》，2017）、"What Is Monopoly Capital？"（《什么是垄断资
本？》，2018）、"The Present as History' and the Theory of Monopoly Cap-
ital"（《当下即历史与垄断资本理论》，2018）、"The Robbery of Na-
ture"（《自然的掠夺》，2018）、"Marx，Value，and Nature"（《马克

思、价值与自然》，2018）、"Women，Nature，and Capital in the Industrial Revolution"（《工业革命中的妇女、自然与资本》，2018）、"Value Isnt Everything"（《价值不是一切》，2018）、"Marx and Alienated Speciesism"（《马克思与异化理论》，2018）、"Making War on the Planet"（《星球大战》，2018）、"Capitalism Has Failed—What Next?"（《资本主义已经失败——下一步怎么办?》，2019）、"Global Commodity Chains and the New Imperialism"（《全球商品链与新帝国主义》，2019）、"Making Space in Critical Environmental Geography for the Metabolic Rift"（《代谢断裂的批判环境地理学空间》，2019）、"Imperialism in the Anthropocene"（《人类世的帝国主义》，2019）、"Late Imperialism"（《晚期资本主义》，2019）、"The Rise of the Right"（《右翼的崛起》，2019）、"Capitalism and Robbery"（《资本主义与掠夺》，2019）、"The Robbery of Nature：Capitalism and the Ecological Rift"（《对自然的掠夺：资本主义与生态断裂》，2020）、"The Return of Nature and Marx's Ecology"（《自然的回归与马克思的生态学》，2020）、"Engels's Dialectics of Nature in the Anthropocene"（《人类世时期恩格斯的自然辩证法》，2020）等一系列文章。此外还出版了专著 *The Endless Crisis*（《无休止的危机》，2012）、*The Theory of Monopoly Capitalism（New Edition）*（《垄断资本主义理论》，2014）、*Marx and Earth*（《马克思与地球》，2016）、*The Age of Monopoly Capital*（《垄断资本时代》，2017）、*Trump in the White House：Tragedy and Farce*（《特朗普在白宫：悲剧与闹剧》、2017）、*The Return of Nature：Socialism and Ecology*（《自然的回归：社会主义与生态》，2019）、*The Robbery of Nature*（《自然的掠夺》，2019）等。

统观福斯特的上述研究成果，我们可以看出他的研究领域主要聚焦于马克思与生态学、资本主义与生态危机、帝国主义、垄断资本、生态革命等问题。尽管相对于其他主流理论的研究来说，国外学者对福斯特生态学马克思思想的研究较少，但在国外马克思主义和左翼社会学领域，尤其是在近年来的国内学术界，福斯特对马克思与生态学的关系以及马克思生态学思想丰富内涵的解读，依然受到了广泛关注。

2000 年出版的《马克思的生态学：唯物主义与自然》一书使福斯特声名大噪，在生态学马克思主义领域异军突起。他从生态学角度对马克思唯物主义的深度阐释，有力回击了西方学者对马克思生态思想"空场论"的指责，并立足自己建构的生态唯物主义揭露资本主义生产方式的反生态性。随后，福斯特的生态唯物主义和"新陈代谢断裂"理论受到学者们的广泛关注。由于理论出发点不同，研究视角相异，学者对福斯特生态学思想做出了褒贬不一的评判。

美国宾汉顿大学社会学教授杰森·W. 摩尔在《生命网络中的资本主义：生态与资本的积累》等论文中，批评了福斯特的"新陈代谢断裂"理论。摩尔立足"一元论"思想把自然消融在社会中，通过建构"生命之网"企图把自然问题内化于资本主义制度，认为资本主义制度能够克服自然资源的稀缺问题，自然与人类社会之间并不存在真正的新陈代谢断裂。摩尔把马克思关于自然与社会之间的新陈代谢理解为"能量的单一代谢"①；在他看来，真正的问题是新陈代谢转移而非新陈代谢断裂。

日本学者斋藤幸平在《人类世的马克思主义》中，把福斯特划归于"第二阶段生态社会主义者"。他认为福斯特补白了以往学者所指责的所谓马克思和恩格斯的"生态空场"论，肯定了福斯特从"新陈代谢断裂"的角度对马克思生态学思想的挖掘与呈现，认为"新陈代谢"打破了红绿思潮的长期对立，作为一颗"希望之星"为生态问题的解决带来了希望。②

生态现代主义不认同福斯特通过生态革命消除生态危机的论断。利·菲利普斯和米哈尔·罗兹沃尔斯基在《规划美好人类世》一文中，阐述了科技进步和经济增长是根治现代社会危机的良药。在他们看来，核能是化石燃料的理想替代品，经济增长可以逾越自然的极

① 〔美〕约翰·贝拉米·福斯特、布雷特·克拉克：《马克思主义与生态辩证法》，刘顺译，《郑州轻工业学院学报》（社会科学版）2018 年第 1 期。

② 〔日〕斋藤幸平：《人类世的马克思主义》，陈世华、卓宜勋译，《南京工业大学学报》（社会科学版）2019 年第 3 期。

限，经济"确实可以在有限的世界中产生无限的增长"①，只有不断地实现经济增长才能获得自由。他们不承认马克思理论中的生态学力量，指责福斯特所构建的"新陈代谢断裂"思想实际上是子虚乌有。

Alda Kokallaj 从政治生态学角度评价福斯特《生态革命：与地球和平相处》（*The Ecological Revolution：Making Peace with the Planet*）一书。作者既认同福斯特对资本主义生态危机的批判，也高度赞同他从新陈代谢角度对马克思生态学思想的剖析。在他看来，该书比较精彩的地方在于将理论与强烈的政治问题意识相结合，并呼吁通过社会主义解决生态危机。但 Alda Kokallaj 认为，由于福斯特对生态革命的探讨不够深入，阐述中还存在逻辑演绎不严密、重点不足的缺陷，生态革命仍带有浪漫主义色彩。

在"Stuck in the Anthropocene：The Problem of History，Theory，and Practice in Jason W. Moore and John Bellamy Foster's Eco-Marxism"（《人类世之困：杰森·W. 摩尔和约翰·贝拉米·福斯特的生态马克思主义的历史、理论和实践问题》）一文中，亚历山大·M. 斯通和安多妮·梅拉索普洛斯认为福斯特是当今最著名的生态马克思主义者之一。福斯特提出的所谓"人类世"概念从根本上改变了人类感知世界的方式。文章从福斯特的"新陈代谢断裂"理论开始阐述人类世概念，指出垄断资本主义在第二次世界大战后的加速发展既把人类推向了经济与生态融合的"划时代的危机"，也促进了人类世话语的苏醒。文章还指出福斯特对环境问题的解释缺乏合理性，也未能洞察生态革命将如何实现。

戴维·哈维和约翰·贝拉米·福斯特都是当今西方著名的生态学马克思主义者。他们反思当代资本主义生态危机的根源，在坚守马克思主义基本立场的基础上揭露了资本主义生产方式的反生态本性。尽管在学术研究上存在着共性，但由于研究旨趣不同、占有资料的多寡有别、立足视角相异以及研究方法的差异，他们之间依然存在分歧，

---

① 〔美〕约翰·贝拉米·福斯特：《漫长的生态革命》，刘仁胜、武烜译，《国外理论动态》2018 年第 8 期。

主要聚焦于克服生态危机的路径选择上。哈维指责福斯特生态学思想弱化了阶级矛盾的力量，这就使得阶级斗争屈从于生态危机，这一点显然背离了左派政治经济学的基础。在哈维看来，福斯特生态学受到考摩纳的影响，站在自然资源稀缺性角度看待生态问题，实际上是回到了"围绕生态稀缺、自然极限、人口过剩和可持续性的争论"，这不是关于自然保护的争论，而是"关于保存一种特殊社会秩序的争论"①。

汉斯·G. 德斯（Hans G. Despain）认为福斯特和麦克切斯尼撰写的《无尽的危机：垄断金融资本如何造成从美国到中国的停滞与动荡》（*The Endless Crisis：How Monopoly-Finance Capital Produces Stagnation and Upheaval from the U. S. A to China*）是政治经济学的最佳典范。这本书是资本主义制度研究、后凯恩斯主义与马克思政治经济学的有机综合。该书主要依据著名的马克思主义者保罗·巴兰、保罗·斯威齐和弗雷德·马格多夫的相关论述展开对垄断金融资本的批判，是对巴兰和斯威齐《垄断资本》理论的继承和发展。同时，还对托斯丹·邦德·凡勃仑及约翰·K. 加尔布雷思在《垄断资本》中的作用做了进一步说明。

此外，国外对福斯特思想做出评论的包括：罗素·戴尔（Russell Dale）对福斯特著作 *The Challenge and Burden of Historical Time：Socialism in the Twenty-First Century*（《历史时代的挑战和重负：21 世纪的社会主义》，2008）的评论，曼彻斯特大学的克里斯托弗·高登的（Christopher Godden）对 *The Great Financial Crisis：Causes and Consequences*（《大金融危机的原因与后果》，2009）的评论，保罗·萨巴（Paul Saba）围绕 *What Every Envionmentalist Needs to Know About Capitalism：A Citizen's Guide to Capitalism and the Environment*（《每一位环保主义者都需要了解的资本主义：资本主义与环境关系的公民指南》，2012）一书所作的评论，以及保罗·K. 盖勒特（Paul K. Gellert）的

---

① 〔美〕戴维·哈维：《正义、自然和差异地理学》，胡大平译，上海人民出版社，2010，第 168 页。

评论性文章"Bunker's Ecologically Unequal Exchange, Foster's Metabolic Rift, and Moore's World-Ecology: Distinctions With or Without a Difference?"（《邦克的生态不平等交换、福斯特的代谢断裂和摩尔的世界生态学：有没有区别?》，2018）。

纵观国外学者的研究现状，我们发现随着福斯特生态思想的发展、深化，国外学者也一直在追踪其思想进展。从目前掌握的资料看，对福斯特生态学思想的梳理还是过于模块化，缺乏从整体的、系统的角度对其思想做宏观和整体的研究。

（二）国内研究现状

近年来，福斯特在对马克思文本进行深度耕耘的基础上，围绕人与自然、人与人主题的生态学著作不断推陈出新。其创建的生态学马克思主义理论受到国内学者的广泛关注。纵观国内学界研究成果，结合研究需要，我们从自然生态和社会生态双重角度做如下综述。

第一，对福斯特自然生态思想的研究。

纵观国内学界，目前围绕福斯特的自然生态思想翻译的著作有四本。第一本是由中国人民大学段忠桥教授主编，刘仁胜和肖峰所译的"当代英美马克思主义研究译丛"系列丛书中的《马克思的生态学：唯物主义与自然》一书。福斯特在此书中详细论述了马克思的唯物主义中蕴含的生态学思想，并以之为基础重新建构了马克思的唯物主义生态学。他以"新陈代谢断裂"理论为核心，阐述了人与自然的关系，从生态自然观的角度对资本主义进行了生态学视角的批判，建构了较为系统的马克思主义生态学体系。第二本是福斯特的《脆弱的星球：短暂的环境经济史》，为读者提供了一幅从前资本主义社会到今天的生态环境恶化的简明历史画卷。第三本是刘胜仁、李晶和董慧所译的《生态革命——与地球和平相处》。该书从人类正面临的生态危机出发，追问人类克服生态危机的路径，指出绿色工业革命不能从根本上改变人与自然的关系，只有从根本上变革人与自然之间的关系，亦即通过"社会主义的生态革命"，才能重建人与自然的新陈代谢关系。第四本是由耿建新和宋兴无翻译的《生态危机与资本主义》。在这本著作中，福斯特直面当今社会存在的生态问题，深刻剖析生态危机的根源在于资本主义制度，指出资本主义依靠技术进步解决经济危机的虚妄性，认为只有彻底变革社会制度才能克服生态危机。

　　近年来，国内围绕福斯特生态学马克思主义思想研究的论文超过200篇。2005年郭剑仁在《马克思主义哲学研究》发表了《北美生态学马克思主义述评》一文，把福斯特放在北美生态学马克思主义的理论谱系中进行了研究。2006年武汉大学何萍教授在《哲学研究》上撰写了《生态学马克思主义：作为哲学形态何以可能》，同年王雨辰教授在《马克思主义研究》上发表了《福斯特的生态学马克思主义理论评析——生态唯物主义哲学的重建与生态政治哲学》。2007年康瑞华在《马克思主义研究》发表《生态危机与生态革命——福斯特对资本主义的生态学批判》。2009年的相关研究成果较为突出。1月份南大教授唐正东发表《基于生态维度的社会改造理论——利比兹、奥康纳、福斯特的比较研究》，从比较福斯特与利比兹、奥康纳的社会改造理论的角度阐述福斯特的生态学思想。2月份陈永森和朱武雄在《科学社会主义》发表了《福斯特对生态帝国主义的批判及其启示》，立足于全球视野阐发福斯特的生态帝国主义理论。9月份复旦大学陈学明教授先后发表了《马克思唯物主义自然观的生态意蕴——约翰·贝拉米·福斯特对马克思主义的解释》和《寻找构建生态文明的理论依据——评 J. B. 福斯特对马克思的生态理论的内涵及当代价值的揭示》，侧重于从马克思主义理论评析福斯特生态学思想。随后陈学明教授又接连发表了《马克思"新陈代谢"理论的生态意蕴——J. B. 福斯特对马克思生态世界观的阐述》《马克思唯物主义历史观的生态意蕴——评生态马克思主义者 J. B. 福斯特对马克思主义的解释》《不触动资本主义制度能摆脱生态危机吗？——评福斯特对马克思生态世界观当代意义的揭示》《布什政府强烈阻挠〈京都议定书〉的实施说明了什么——评福斯特对生态危机根源的揭示》《论福斯特的生态马克思主义给予我们的启示》《福斯特：消除生态危机必须丢掉幻想》一系列文章。可以说，陈学明教授从唯物主义自然观、唯物主义历史观、"新陈代谢"、生态危机的根源以及消除危机的路径上对福斯特生态学做了全面、系统、透彻的分析。2016 年刘贺发表了《绿色工业革命，抑或生态—社会革命——解读约·贝·福斯特和〈生态革命——与地球和平相处〉》。贾学军撰写了《新帝国主义是更为凶险的帝国主义——福斯特对新帝国主义的经济与生态的双重批判》，程倩春撰写了《论发展生态辩证法何以可能——从戴维·哈维与约翰·贝拉米·福斯特的争论谈起》，刘顺撰写了《经济结构·生态环境·农民境况——福斯特关注"中国特色社会主义"的三重维度》，陈武、刘魁撰写了《生态正义与福斯特生态批判思想的逻辑生成》。这一系列文章不断持续追踪福斯特生态学思想的发展变化。2018 年刘仁胜、武烜翻译的《漫长的生态革命》等相关著作，进一步丰富了国内福斯特生态学思想研究的理论资源。

第二，对福斯特社会生态思想的研究。

2007 年由美国次贷危机引发了全球金融灾难。当福斯特聚焦于金融危机时，他围绕金融化陷阱、新自由主义、经济停滞、家庭债务等主题对垄断金融资本展开批判。目前国内还没有福斯特的相关专著的译文，只有福斯特的相关论文的译文，主要有吴娓译《资本的金融化与危机》（《马克思主义与现实》2008 年第 4 期），吴娓、刘帅译《失败的制度：资本主义全球化的世界危机及其对中国的影响》（《马克思主义与现实》2009 年第 3 期），董慧译《真言时刻——生态危机与当下资本主义制度批判》（《求是学刊》2009 年第 5 期），孙要良译《二十一世纪的马克思生态学》（《马克思主义与现实》2010 年第 3 期），张永红译《财富的悖论：资本主义与生态破坏》（《马克思主义与现实》2011 年第 2 期），张峰译《停滞—金融化陷阱与无休止的危机》（《甘肃行政学院学报》2013 年第 1 期），张永红译《星球危机》（《国外理论动态》2013 年第 5 期），张峰译《全球经济停滞与中国》（《国外理论动态》2013 年第 11 期），刘顺、胡涵锦译《马克思、卡莱茨基与社会主义策略》（《国外理论动态》2014 年第 3 期），陆雪飞译《皮凯蒂与新古典经济学的危机》（《哲学动态》2015 年第 12 期），陆雪飞译《马克思主义生态学与绿色左翼》（《国外社会科学》2017 年第 4 期），张峰译《生态马克思主义政治经济学——从自

由资本主义到垄断阶段的发展》（《马克思主义与研究》2012 年第 5
期），等等。这些译文主要侧重于资本金融化与社会危机，探讨在全
球经济停滞不前的情况下资本主义发展到垄断金融时期的自然生态和
社会生态的新问题，为我们进一步了解福斯特生态学思想提供了丰富
的素材。

国内围绕福斯特社会生态思想的研究主要有如下几项。清华大学
刘敬东教授在《福斯特的资本主义危机论及其中国启示》一文中认
为福斯特对资本主义"划时代危机"的研究从经济、社会和生态三
重维度展开。从经济维度看，在垄断金融资本主义时期，资本积累的
金融化将导致资本主义经济面临灾难。同时，金融资本通过"全球
劳动力套利"不断剥削南半球国家，新兴经济体的发展越来越依附
于垄断金融资本。从社会维度看，全球工人阶级的生活状况更加悲
惨，资本积累造成贫者愈贫、富者愈富，工人普遍处于半就业和失业
状态。从生态维度看，踏轮磨坊的生产方式造成了全球生态系统的崩
溃，人类面临的生态威胁越来越严重。

贾学军在《停滞背景下的资本主义金融化——福斯特对资本主
义金融危机的探讨》一文中，肯定了福斯特对垄断资本主义社会金
融化现象的分析。金融化力量的崛起没有把资本主义带入一个新的发
展阶段，反而使经济陷入停滞与金融化陷阱，资本主义面临灭亡的危
机。同时，贾学军也指出，福斯特在对垄断资本主义的批判中，由于
固守消费与分配的逻辑，忽视了生产方式的基础作用，他对资本主义
的分析主要停留于外在的表象，而无法深入内在的本质。因此，他对
垄断资本的批判带有不彻底性。中山大学胡莹在《求实》上发表的
《新自由主义背景下资本主义经济的金融化及其影响》一文中，围绕
着新自由主义、全球化和金融化三者的关系，论述了福斯特关于经济
停滞与金融化的共生关系。栾文莲、刘志明、周淼在《资本主义经
济金融化与世界金融危机研究》一书的绪论中，围绕经济金融化简
要介绍了福斯特的金融化及垄断金融资本主义思想，这种阐述也是放
在国内外学者思想的比较中进行的。谭扬芳在《马克思主义视域下
的时代问题研究——资本主义危机论、自由主义衰落与社会主义信仰

论》中，论述西方学者对金融危机原因的分析，阐述了福斯特的
"资本主义金融化"理论。

综上可以看出，上述文献对福斯特生态学思想的研究主要集中在
以下四个方面：第一，把福斯特放在西方马克思主义理论大背景中、
在与其他学者的对比分析中，侧重于对其生态学思想的哲学解读，并
立足马克思的实践唯物主义对他的自然生态思想进行科学评价；第
二，考察了福斯特对资本主义制度下资本与生态的对立的论述，在对
"科技万能论""自然资本化"的批判中，希冀通过变革资本逻辑、
发动生态革命，破除人与自然的二元对立关系；第三，肯定福斯特从
唯物主义角度重建马克思与生态学的关联，在对马克思"新陈代谢
断裂"思想的继承中发展了马克思主义理论，但也指出由于革命策
略的不彻底性，福斯特的思想仍带有乌托邦色彩；第四，通过对比研
究分析了福斯特关于金融危机的社会生态思想，尤其是关于金融危机
根源、新自由主义、垄断资本主义发展阶段的思想，把福斯特放在整
个金融危机的大背景下彰显其生态学的生态学维度。

我们发现，国内学界更多地聚焦于对福斯特思想的哲学基础、
"新陈代谢断裂"理论、资本主义生态批判理论，但对他关于垄断金
融资本主义的研究关注不够。同时，尽管有学者陆续翻译了一批关于
福斯特最新思想的文章，但真正从宏观上把握其生态学哲学基础、自
然生态思想和社会生态思想的文章还不多见。因此，我们试图立足整
体视角，系统探索福斯特生态学思想的逻辑发展脉络及其整体性，不
仅有助于把握生态学马克思主义的最新发展动向，而且希望为中国生
态文明建设提供借鉴。

第一章 福斯特生态学马克思主义产生的时代背景与发展历程

随着人与自然矛盾的凸显，如何引领人类摆脱生态危机，既是生态学马克思主义研究的核心课题，更是人类文明进程的题中应有之义。作为生态学马克思主义的代表人物，福斯特认为在马克思主义的思想心脏里时刻跳动着生态学的思想脉搏。福斯特生态学马克思主义理论的形成，既镌刻着鲜明的时代烙印，也内化了各种思想因子，他的理论是在批判地吸收和借鉴前人理论基础上搭建起来的。关注时代问题，与时代同频共振，是福斯特生态学马克思主义的理论品格。随着时代变迁，福斯特生态学马克思主义思想也在不断发展、完善。

第一节 福斯特生态学马克思主义产生的现实背景

理论来源于实践。任何思想的产生都源于对现实问题的回应，鲜活的时代生活和时代课题是理论产生的丰厚沃土。福斯特生态学马克思主义的产生同样离不开鲜活的时代，正是在对现时代及其问题的哲学致思中，在回答时代之问、生态之问的基础上，生态学马克思主义理论才得以形成。

一 现代性的悖论与生态问题的凸显

20世纪是人类社会飞速发展的时期，生产力得到极大提高、科学技术日新月异、物质财富急剧涌流。相比前工业社会，人们的物质生活和精神生活都得到了显著的改善。当人们沐浴在生产力发展的美好时光中，人与自然、资本与生态之间的矛盾却日益凸显。换句话说，工业化生产方式一方面创造了灿烂的物质文明，推动了人类社会前进的车轮；另一方面也因无视自然、轻视自然的内在价值，在工具主义理性主导下，把自然既当作"水龙头"又当作"污水池"，最终酿成了日趋严重的生态危机。资本无限增殖的欲望突破了自然生态的"阈限"，此时，自然不再是沉默的、任人宰割的羔羊，它以生态危机的形式对抗人类的无知，惊醒了陶醉于工业文明中的人们。于是，人类展开对生态危机的反思和批判，逐步认识到生态危机的原因并非来自自然内部，而是源于现代经济制度以及其奠基于其上的思想文化观念，亦即现代性本身蕴含着自然与生态的对立及其严重后果。由于积极与消极、肯定与否定因素共存于现代性之中，现代性作为一个悖论式的概念存在。所谓"悖论"，就是相互对立的两个结论共存于同一命题或前提中，又能为其存在各自找到合法性的根据。而现代性的悖论则是指工业化生产方式带来的积极作用与负面影响共存于一个统一体中。由于我们主要是立足于人与自然关系的角度来剖析现代性的双重作用，而现代性又是一个颇受争议的概念，因此，我们首先需要梳理一下现代性概念的来历。

最早对现代性概念进行论述的是波德莱尔。波德莱尔关于现代性的讨论主要体现在《现代生活的画家》中。他从美学角度来定义现代性，把它理解为"过渡、短暂、偶然，就是艺术的一半，另一半是永恒和不变"①。他把现代性阐释为短暂的、转瞬即逝的、新颖的，而不是永恒的、亘古不变的、陈旧的。在波德莱尔之后，学者们立足不同的视角对现代性进行解读和梳理。纵观国内外学者的阐释和批判，关于现代性内涵的探讨可谓学派林立、众说纷纭、莫衷一是。

（一）把现代性理解为新的历史开端

在《流动的现代性》一书中，齐格蒙特·鲍曼在该书第三章专门从历史时间的维度讨论现代性问题。他把现代性看作时间历史的开端，时间历史起源于现代性。"现代性就是时间的历史（the history of

---

① 〔法〕夏尔·波德莱尔：《现代生活的画家》，郭宏安译，上海译文出版社，2012，第19页。

time）：现代性是时间开始具有历史的时间。"① 施从美等认为，现代性是"指启蒙时代以来'新的'世界体系生成的时代，一种持续进步的、合目的性的、不可逆转的发展的时间观念"②。北京大学谢立中教授认为，现代性在特指意义上是"指某个特定时期的人或事物所具有的性质或状态"，也就是"大约从 17 世纪开始以来的这一段历史演变时期或这个时期的人与事物所具有的性质或状态"③。17 世纪，随着工场手工业的诞生，资本主义的统治地位逐步确立，以资本为基本建制的资本主义社会把人从宗教束缚中解脱出来，人的主体性地位得以确立，但同时也把自然置于人的对立面，控制自然、奴役自然的思想打破了人与自然和谐共生的画面。

（二）把现代性视为工业化、现代化世界

吉登斯把现代性看作现代化的工业世界。在《现代性的后果》中，他从时间和空间的二重维度谈论现代性，认为"现代性指社会生活或组织模式，大约十七世纪出现在欧洲，并且在后来的岁月里，程度不同地在世界范围内产生着影响"④。也就是说，现代性从时间角度看始于欧洲 17 世纪，在空间意义上其影响遍布世界各个角落。吉登斯认为现代社会带来了机遇与风险，现代社会制度脱胎于前现代体系，在与之发生断裂后创造了巨大的物质财富，给人们的生活带来了舒适和便利，但现代性阴暗的一面也随之暴露。吉登斯剖析了现代性的负面影响，指出环境恶化、经济崩溃、人口过剩、核战争威胁等问题都是人为活动的产物。在与皮尔森的对话中，吉登斯直接把现代性定义为现代资本主义社会。他认为，对于现代性最简单的理解就是现代工业社会或资本主义工业文明。结构功能学派的布莱克从现代性与现代化的双向运动中定义现代性，把现代性看作现代化运动的

① 〔英〕齐格蒙特·鲍曼：《流动的现代性》，欧阳景根译，上海三联书店，2002，第 173 页。

② 施从美、沈承诚：《现代性、资本逻辑与生态危机》，《社会科学战线》2013 年第 9 期。

③ 谢立中：《"现代性"及其相关概念词义辨析》，《北京大学学报》2001 年第 5 期。

④ 〔英〕安东尼·吉登斯：《现代性的后果》，田禾译，译林出版社，2000，第 1 页。

"果"，"'现代性'逐渐被广泛地运用于表述那些在技术、政治、经济和社会诸方面处于最先进水平的国家所共有的特征"①。国内学者吴晓明把现代性理解为"现代世界（现代社会或现代文明）的实质、基础、核心，意味着全部现代世界围绕着旋转的那个枢轴，一句话，意味着作为这个世界之本质的根据"②。同时，他认为现代性的两大支柱是资本和现代形而上学。总之，在上述学者看来，现代性开始于工业社会。作为现代化的外在表征，现代性像一把双刃剑，既带来了发展的机遇，也加剧了人与自然、人与人之间的矛盾，尤其是资本逻辑的主导作用，把资本主义社会带入风险境地。

（三）把现代性理解为一种意识形态

福柯在《什么是启蒙?》一文中，将精神主体性阐释为现代气质，把"现代性"规定为一种启蒙"态度"，一种"气质"，这种态度"有点像希腊人所称的社会的精神气质"。③鲍德里亚将现代性理解为不同于传统的"一个特殊的文明样式"。他认为现代性不同于先前的文化，先前文化具有异质性，现代性发源于西方而后向世界各地传播，世界各地由此而同质化。"也即不同于先前的或传统的文化，传统文化在地理上和符号上是异质的；而现代性发轫于西方，然后传遍全世界，世界由此成为同质世界。"④汪行福认为，现代性的概念是自由浮动的，在不同的语境下指代不同的内容，既可以指代资产阶级自由主义意识形态，也可用来指共产主义的道德和政治基础。鉴传今认为，目前我们探讨的现代性大致是沿用西方的观念，即现代性是一套生活方式及思想观念。纵观西方学者对现代性的定义，主要侧重于从思想、文化角度进行阐释。这种思想文化的哲学基础是启蒙运动以来主体与客体的二元对立，以及由此导致的对自然的工具主义

---

① 〔美〕C. E. 布莱克：《现代化的动力：一个比较史的研究》，段小光译，四川人民出版社，1988，第9～10页。
② 吴晓明：《论马克思对现代性的双重批判》，《学术月刊》2006年第2期。
③ 〔法〕米歇尔·福柯：《什么是启蒙?》，载汪晖、陈燕谷主编《文化与公共性》，生活·读书·新知三联书店，1998，第430页。
④ Jean Baudrillard, *Forget Foucault*, New York：Semiontext（e），1987，p. 63.

态度——其后果是对自然的掠夺与开发。

当然，有关现代性的定义还有很多，我们在这里只是选取了其中一部分。要对现代性概念做出恰当界定，我们还应从现代性的源头进行考察。现代性发轫于西方文艺复兴时期，文艺复兴高举人文主义大旗，反对宗教的清规戒律，倡导自由、追求平等、张扬主体性，把人从宗教束缚下解放出来，以此唤醒人的主体意识。笛卡尔"我思故我在"的理念为主体性提供了哲学支撑，启蒙运动用理性之光驱散黑暗，也就是康德所说的"人脱离自己的不成熟状态"[①]，人摆脱"他律"成为自由的、有理性的主体。理性的崇尚取代了宗教的权威，理性成为衡量一切是非的标尺。人作为有理性的主体，科学和技术都是满足主体需要的工具。同时为了最大限度地追求自由、平等和民主，理性之光应照耀在社会生活的各个领域。借助理性之光，资本主义建立了一套完善的社会体制。在经济上，商品经济取代了自然经济，经济活动不再是依赖传统经验、盲目自发的社会活动，而是受内在的科学理性和计算原则支配；在管理上，科层化的理性管理模式取代了传统宗法家长制的经验管理制度，大大提高了企业的运行效率；在政治上，洛克提出的"三权分立"学说为现代资本主义政治体制奠定了理论基础，推动建立了自由选举、民主管理的现代政治体系，法治国家和民主国家是现代政治的重要特征。社会生活在理性之光的照耀下焕然一新，物质财富得以竞相涌流。对此，马克思在《共产党宣言》中曾描述到，资本主义在它不到100年的统治时期创造的生产力比过去一切时代所创造的生产力之和还要多、还要大。资本在推动社会发展的过程中，也改变了传统社会人与人之间的血亲关系，生产、分配、交换和消费过程都由资本逻辑支配，金钱成为衡量人们生活的唯一标准，资本披上"神圣"的外衣而令人神魂颠倒，人异化为资本的奴隶。

综上，我们可以看出现代性是工业资本主义社会的本质特征。它从启蒙运动开始，以人的主体性为尺度并推崇理性至上主义。现代性

---

① 〔德〕康德：《历史理性批判文集》，何兆武译，商务印书馆，1990，第22页。

作为一种思想理念，是在对中世纪封建社会的等级制度和人身依附关系的批判以及对作为其精神支柱的经院哲学的超越中逐步发育形成的。"资本和现代形而上学"是现代性的两大枢轴，同时也是现代世界得以成立的根据。现代性作为一个具体的、历史的范畴，诞生于西方资本主义工业社会。以资本逻辑为基础的资本主义经济政治文化制度的历史性出场，是资本主义工业化和现代化的现实展开。

在对现代性概念理解时，我们还应重点把握以下两点。

首先，现代性尚未终结。正如哈贝马斯所言，现代性是一项尚未完成的设计。不管学者对现代性的局限性、风险、后果做出何种批判，现代性仍旧是现代社会安身立命的内在支撑，其价值意义并没有完全展示出来，现代性仍旧是人类社会发展的主要动力。从现代性的空间布展来看，现代性是流动的，尤其是随着全球化的发展，现代性随着全球化的进程而渗透世界的每个角落，诚如吉登斯所言："现代性正在内在地经历着全球化的进程。"①

其次，现代性自身内蕴着张力和危机。资本是现代性的基础，资本被创造的过程，也就是现代性的形成过程。资本是历史车轮前进的动力，但资本追求的是无限度的增殖而非人的全面发展。由于资本的扩张本性，它不断吸吮自然界的自然力、人的自然力和社会劳动的自然力，造成了人与自然的发展危机。就像马克思所阐述的，资本无限的增殖"同时破坏了一切财富的源泉——土地和工人"②。资本在推动社会经济的发展过程中，同时也创造了自己的掘墓人。因此，我们要正确对待资本，承认资本、发展资本，同时还必须驾驭资本，使资本为人类的发展服务。

启蒙运动祛除了禁锢人们头脑的宗教思想，强调人的主体性和人的自我意识，恢复了人的"主人精神"。人们不再迷恋宗教的神话和权威，开始崇尚技术理性，相信科学万能论。在工具理性浸染的新世

---

① 〔英〕安东尼·吉登斯：《现代性的后果》，田禾译，译林出版社，2000，第56页。

② 《马克思恩格斯文集》第5卷，人民出版社，2009，第580页。

界，启蒙造成了物质与意识、主体与客体的分立。尤其是主体性的过分张扬和理性的自我膨胀使启蒙走向了自我否定，"启蒙也一步步深深地卷入神话"①。在人与人的社会关系上，启蒙消除了旧的不平等，却在以资本为枢轴的社会里铸就了新的永久的不平等，资本主义打着平等、自由的幌子对人和自然进行无情压榨。启蒙运动揭开了自然的神秘面纱，崇尚工具理性。夜郎自大的人类认为自然是取之不尽、用之不竭的免费资源，从而抹杀了人的情感、欲望，造成了人与自然的对立。当自然开始咆哮之时，它就不再是任人宰割的羔羊，人类生态问题随之凸显。从最早记录在案的 1930 年的比利时马斯河谷烟雾事件，到洛杉矶光化学烟雾事件，再到 2011 年日本福岛的核泄漏。事实已经证明，臭氧层的大量破坏、大气中二氧化碳含量每年递增、土地退化、森林面积锐减、水土流失、全球变暖、生物多样性减少、水资源枯竭、核污染、噪声污染等生态问题日益影响人们的生活，并且已经突破地域性限制，从发达国家向全球蔓延。全球性的生态灾难既是现代性自身内蕴张力的现实体现与必然结果，同时也是现代性自身的危机。

二　人类发展道路的抉择与生态文明的诉求

（一）资本主义本身内蕴着生态危机

资本主义是以资本逻辑作为市场资源配置的根本手段，以资本自身的无限增殖为根本目的的经济制度。关于资本概念，马克思曾做过精准描述，他说："资本不是物，而是一定的、社会的、属于一定历史社会形态的生产关系。"② 资本本身就意味着一种特定形态的生产关系，即资本主义生产关系。反过来，资本主义的生产关系同时也意味着资本的基本属性是效用原则和增殖原则。在资本的效用原则和增殖原则的支配下，人和自然的内在价值被交换价值所取代，金钱成为

---

① 〔德〕马克斯·霍克海默、西奥多·阿多诺：《启蒙辩证法：哲学断片》，渠敬东、曹卫东译，上海人民出版社，2006，第 9 页。
② 《马克思恩格斯选集》第 2 卷，人民出版社，1995，第 577 页。

衡量一切存在物的普遍标尺。因为资本主义生产不是以人类的真实需要为目的，而是把追求利润最大化、获取剩余价值作为生产的出发点和目的地，所以资本对利润的追求是无止境的。与资本的无限扩张相对应的是地球资源的有限性，而资本主义为了追求利润增长，不惜以牺牲自然资源为代价，从而造成自然资源的极大消耗，致使生态问题日趋恶化。为了保证资本获取利润的通道畅通无阻，资本主义不得不重视对环境的治理，它企图通过科技神话论、自然资本化等来挽救自然生态，但事实证明这不过是资本主义自编自导的一幕闹剧而已。

1. 科技神话论

海德格尔曾说："在现代技术中起支配作用的解蔽乃是一种促逼，此种促逼向自然提出蛮横要求，要求自然提供本身能够被开采和贮藏的能量。"[①] 近代哲学高扬人的主体性，作为理性主体的人探索自然奥秘、揭示自然规律、研发科学技术，其目的是服务并满足人的主体性需求。技术本身是价值中立的，科学技术的发展能够提高劳动生产率和对自然资源的使用效率，从而降低生产成本。同时，科学技术的发展还能研发新产品以满足人们日益增长的物质文化需求。但是，由于技术理性的片面发展，尤其是近代哲学家把培根"控制自然"的观念极端化，形成了把科学技术进步等同于社会进步的现代性价值体系。"科学和技术的合理性是一种向社会进步输出合理性的完整的、独立的力量，换句话说，通过科学和技术进步来控制自然被理解为一种社会进步的方法。"[②] 人们对科学技术的盲目崇拜进一步加大了对自然的剥削。资本的最终目的是对利润的无限追求，尽管科学提高了自然资源的使用效率，降低了能源消耗，但结果是对自然资源的需求量大增，因为资本主义为了追求财富而生产，从而会扩大生产规模增加自然资源的利用量以满足资本积累的需求。在资本主义社

---

① 〔德〕海德格尔：《海德格尔选集》（下），孙周兴译，上海三联书店，1996，第932~933页。

② 〔加〕威廉·莱斯：《自然的控制》，岳长龄等译，重庆出版社，1993，第49页。

会这个怪胎中，普遍存在着技术服务于资本积累、资本积累主宰技术的现象。科技的发展使人们摆脱了前资本主义社会"够了就行"的生活方式，在社会消费领域大肆宣扬"越多越好"的消费理念。资本通过宣扬满足"虚假需求"的消费主义价值观，进而激发、控制和支配人们内心的消费需求。科学技术被意识形态化，服务于资本主义为资本积累提供良好统治秩序的需求。目前，随着技术对社会的统治愈发深入，人的主体地位愈是缺失；机器愈是进步，人类愈是无能；机器—技术产生的问题越多，需要的机器—技术就越多，整个社会都被纳入永不停息的机器运转中。生态危机的化解、贫富差距的缩小，一切问题的解决似乎都依赖于技术的进步，技术已经成为神话。对此，福斯特曾深刻地指出，"将可持续发展仅局限于我们是否能在现有生产框架内开发出更高效率的技术是无意义的，这就好像把我们整个生产体制连同其非理性、浪费和剥削进行了'升级'而已……能解决问题的不是技术，而是社会经济制度本身"。①

2. 自然资本化

人类历史就是在人与自然的动态关系中不断演化发展的。对于人与自然的关系，威廉·莱斯在《自然的控制》一书中进行了历史追踪。在古希腊神话中，人们在对自然的崇拜中试图借助制造工具和使用工具来实现对自然的控制。在《旧约圣经·创世记》中，上帝在创世过程中确立了自己对整个宇宙的统治权，而人作为理性的存在物成为上帝在人间的统治代言人，享有上帝赋予的对自然的控制权、支配权、统治权、管理权和征服权，这也是人类控制自然思想的源泉之一。文艺复兴时期支配自然的观念随着自然巫术理论的发展更加明确，科学技术的发展为人们探寻自然的奥秘提供了技术支持。启蒙运动使自然褪去了神圣的光环，理性主义之光为现代支配自然观念奠定了哲学基础。工业革命在科学技术的推动下，使人们逐渐树立起"人是自然的主宰"的观念，自然日益由纯粹自然转

---

① 〔美〕约翰·贝拉米·福斯特：《生态危机与资本主义》，耿建新、宋兴无译，上海译文出版社，2006，第95页。

化为人化自然。自然失去了感性的光辉，成为资本逐利的一个工具，从而卷入"踏轮磨坊"的资本主义生产方式。当资本主义的无限扩张与自然资源的有限性问题日益凸显时，西方古典经济学家通过给自然定价，把自然作为商品纳入以价格计算为核心的市场经济体制中，并通过供求曲线把自然变成实物化的资本，以此化解资本和生态的对立关系，让二者结为盟友。这样自然的重要性可以通过数字化在经济核算体系中直接呈现出来，企业在生产中可以高效地利用自然资源。企图通过把自然纳入市场体系来解决环境问题，本质上不过是用金钱来粉饰人对自然的侵占。因为自然不同于商业资本、产业资本、银行资本和金融资本，自然的公共属性决定了它不能像商品一样可以归属私人占有，也不能进入流通买卖。而资本主义是一个无限扩张的系统，自然作为生产资料和生产条件一旦卷入资本生产和扩大再生产的过程中，必将受到越来越严重的掠夺和盘剥，自然将彻底被摧毁。

（二）传统社会主义的生态幻灭

俄国无产阶级夺取政权之后，建立了世界上第一个社会主义国家。耕地、森林及各种矿产资源储量丰富，为苏联的经济建设提供了得天独厚的自然优势。建国初期，苏联深受帝国主义武装干涉和国内战争的双重困扰。为了彰显社会主义的优越性，苏联实行"战时共产主义经济"政策、新经济政策等，大力提高劳动生产率，在一定意义上为社会主义建设奠定了物质文化基础。在物质建设的同时，以列宁为核心的马克思主义者在探索社会主义优越性和生态环境保护方面做出了有益贡献。

列宁的生态自然观继承和发展了马克思关于人和自然关系的思想。马克思认为自然界是人类生活的基础，人通过劳动与自然界进行物质交换，在人与自然的相互作用中创造人类需要的物质和精神财富。自然界是人的无机的身体，人是自然界的一部分，离开人的自然界将是无，离开自然界的人将不复存在。列宁不但认识到自然界的重要性，同时还意识到自然规律的客观性，人们在改造自然的过程中应遵循自然规律。他在《哲学笔记》中指出："外部世界、自然界的规律，是人的有目的的活动的基础。"① 列宁不但继承了马克思的生态思想，还将其付诸实践。列宁起草了《土地法令》，为日后建立自然保护区提供了法律基础。1918 年"自然保护协会"组织成立，为自然保护区的建设提供建议和方案。1919 年列宁批准建立生态保护区，并严禁在生态保护区开采自然资源。1920 年列宁应生态学家和矿物学家的要求在南乌拉尔建立了第一个国家级自然保护区，这是唯一一个由政府管理的专门用于对自然界进行科学研究的保护地。同时列宁还是最早倡导循环经济与绿色农业的思想家之一，他认为资源的循环利用是消灭城乡对立的策略之一，并阐述了加强环境保护和生态建设的思想。

作为马克思主义经济学家、政治家和苏联共产党理论家，布哈林也曾提出过丰富的生态思想。布哈林的理论主要体现在《历史唯物主义理论》和在狱中所写的哲学手稿。他继承了马克思关于人与自然、社会与自然的辩证发展思想，提出了包含生态思想的平衡论。在人与自然的关系上，布哈林认为人是自然的产物，遵循着自然规律。自然是人类社会生存的基础，没有自然就没有人类社会。在社会和自然的关系上，他把自然界称为"环境"，把社会称为"体系"，人类社会就是在劳动实践促进下建立自然和社会之间的动态平衡。他把人类社会的平衡分为"社会的外在平衡"和"社会的内在平衡"②。外在平衡主要是体系与环境的平衡，内在平衡主要是体系构成要素的平衡，外在平衡是决定因素，内在平衡依赖于外部平衡。布哈林的平衡论强调把人类社会放在整个生态圈中，主张通过劳动建立体系和环境之间的平衡关系，他认为劳动过程是人和自然之间的物质交换过程，人从自然界获取自身生存与发展的食物，使人类社会得以繁衍生息。人又通过排泄物归还从自然中索取的物质与能量，人与自然通过这种代谢循环，在动态平衡中不断实现从负号向正号的转变。关于人与自然的动态平衡理论萌发着协同进化的生态学思想。

苏联早期在人与自然、社会与自然的生态方面进行了有益探索。

---

① 《列宁全集》第 55 卷，人民出版社，1990，第 157 页。
② 〔苏〕尼·布哈林：《历史唯物主义理论》，东方出版社，1988，第 82 页。

但斯大林上台后，苏联在工业化建设中环境问题日益凸显。这是由于在经济上形成了高度集中的计划经济体制，用行政命令取代市场机制，指令性计划窒息了经济活力。苏联实行畸形的发展策略，大力发展工业化，尤其是把重工业放置在高于轻工业和农业的战略地位。重工业普遍采取高污染、高消耗、低效益的粗放型发展模式，这种片面追求经济增长、轻视生态环境的思维方式，导致了苏联在社会建设中的生态灾难。

第一个社会主义国家苏联从斯大林时期开始逐步建立了僵化的管理体制——政治上的个人崇拜、经济上高度集中的计划经济体制，片面发展工业化而忽视了人与自然的关系，导致生态问题不断恶化。尽管后来苏联党和国家领导人认识到环境问题，但是由于财政乏力，无法担负解决生态危机的重任。

三　中产阶级的壮大与环境意识的张扬

（一）中产阶级与绿色运动

资本积累是资本主义生产活动的"中轴线"，资本在对剩余价值的迷恋中忽视了自然的内在价值，最终造成了资本无限性与自然有限性的二元对立。"二战"后，西方资本主义国家乘科技之风飞速发展，创造了繁盛的物质帝国，在这样一个表面丰足的社会中，不仅隐藏着社会动荡的暗流，而且凸显出自然生态的现实危机。当人类沉醉于工业化美梦，享受着战胜自然的丰硕果实时，自然界由于人类的无情践踏已经伤痕累累。比利时马斯河谷事件、美国多诺拉事件、美国洛杉矶光化学烟雾事件、英国伦敦烟雾事件、日本四日市哮喘事件、日本爱知县米糠油事件、日本水俣病事件和日本富山的痛痛病八大公害事件说明，人类在工业化进程中，无视自然、违背自然、伤害自然的生产方式，已经把自然逼到死角，此时的自然不再是任人宰割的沉默羔羊，忍无可忍的自然开始咆哮。它警告人类在享受物质财富的同时也要吃下环境污染的苦果，要为环境的破坏承担不可推卸的责任。人与自然矛盾的凸显引起有关学者的关注。生态问题最初反映在文学作品中，美国作家蕾切尔·卡逊于1962年出版了生态文学《寂静的春天》，这给陶醉于"战胜"自然的人们敲响了警钟，唤醒了人们沉睡的生态意识，使人们重新思考人和自然的关系。《寂静的春天》立足生态整体主义视角，揭示了滥用杀虫剂给构成生态链的所有要素造成的危害。表面上人利用杀虫剂的威力战胜自然灾害，而实质是人在一步步走向慢性自杀，最后成为致使生态链断裂的千古罪人。卡逊的呼声惊醒了世人，《寂静的春天》一经出版就受到生态保护组织、媒体、学界、官方机构的广泛关注，同时被译为数十种语言全球畅销。《寂静的春天》也为全球文学开辟了生态文学的新领域，其蕴含的生态整体主义思想为人类发展指明了新的方向。随后生态问题受到民众和官方的特别关注，一场声势浩大的生态运动由此拉开序幕。

20 世纪 50、60 年代，资本主义进入了黄金发展期。然而，资本主义基本矛盾并未消弭，在高生产、高消费、高污染政策引导下，资本主义基本矛盾在西方主要发达国家的各个领域不断被激化，由此爆发了主题多样、规模不等、形式各异的社会抗议运动。新社会运动是资本主义基本矛盾的外在表征，由于导火线的不同，其表现形式也迥然相异，主要有反战运动、反核运动、和平运动、民权运动、女权运动、绿色运动等。它们把隐藏在战后资本主义经济繁荣背后的矛盾不断呈现在公众面前，运动的矛头并非指向生产资料的私人所有制，而是指向工业化带来的环境污染、人权不平等、政治话语问题等。1968年，为了保护环境和生态平衡，加利福尼亚大学爆发了旨在保护自然的生态运动，自此生态运动作为一种社会运动进入人们的视野。生态运动从环境保护切入，控诉工业化进程中人与自然的割裂，倡导绿色生活，试图恢复人与自然的和谐关系。在"全世界受害者联合起来"口号的感召下，各行各业的人士聚集在生态主义大旗下，抗议资本主义的反生态性，维护人类的生存利益。绿色运动的主旨是维护全人类的利益，而不是某个特殊的利益集团，核心价值是保护生态环境，谱写人与自然的和谐新篇章。以维护生态平衡、创建美好家园为目标，学识渊博的知识分子、技术精湛的专业人员、普通从业人员、政府职员、科研和法律等领域的社会精英等纷纷加入绿色运动。这些成员普遍成长于"二战"后经济相对繁荣的时期，大都接受过良好的教育，具有一定的社会地位；他们被称作"新中产阶级"。在新中产阶级的助推下，生态运动在世界各地如火如荼地开展，大有燎原之势。1970年4月22日，美国发生了史上第一次大规模"地球日"环境示威游行活动。这次活动是由美国哈佛大学法学院的学生丹尼斯·海斯组织，他因此被称为"地球日之父"。大批师生深受"地球日"口号的鼓舞，拿着地球的巨幅画像纷纷走上街头，并得到了商人、工人、激进分子的热烈响应。"地球日"的目的是呼吁人们意识到环境问题的存在，并采取行动加以解决。这次运动惊醒了部分官员，为美国日后的环境立法奠定了基础。

随着经济全球化的发展，生态问题跨越国界成为国际性的热点议题。1968年，第一个有关生态问题的非正式国际会议在罗马召开。该会由意大利奥莱里欧·佩切依博士和英国科学家亚历山大发起，得到了来自世界各地的科学家、政治家、教育家等的支持。会议主要围绕全球性问题，比如人口、粮食、工业化、自然资源短缺等进行讨论，以期提高民众的环保意识，督促政府采取相关措施改善环境。1972年第一份研究报告《增长的极限》问世，该报告认为人类只有一个地球，并且地球的承载力是有限的。当人们沉浸在"二战"后的高增长与高消费的黄金发展期中时，殊不知这些发展却是建立在环境污染、人口爆炸、自然资源锐减的基础上的。在大写的人字下，人类面临生存危机，地球已经不堪重负，拯救地球刻不容缓。尽管《增长的极限》带有悲观主义色彩，但无疑给沉浸在工业化中的人们当头一棒。《增长的极限》站在全人类利益的视角呼吁各国政府保护环境，在人类保护环境方面具有里程碑式的意义。1987年，第八次世界环境发展委员会在日本东京举行，大会通过了关于人类未来的报告——《我们共同的未来》。该报告围绕"共同的关切"、"共同的挑战"和"共同的努力"，从人类命运共同体的角度集中分析了人类面临的生存困境，提出了"可持续发展"的战略，把生态保护和人类未来的发展凝聚在一起，开创了生态保护的新思路。近年来，世界各地陆续爆发了针对全球气候变化的游行示威活动。如果人类不采取措施阻止环境恶化、气温上升，那么2030年全球气温将比工业化前高出 1.5 摄氏度，人类将面临生死存亡的困境，而这绝非危言耸听。

生态运动的蓬勃发展促使了生态政治学和绿色政治的发展，绿党作为一支新兴的政治力量登上历史舞台。1981 年法兰克福成立了具有广泛影响力的西德绿党，该党秉承生态学、社会责任感、基层民主以及非暴力四个基本原则，对西方绿党的成立具有极大的推动作用。此后，欧洲主要资本主义国家相继成立绿党，但绿党的发展并不是一帆风顺的。由于绿党最初的指导思想是深绿色的激进生态中心主义，受到资本主义政党和激进左派的排挤。在后续发展中，它逐渐由生态中心主义转向人类中心主义，也逐渐受到左派政党的认可。1998 年的德国大选，绿党实现了与红色政党的结盟，"红绿交融"的景象为生态问题的解决创造了有利条件。同时，我们也要看到绿党在理论上也逐渐接受了马克思主义，并认识到只有运用马克思主义理论才能解决生态危机。

（二）生态马克思主义的出场

地球是人类世世代代栖息的美好家园，而资本主义生产一味追求更多的剩余价值致使地球不堪重负。资本就像人类文明中的一颗毒瘤，吞噬着自然界的自然力和人的劳动力，资源枯竭、生态恶化、金融危机、经济停滞、两极分化……社会各界围绕人与自然、经济与自然的关系不断探寻问题产生的根源与有效解决途径。学者立足不同的视角批判和反思资本主义生产方式，为人类走出生态困境做出了有益探索。在纷繁复杂的理论学派中，生态学马克思主义聚焦于生态学与马克思主义的独特视角，在西方马克思主义场域中脱颖而出。

20 世纪 70 年代，随着资本主义黄金时代的终结，迎来了生态学马克思主义的春天，主要思想集中于本·阿格尔、威廉·莱斯、詹姆斯·奥康纳、安德鲁·高兹、戴维·佩珀以及约翰·贝拉米·福斯特等人的理论著作中。他们批判资本主义制度的反生态性，认为工业文明下技术的非理性运用是造成生态后果的症结之一，审视资本逻辑座驾下的工业文明自然观，主张通过生态政治变革超越技术的非理性运用，实现人和自然的解放。

本·阿格尔是西方早期生态学马克思主义的代表人物，他在探讨资本主义危机模式中，指出马克思的经济危机理论不足以解释当今的生态问题。在他看来，资本主义危机已经由经济领域转向生态领域，生态危机是当今社会危机的主要表现形式。他认为："历史的变化已使原本马克思主义关于只属于工业资本主义生产领域的危机理论失去效用。今天，危机的趋势已转移到消费领域，即生态危机取代了经济危机。"① 资本主义生态危机的爆发促使人们反思自己的消费方式，认识到异化消费是当代生态危机的直接根源。异化消费既破坏了生态环境，也扭曲了人的本性，人的真实需求淹没在异化消费之中，虚假需求成为人之为人的唯一动力。为了克服异化消费，实现人与自然的双重解放，阿格尔主张建立稳态经济发展模式和适度消费理念。他的主张因没有触及资本主义生产资料所有制而带有乌托邦的幻想色彩。

威廉·莱斯的生态学马克思主义理论继承了法兰克福学派的社会批判理论，在反思生态问题的根源时，把批判矛头指向"控制自然"的理念。莱斯认为将环境问题简单化为经济问题是不足以解决生态危机的，他"反对那种坚持在先行框架内把生态危机简单地看作是一个经济代价的问题，进而把解决生态危机寄托于在自然资源使用上引进市场机制的做法"②。在莱斯看来，在资本主义现代性价值体系中"控制自然"的观念使科学技术异化为控制人和自然的工具，从实用主义价值角度把自然看作满足人类需要的机械客体，把技术的进步误认为社会进步，结果造成了人的异化和自然的异化。

奥康纳在《自然的理由》中反对人们把自然界既当作水龙头又当作污水池。他通过对资本主义双重矛盾的分析来阐发他的生态学思想。他指出生产力和生产关系之间的矛盾是第一重矛盾，即资本过剩引发经济危机。而生产力和生产关系与生产条件之间存在着难以调和的第二重矛盾，即资本扩张的无限性和自然资源的有限性，必然引发生态危机。

---

① 〔加〕本·阿格尔：《西方马克思主义概论》，慎之等译，中国人民大学出版社，1991，第 486 页。

② 王雨辰：《论威廉·莱斯的生态学马克思主义理论》，《南京社会科学》2008 年第 6 期。

安德烈·高兹指出，资本主义的过渡积累危机、再生产危机根源于生态危机，而资本主义的生产方式则是生态危机的根源。高兹在《经济理性批判》中从经济理性角度对资本主义利润动机展开批判，经济理性是建立在计算和核算、效率至上、越多越好的基础之上，在经济理性主导下资本主义社会对个人成功得失评价的唯一标准就是金钱和财富的多寡，经济理性造成了社会的普遍异化。因此，高兹提出要摒弃危害自然的资本主义生产方式，普遍倡导生态理性，构建生态社会主义，以此超越经济理性，从而实现人的自由发展。

戴维·佩珀是英国当代著名的生态学马克思主义者。他认为马克思主义在面对当今时代问题的拷问时并未过时，尤其历史唯物主义与辩证法思想仍是分析和解决生态问题的思想武器。他反对把历史唯物主义理论同生态学看作针锋相对的生态观点，主张在对历史唯物主义思想阐发的基础上建构生态学。佩珀依据他所建构的历史唯物主义理论史揭开了资本主义生态现代化的温情面纱，他认为资本主义制度是生态矛盾的根源。在解决生态危机的路径分析中，佩珀批判了西方生态主义的自然价值论、自然权力论和生态危机论，他指出生态运动离不开马克思主义理论的指导，绿色运动应和红色政治携手共进，以此克服生态运动的自然中心主义和无政府主义弊端，建立人与自然、人与人和谐相处的生态社会主义。佩珀以"弱"人类中心主义范式构建生态社会主义，以此实现生态正义与社会正义相结合。

约翰·贝拉米·福斯特是当今活跃在生态学马克思主义理论前沿的旗舰人物之一，他在生态问题的分析上，因其独特的理论视角而独树一帜。他认为马克思主义理论中蕴含着丰富的生态学思想。他在《马克思的生态学：唯物主义与自然》一书中，通过对马克思唯物主义进行追根溯源，深刻挖掘被马克思唯物主义遮蔽的生态学思想，有力地反驳了西方学者对马克思的指责，开辟了生态学马克思主义批判的新天地，勾画了一幅生动的生态学画面。他以生态唯物主义思想为哲学武器分析当今资本主义社会的自然危机与社会危机，指出资本逻辑是资本主义危机产生的根源，只有超越"踏轮磨坊"的资本主义生产方式，建立生态社会主义，才能弥补人与自然、经济与自然的代谢裂缝。

尽管福斯特是当前生态学马克思主义领域比较活跃的学者之一，但是他早期研究主要集中于政治经济学领域而非生态领域，尤其是立足于垄断资本研究对资本主义展开的分析和批判。福斯特早期思想主要集中在博士论文《垄断资本主义理论：马克思主义政治经济学的阐释》中，该文主要是研究保罗·斯威齐和保罗·巴兰的政治经济学思想。因为斯威齐和巴兰属于左派政治经济学派，所以福斯特生态学思想最早来源于新左派政治经济学派。

第二节　福斯特生态学马克思主义形成的理论来源

一　新左派政治经济学垄断资本学派

（一）激进政治经济学派的形成背景

激进经济学又称激进政治经济学，兴起于 20 世纪 60 年代后期的美国，因其反对主流经济学对资本主义的辩护立场，并对资本主义社会的不平等和帝国主义问题持比较客观的态度，从而受到西方主流经济学的排挤和打压，在西方主流经济学的夹缝中发展成长。激进经济学有广义和狭义之分。广义上是指与主流经济学持不同政见，所有对资本主义制度持批判观点的经济学派；而狭义上是指用马克思主义和社会主义的观点，揭露资本主义制度在社会、政治以及经济等领域存在的弊端，主张在对资本主义的批判中重建社会形态，一般又被称为"新左派政治经济学派"。新左派政治经济学派反对主流经济学对资本主义的辩护态度，它立足马克思主义和社会主义的双重角度对资本主义政治、经济进行批判，揭示了资本主义社会的有效需求不足、金融膨胀、环境污染等问题。尤其是围绕帝国主义的根源、依附理论、跨国公司、全球化等问题对以垄断为主要特征的帝国主义进行剖析。因此，美国激进的帝国主义理论又被人们称为垄断资本学派。激进政治经济学初步形成于 20 世纪 60 年代后期，经过 70、80

年代的艰难发展与 90 年代逐渐复兴后，成长为体系相对完整的国际性思想潮流。

激进政治经济学不同于主流经济学对资本主义持维护态度，运用马克思经济学的立场和观点，对资本主义的经济、社会问题逐一展开批判。激进政治经济学认为资本主义制度是人类社会发展到一定阶段的产物，随着生产力的发展必将被新的社会制度而替代。而主流经济学把资本主义制度看作永恒的社会制度，撇开生产资料所有制希望通过资本主义制度自身的完善和改革治愈不断出现的经济、生态问题，这种没有触及问题本质的做法不过是资本主义维护自身统治的表面文章，对生态危机和经济危机的治理也是治标不治本的。

（二）激进政治经济学的主要代表人物及基本观点

激进政治经济学以马克思主义经典作家的经济学说为武器，对资本主义制度进行批判分析，形成了关于资本主义经济膨胀、环境污染、经济危机、帝国主义等问题的理论，其中比较有影响的学者有保罗·巴兰、保罗·斯威齐、哈里·马格多夫、欧内斯特·谢尔曼等人。

保罗·巴兰作为不发达政治经济学和激进政治经济学创始人，1910 年出生在黑海沿岸的一个犹太人家庭，1932 年获柏林大学哲学博士学位，随后在斯坦福大学任教。1957 年《增长的政治经济学》与读者见面，该书不同于古典经济学为资本主义制度作辩护的立场，对现行的资本主义制度进行批判，并对不发达国家的经济发展做了有益探索。该书中第一次提出经济剩余概念，并把经济剩余分为实际的、潜在的和计划的三种类型。实际经济剩余是指实际生产的劳动产品与人民群众（有能力消费的）需求之差。实际经济剩余存在于封建主义、资本主义以及未来共产主义社会形态。潜在经济剩余是指按照目前的技术和生产条件所能生产的产品大于预想的消费能力，二者之差称为潜在经济剩余。潜在经济剩余对于理解资本主义制度的不合理性具有重要意义，因为在资本主义制度中由于大量非生产性劳动的存在，潜在经济剩余大于实际经济剩余。对于计划经济剩余，他指出，在一定的技术和自然条件下，"有计划地'最佳'利用一切可以获得的生产资源所可能得到的社会最终产值为一方和所选定的'最佳'消费值为另一方之间的差额"①。巴兰用经济剩余分析了垄断资本主义制度的运行。在垄断资本主义时期,投资回报的利润越来越低,资本又缺乏新的盈利性投资路径,致使大量经济剩余滞留。经济剩余的产生和吸收成为资本主义面临的主要问题。垄断集团企图依靠消费和非生产性劳动吸收剩余,但事实证明这种路径也是枉然。因为资本家的目的是追逐利润,当面临有利可图的商业之机,他们总是倾向于控制预期消费金额。通过非生产性劳动,借助于律师、广告、官僚机构等部门的消费减缓经济剩余之压。因为非生产性支出又被当作必要开支而转移到消费者身上。另外,那些从事非生产性劳动的"新中产阶级"所获收入主要不是用来消费,而是用于储蓄,再次作为新的剩余而滞留。尽管巴兰用经济剩余取代马克思的利润率趋于下降规律,但他的经济剩余概念为分析垄断资本主义提供了新的视角,这为后期福斯特立足垄断金融资本研究阐述停滞与金融化的共生关系做了早期铺垫。

保罗·斯威齐 1910 年出生于美国纽约一个富裕家庭。1929~1933 年美国爆发了经济大萧条,斯威齐殷实的家境惨遭打击,而主流经济学在应对危机、解释问题时更显得苍白无力,双重因素促使他转向马克思经济学研究。斯威齐是一位才华横溢的经济学者,短短的30 年代十年间他就写下了至少 25 篇经济学文章和评论。1938 年在哈佛大学从教期间,他创作了经典经济学著作——《资本主义发展论:马克思主义政治经济学原理》。这部作品为斯威齐从事马克思主义经济学研究奠定了理论基础。在该书中他沿用马克思从具体到抽象、从抽象到具体的研究方法,批判地继承马克思的经济学思想。他不同意马克思用利润率趋于下降规律解释经济危机,而试图用消费需求不足理论弥补马克思经济学的缺陷。在他看来,资本主义经济停滞是利润空间压缩导致经济相对过剩,而消费不足以消化大量经济剩余,从而使资本滞留实体经济空间,停滞成为资本主义的正常状态。同时代的

---

① 〔美〕保罗·巴兰:《增长的政治经济学》,蔡中兴、杨宇光译,商务印书馆,2014,第 133 页。

熊彼特也看到了经济停滞问题。在《资本主义、社会主义和民主》一书中，熊彼特主要从经济管理上寻找原因，而斯威齐则是一针见血地指出经济停滞的根源在资本本身。对此，日本学者都留重人曾说，斯威齐是20世纪30年代黄金时期的轴心人物。1942年秋，斯威齐离开哈佛后成为一名军人。在部队时他的工作是战略服务处杂志主编，其间的经历又点燃了他日后回国创办《每月评论》的激情。

1949年在好友麦西逊的资助下，保罗·斯威齐和志同道合的朋友保罗·巴兰创立了《每月评论》。该刊主要立足经济视角，追踪资本主义世界经济发展及其规律，批判资本主义经济制度，成为垄断资本学派的理论阵地。一些激进的著作像哈维·奥康纳的《石油帝国》、保罗·巴兰的《增长的政治经济学》、威廉·阿普曼·威廉斯的《美国、古巴和卡斯特罗》等都是经由每月评论出版社出版才得以与世人见面。当然，最有影响的是1966年巴兰和斯威齐合作的《垄断资本》一书。该书以美国为基础，论述了20世纪初资本主义经济发展中出现的垄断组织、巨型公司及其经济影响。随着生产力和科学技术的发展，马克思的"利润率下降趋势规律"被"剩余上升趋势规律"所取代，社会面临的主要问题是消化和吸收不断增长的巨大剩余。为了疏通垄断资本的利润通道，资本家采取消费、投资、广告销售，增加政府民用支出和战争军事开支等措施。但这些措施相对于垄断资本的生产能力显得极其微小，结果造成大量潜在生产能力的搁浅，亦即潜在经济剩余过剩。由于该书以垄断资本为研究对象，拓宽了激进经济学派的研究视角。作为垄断资本学派的创始人，保罗·巴兰和保罗·斯威齐对资本主义的批判为整个垄断资本学派定下了基调。主要理论贡献有以下几点。

1. 以"经济剩余"为核心的经济停滞论

巴兰以"二战"后垄断资本主义的发展阶段为研究对象，在对其科学评析中提出了"经济剩余"概念。经济剩余存在于任何社会时期，但在资本主义社会，资本逐利的本性使潜在经济剩余大于实际经济剩余。资本主义在资本积累的动力下，对自然界无限地开发索取，以获得最大利润。在垄断资本主义时期，少数的公司巨头掌握着经济剩余的分配权，利润集中在少数资本家手里，经济剩余相对自由竞争时期大为增长。然而，由于利润率降低，可用于投资的机会逐渐消失，资本家手中聚集了大量经济剩余。为了缓解经济剩余压力，资本家采取增加消费和非生产性劳动等措施从外部刺激经济，消费分为企业消费和资本家个人消费。单个资本家扩大支出形成新的总需求，尽管可以扩大生产，但劳动者的收入在一定时期是稳定的，这意味着其购买力也是有限的，投资需求的扩大未必带来利润的提高，反而会造成新的经济剩余。资本家个人的消费和原来相比有了很大的提高，但是，当有红利向股东招手时，资本家会减少预期消费。在垄断资本主义阶段非生产性工人工资是作为必要开支算在管理费用内的，"新的中产阶级"的收入不是用作消费，反而很大部分用来储蓄，这作为新的积累资金再次加入经济剩余的大军。在垄断资本主义时期，由于经济剩余的绝对量不断趋于增长，巴兰和斯威齐在《垄断资本》一书中指出马克思的"利润率下降趋势规律"已经被"剩余增长趋势规律"取代，垄断资本主义时期的主要矛盾是如何为不断增长的经济剩余寻求投资渠道。

"二战"后，随着生产力的发展和生产关系的调整，大量生产能力被闲置，滞留于实体经济的潜在经济剩余找不到合适的投资途径。尽管广告促销、政府开支和军事消耗等措施可以在一定程度上起到缓解经济剩余压力的作用，但和巨大的经济剩余相比是杯水车薪，大量潜在生产能力的搁浅必然造成生产的相对停滞。《垄断资本》中写道："既然不能吸收的剩余就不会被生产出来，所以垄断资本主义经济的正常状态就是停滞。"① 在垄断资本主义阶段，缺乏像蒸汽机、铁路和汽车工业那样划时代的创新来为资本积累提供新的渠道，经济停滞成为垄断资本主义的正常状态。20世纪70、80年代经济金融化的发展使哈里·马格多夫和保罗·斯威齐认识到，金融化是垄断资本主义摆脱经济停滞的新路径。斯威齐曾声称金融资本是亚当·斯密

---

① 〔美〕保罗·巴兰、保罗·斯威齐：《垄断资本》，南开大学政治经济学系译，商务印书馆，1977，第105~106页。

"看不见的手"的新发展。金融资本的扩张刺激了办公建筑、通信设备、服务业等的发展，同时还能为实体经济融资带来便利，满足资本追逐利润的贪欲，在某种程度上缓解了经济剩余。但是，一定数额的产业资本以金融资本的形式游离于生产领域之外，筑就了金融资本帝国大厦的同时，也蕴藏着帝国崩溃的危险因子。本应是产业资本的积累周期决定金融资本的运动周期，现在反倒成为金融资本的周期决定产业资本的周期。实体经济的管理权限已经由公司经理层转向外部金融市场，金融帝国的极大膨胀注定了实体经济的低迷，经济危机一触即发。斯威齐在《资本主义与环境》中认为环境问题根源于资本主义制度，在资本主义工业化进程中，煤炭、轮船、石油、汽车等的发明和使用在推动生产力巨大发展的同时，也带来了地球环境的破坏。燃烧大量的矿物质燃料破坏了热带雨林，造成酸雨、臭氧层变薄、土地沙化、水污染等后果。资本主义制度本身蕴含着生态危机，资本主义是一个集巨大的创造力和破坏力于一体的制度。在资本积累的驱动下，生产的最终目的不是满足人的真实需要，而是为"生产而生产"，在利润的鞭笞下资本主义就像一台永不停息的机器，它把一切领域都纳入资本增殖的轨道，自然环境是资本积累的物质基础。就像马克思曾所说："资本来到世间，从头到脚，每个毛孔都滴着血和肮脏的东西。"① 在资本主义成长的道路上，自然环境被破坏是资本积累的副产品。要改善环境，挽救生态危机，斯威齐认为只能依靠新社会秩序代替资本主义，实现"为需要而生产"。福斯特的博士论文《垄断资本主义理论：论马克思主义政治经济学》是对巴兰和斯威齐《垄断资本》的继承和发展，在经济剩余和浪费问题研究的基础上，发现垄断资本下的浪费概念蕴含着生态学批判的思想萌芽。

　　2. 以垄断资本为核心的帝国主义理论

　　斯威齐在1942年出版了《资本主义发展论》，该书继承和发展了列宁关于帝国主义的论述。列宁在《帝国主义是资本主义的最高阶段》中分析了以垄断为特征的资本主义发展历程，他指出"帝国主义是发

---

　　① 《马克思恩格斯选集》第 2 卷，人民出版社，1995，第 266 页。

展到垄断组织和金融资本的统治已经确立、资本输出具有突出意义、国际托拉斯开始瓜分世界、一些最大的资本主义国家已把世界全部领土瓜分完毕这一阶段的资本主义"①。列宁总结概述了帝国主义的五个基本特征，并指出建立在垄断基础上的帝国主义存在着迅速发展和停滞腐朽的趋势，所以帝国主义是腐朽的、垂死的资本主义。斯威齐在《资本主义发展论》中指出垄断是资本积聚和资本集中的结果，垄断对经济生活的统治表明资本主义已经从竞争资本主义进入垄断资本主义。垄断资本主义时期主要特征表现为：国际舞台的主体是少数发达资本主义国家，资本统治的主要形式是垄断，资本输出是垄断资本主义时期的新特点，世界市场存在着激烈的竞争和垄断，帝国主义对不发达国家实施侵略。斯威齐在垄断资本理论的基础上对帝国主义做了进一步总结，深化和推进了列宁的帝国主义理论。帝国主义的本性是资本扩张，把新市场和新的资源纳入资本增殖的轨道是其内在本性使然。促使帝国主义发动侵略他国资源的战争的动力主要来源于两方面，一是满足资本增殖的欲望；一是缓解经济剩余，预防经济停滞。发达国家通过军国主义剥削不发达国家，掠夺自然资源，破坏不发达国家的生态环境，致使不发达国家深深陷入依附于发达国家的战略困境，这其实是生态帝国主义的早期表现。斯威齐对垄断资本主义时期帝国主义的诊断，为日后福斯特的自然生态思想埋下了伏笔。福斯特在继承斯威齐相关理论的基础上提出了"中心和外围"的生态帝国主义理论，把生态危机扩充为全球化背景下关乎整个人类生死存亡的显问题。

二 马克思的生态哲学思想

在马克思生活的年代，人与自然的问题还没有像今天一样严峻，马克思的理论关注点主要集中于哲学反思、政治经济学批判及人类未来发展道路的探索。于是，一些学者就持有马克思是生态思想空场论者的观点，而另一些学者认为马克思继承了启蒙时代培根控制自然的思想。倡导男女平等的卡罗林·钱穆特曾说："马克思和恩格斯在充分

① 《列宁全集》第 27 卷，人民出版社，1990，第 401 页。

认识到资本主义的'生态'代价并深感痛心的同时，却又接受了启蒙运动通过对自然的控制取得进步的神话。"① 社会生态学家约翰·克拉克说得更是离奇，他说："马克思的普罗米修斯式的……'人'是个不识自然的人，是不将地球视为生态之'家'的人。"② 有人据此把马克思主义看成是"普罗米修斯主义"。在福斯特看来，马克思和恩格斯有时只是借用一下"唯生产力论"的观点，其实他们不是唯生产力的崇拜者，而是最先对其展开批判分析的。其实，马克思早在《1844年经济学哲学手稿》就对人和自然的双重关系做了哲学界定，"当现实的、肉体的、站在坚实的呈圆形的地球上呼出和吸入一切自然力的人通过自己的外化把自己现实的、对象性的本质力量设定为异己的对象时，设定并不是主体；它是对象性的本质力量的主体性，因此这些本质力量的活动也必定是对象性的活动。"③ 他们已经很清楚明白地说明人和自然的相互关联，不是单纯地从人类利益来界定自然、控制自然。

由于时代局限，当时的自然问题远没有凸显为阻碍人类前行的主要问题。马克思也没有专门的立论著书去探讨生态问题，但并不代表马克思就是反自然论者。马克思唯物主义为我们提供了消除生态危机的方法论基础。"马克思的生态唯物主义既是一种哲学取向，也是一种批判立场"④，他把自然问题归结为社会问题的辩证思维方法弥补了当代生态学的缺陷。因此，在福斯特看来，"马克思的世界观是一种深刻的、真正系统的生态（指今天所使用的这个词中的所有积极含义）世界观，而且这种生态观是来源于他的唯物主义的"⑤。所以，

---

① 〔美〕埃伦·梅克辛斯·伍德、约翰·贝拉米·福斯特：《保卫历史：马克思主义与后现代主义》，郝名玮译，社会科学文献出版社，2009，第173页。
② 〔美〕埃伦·梅克辛斯·伍德、约翰·贝拉米·福斯特：《保卫历史：马克思主义与后现代主义》，郝名玮译，社会科学文献出版社，2009，第174页。
③ 《马克思恩格斯文集》第1卷，人民出版社，2009，第209页。
④ 〔美〕布雷特·克拉克、约翰·贝拉米·福斯特：《二十一世纪的马克思生态学》，孙要良译，《马克思主义与现实》2010年第3期。
⑤ 〔美〕约翰·贝拉米·福斯特：《马克思的生态学：唯物主义与自然》，刘仁胜、肖峰译，高等教育出版社，2006，前言第Ⅲ页。

我们不能武断地评判马克思的生态学思想，或简单地用生态学思想
"绿化"马克思主义。而应立足文本，还原马克思对人与自然关怀的
生态学向度。

（一）自然界是人类社会存在的基础

马克思的生态自然观超越了唯心主义和旧唯物主义的旧自然观。
既不是黑格尔绝对精神视域中的抽象自然观，也不是费尔巴哈视野中
直观的、机械的自然观。在黑格尔那里，自然是绝对精神自我实现过
程的一个必经环节，自然被赋予思辨唯心主义色彩。在费尔巴哈那
里，自然褪去了神秘的思辨光环而以感性的现实自然界的形式而存
在，它是人的生存的基础。但费尔巴哈不了解人和自然之间的感性的
对象性关系的根据。马克思从现实个人的感性活动即实践活动来理解
自然，把自然看作以实践为中介的对象化的自然，是人通过劳动而与
之进行物质、能量和信息交换的人化自然，因而在马克思看来自然既
不是抽象的自然界，也不是始终如一的、先在的自然。马克思曾说：
"被抽象地理解的、自为的、被确定为与人分隔开来的自然界，对人
来说也是无。"① 只有"在人类历史中即在人类社会的形成过程中生
成的自然界，是人的现实的自然界……是真正的、人本学的自然
界"②。自然界存在着不以人的主观意志为转移的客观规律，人类实
践应建立在对自然规律的认识之上。否则，就像马克思曾警示的：
"不以伟大的自然规律为依据的人类计划，只会带来灾难……破坏的
工作不可能永久继续下去，恢复工作才是永恒的。"③ 在人和自然的
关系上，人们应该摒弃主客二分的思维方式，不能把自然看作满足物
质欲望的工具和手段，否则必然招致自然的惩罚。恩格斯也曾警告人
们："不要过分陶醉于我们人类对自然界的胜利。对于每一次这样的
胜利，自然界都对我们进行报复……美索不达米亚、希腊、小亚细亚
以及其他各地的居民，为了得到耕地，毁灭了森林，但是他们做梦也

---

① 《马克思恩格斯文集》第 1 卷，人民出版社，2009，第 220 页。
② 《马克思恩格斯文集》第 1 卷，人民出版社，2009，第 193 页。
③ 《马克思恩格斯全集》第 31 卷，人民出版社，1972，第 251 页。

想不到，这些地方今天竟因此而成为不毛之地。"[①] 人为了自己的私欲愈益控制自然，人愈被自然绑架，愈成为自然的奴役。

（二）人是对象性的自然存在物

人脱胎于自然母体。马克思在对黑格尔法哲学批判的基础上提出人来源于自然界，人是自然发展到一定阶段的产物。人不是客观精神或主观意识的宠儿，人是自然界长期进化的结果，是和自然界一起成长发展的产物。人属于自然界，人的躯体、手、脚、血和肉都来源于自然的哺育，人的意识也是自然界长期发展的结果，人类的昨天、今天和明天都离不开大地母亲的滋养。自然界被看作人的无机的身体，人的生存发展离不开自然界，离开自然界的人也将失去存在意义。"被抽象地理解的、自为的、被确定为与人分隔开来的自然界，对人来说也是无。"[②] 人置身其中的自然界是人类物质文明和精神文明的质料，人们的衣、食、住、行等都离不开自然界。自然界一方面为人们提供生活资料，另一方面也是人们精神食粮的源泉，没有自然界提供原材料人类社会将不复存在。人作为理性的存在物，不应听命于自然的任意摆布，而应在遵从自然规律的基础上发挥人的主观能动性，尊重自然、认识自然、改造自然，放弃对自然的支配与控制思想，实现人与自然的和谐相处。

（三）实践是联结人与自然的中介

感性活动是人与自然发生对象性关系的依据。在人与自然的对象性关系中，自然界是作为本体论意义上的感性的、客观的存在，是人的本质力量对象化的确证。自然不再是自在的自然，而是打上人的烙印的人化自然，人在感性的自然界中直观自身，自然界就是感性的人本身。但自然界并不直接体现人的本质力量，"自然界，无论是客观的还是主观的，都不是直接地同人的存在物相适应的"[③]。只有在感性活动中，自然界才能成为人的本质力量的对象化，人才能成为自然

---

① 《马克思恩格斯文集》第 9 卷，人民出版社，2009，第 559～560 页。
② 《马克思恩格斯文集》第 1 卷，人民出版社，2009，第 220 页。
③ 《马克思恩格斯全集》第 42 卷，人民出版社，1979，第 169 页。

界的本质。人和自然界之间的感性对象性关系根源于感性活动，即劳动。人通过感性活动在尊重自然规律的基础上改造自然的过程不过是证明人是对象性的存在物，改造自然不再是主体创造客体的活动，而是在改造自然的过程中主客体对象化的过程。感性活动是人作为自然的本质力量与自然界作为人的本质力量的对象化过程，是人通过劳动与自然界之间进行物质、能量、信息的相互交换。人把自己的目的、意图融合在改造自然的活动中，创造出满足人类需求的人化自然物，自然界也因此被打上人的烙印，成为人化自然。同时，人从自然中以衣食住行的形式获取自然资源，自然界也要求人通过排泄物的形式将资源归还自然，所以人通过感性活动在人与自然之间进行的对象化过程也就是人与自然的新陈代谢过程。马克思将此描述为："劳动首先是人和自然之间的过程，是人以自身的活动来中介、调整和控制人和自然之间的物质变换的过程。"① 感性活动既是人改造自然、利用自然的新陈代谢过程，又是人与人的社会关系生成过程。"整个所谓世界历史不外是人通过人的劳动而诞生的过程，是自然界对人说来的生成过程。"② 可以说，感性活动是联结人和自然关系的桥梁、纽带，是人类社会得以延续发展的基础。

（四） 马克思著作中的生态思想透视

约翰·贝拉米·福斯特认为，在马克思的著作中包含着大量的生态学思想。马克思的生态思想蕴含在马克思主义各个时期的著作中，贯穿于马克思主义理论的整个思想体系。马克思的生态思想主要体现在《德谟克利特的自然哲学和伊壁鸠鲁的自然哲学的差别》《1844 年经济学哲学手稿》《共产党宣言》《资本论》等著作中。通过梳理马克思著作中的生态思想，可以廓清马克思主义理论中的生态思想脉络，为破解现实生态问题提供理论指南。

马克思唯物主义思想的萌发时期同时也是马克思生态思想的萌芽时期。在博士论文《德谟克利特的自然哲学和伊壁鸠鲁的自然哲学

---

① 《马克思恩格斯选集》第 2 卷，人民出版社，1995，第 177 页。
② 《马克思恩格斯全集》第 42 卷，人民出版社，1979，第 131 页。

的差别》中，马克思认为伊壁鸠鲁超越了机械论和目的论，同时也把神赶出了自然界，为唯物主义点亮了希望之光。伊壁鸠鲁认为生命来源于地球，宇宙万物是平等的，自然界遵守能量守恒原则；伊壁鸠鲁坚持"有不能从无产生，无不能复归有"的理想信念，初步形成了唯物主义自然观。但是，在对目的论的超越中，伊壁鸠鲁过分夸大了无限制的自由思想。马克思认为人的自由不是无限的，人的自由存在于人和周围环境的相互关系中。对人和自然关系的思考，被福斯特看作马克思早期生态思想的萌发。在福斯特看来，马克思的早期思想中，生态思想并未空场，更不是旁白性的说明。

《1844年经济学哲学手稿》是马克思生态思想的发源地。在该手稿中，马克思主要从哲学层面上来阐释人、自然以及人与自然的关系。马克思立足感性活动，提出了"自然是人的无机的身体""自然界的人的本质""人是自然的存在物"等人化自然观，实现了自然观上的哥白尼革命。当用实践的自然观去分析现实的资本主义社会时，马克思指出，自然的异化不只发生在农业领域，同时也存在于大城市当中。与城市的繁华和工业的进步形成鲜明对比的是工人生活环境的恶化，"大城市中工人的异化已经达到了这样的地步：在那里，光、空气、清洁都不再是他们生活的一部分，而黑暗、污浊的空气和未经处理的污水构成了他们的物质环境"[①]。

在《共产党宣言》中，马克思恩格斯首先对资本主义生产力持肯定态度。他认为，在短短的不到一百年的时间内，资产阶级所创造的生产力远远超过原始社会和封建社会生产力之和。很多学者抓住与此相关的马克思论述中的个别词句，比如"自然力的征服""整个整个大陆的开垦"等进行片面解读，简单粗暴地把马克思视作无视自然、轻视自然的普罗米修斯主义者。在福斯特看来，其实马克思的本意是想通过城乡环境之间的对比来反衬农村生活的愚昧和农村自然异化的严峻性。在马克思看来，城乡异化的根源在于资本主义生产方

---

① 〔美〕约翰·贝拉米·福斯特：《马克思的生态学：唯物主义与自然》，刘仁胜、肖峰译，高等教育出版社，2006，第85页。

式。要消灭城乡差别，建立可持续性的社会就要消灭生产资料私有制，消灭资本主义制度。

《资本论》既是一部政治经济学专著，同时也是一部包含着丰富自然关怀的生态学巨著。福斯特认为，在《资本论》中，马克思借助"新陈代谢"概念展开了对资本主义生态危机和经济危机的双重剖析。马克思用"新陈代谢"来定义劳动，用"新陈代谢断裂"表述自然的异化，同时借助于"新陈代谢"来描绘未来社会的美好蓝图。但是，在资本主义社会中，由于资本逻辑对利润的无止境追求，城镇化的推进切断了农村和城市之间的新陈代谢，被"自由"束缚的农民与自然渐行渐远。在资本全球化的背景下，新陈代谢断裂跨越国界，发展中国家成为发达国家倾倒垃圾、掠夺资源的新场域。福斯特最早注意到，马克思借助于苏格兰农业经济学家 J. 安德森对农业分析的观点，指出了新陈代谢断裂的根源是资本主义制度的思想。在马克思的思想中发现这一概念并据此呈现马克思的生态学思想，这是福斯特生态学马克思主义的标志性贡献，也是它具有标识性的学术符号。福斯特也据此提出，要消除新陈代谢断裂，就要变资本主义私有制为土地公有制，实现农业的可持续发展。

三 欧洲马克思主义政治生态学思想

欧洲马克思主义从生态学与政治学结合的角度，对当代资本主义的生态危机进行剖析。这种分析问题的理论视角更加注重生态问题的政治意义，同时在坚守马克思恩格斯观点的基础上对现代生态环境问题做出新的系统阐释，丰富了生态学马克思主义理论。主要理论家有：安德烈·高兹、泰德·本顿、乔纳森·休斯、戴维·佩珀、瑞尼尔·格伦德曼等。

（一）高兹以"经济理性"为阵地的政治生态学理论

政治生态学产生于 20 世纪 60、70 年代生态保护运动热情日益高涨、环境问题日益凸显的背景下，政治学、社会学、经济学等都以关注人与自然的关系而呈现"绿化"倾向，高兹也从存在主义的马克思主义转向关注生态政治学的马克思主义。他立足经济理性视角在劳动分工、科学技术和异化消费等领域对资本主义展开系统、全面和深刻的批判。在他看来资本主义生态危机根源于以经济理性为指导的资本逻辑，要消除生态危机，就要以生态理性超越经济理性，遵循生态理性构建生态社会主义，以克服经济理性的弊端。

高兹认为劳动分工是资本主义社会异化的根源，他以劳动分工为切入点展开对资本主义社会异化现象的剖析。以经济理性为主导的资本主义中，全部劳动分工都服务于工业资本追逐利润的需要，资本为了实现利润最大化而对工人实行强制性的分工，榨取工人的每一滴血汗。资本家通过研发新机器实现生产过程的自动化和机械化，工人异化为生产过程中的一个零部件，并处于随时被机器替代而丧失工作机会的危险中。在资本主义社会中，人发明了机器，而机器成为奴役人、控制人的工具。资本家还通过设计缜密完善的管理制度监视着工人的一举一动，工人犹如捆绑了脚和手的猎物，完全服从于资本家的管理和控制。工人的自主性淹没在机器的轰鸣中，精细化的劳动分工使工人深受机器和资本家的双重压迫，逐渐丧失了对工作的积极性和创造性，人异化为动物式的存在。

在高兹看来，科学技术在以经济理性为指导的资本主义社会具有决定作用，技术是创造其他一切东西的母体。科学技术是劳动者和产品、个人与社会关系的母体，是国家性质和结构的决定性力量，同时也是权力分配、劳工分工的根源。资本家在经济理性原则指导下，通过科学技术提高劳动生产率以实现利润最大化，而科学技术和利润的相互勾连消解了人力资源、自然资源的有限性，结果使资本主义陷入生态危机的病态社会中。科学技术丧失了最初的功能和意义，转变为奴役人和自然的工具。技术愈是发达，人愈是无助，资源愈是枯竭。技术愈是普及，人愈是异化，生态环境愈是恶化。在资本主义社会，科学技术是资本逻辑的帮凶。因为资产阶级只发明和推广为其政治服务的科学技术，在经济理性原则指导下必将把工人的剥削与对自然的统治结合起来，最终导致自然和人的双重异化。

高兹深刻剖析了经济理性下人们的异化消费。为了补充在异化劳动中，由于人的真实需求和本真价值丧失带来的空虚感，在铺天盖地的广告挤压下，消费成为排解劳动压抑性的补充手段。但这种消费是在媒体刺激下的一种冲动的、盲目的行为，满足的不是人的真实需求，而是一种虚假消费。工人在这种消费活动中，不是感到快乐，而是感到悲哀；不是得到满足，而是日益空虚；不是肯定自己，而是否定自己。资本主义为利润而生产，同样为利润而创造需求。异化消费只不过是资本主义生产方式的逻辑必然，是资本主义经济理性过度膨胀的必然产物。建立在"计算与核算"基础上的经济理性是资本主义生产的核心原则。经济理性对生产的全方位统治，一方面导致自然被当作免费的资源服务于资本增殖的逻辑，生态环境的价值被抛弃在生产领域之外，要满足资本积累的胃口就要对自然资源展开无限制的掠夺；另一方面导致在经济理性的导引下人的主体性丧失，人存在的唯一目的就是虚假消费，好像只有在不断地买、买、买中才能实现人的"真实"价值和人生理想。前工业社会的"够了就好"的理念被资本主义"越多越好"的消费观所取代。高兹认为，异化消费的结果带来了人与自然的异化，生态危机是异化消费的必然逻辑。因为，资本家为了实现经济增长，总是不断地制造虚假消费，虚假消费反过来促使资本主义扩大再生产，而这种生产又进一步加大对自然的掠夺。随后，在经济理性的导引下，产品一经生产即参与市场运行，新的欲望再次被点燃，资本在"生产—消费"之间循环往复，永无止息。殊不知，这种全然不顾自然承载力的生产方式，最终导致了人与自然的裂缝不断扩大，异化消费给人类与自然带来了前所未有的灾难。

高兹立足经济理性对资本主义劳动分工、科技异化、消费异化等进行了深刻剖析后，指出资本主义具有内在的反生态性，资本追逐利润的本性决定了它不可能兼顾经济理性与生态理性。解决生态危机的出路何在？传统社会主义能否承担消除生态危机的重任？高兹认为，不论是资本主义还是传统社会主义都是囿于经济理性而缺少生态关怀的生产制度。他认为苏联式的传统社会主义不过是模仿资本主义经济发展模式，并没有跳出资本主义消费模式。苏联在经济发展过程中仍然是以资本积累为动力的，在经济理性的放大下，人与人、人与自然依旧没有摆脱异化的状态，因而传统社会主义在挽救生态危机上也是无能为力的。高兹认为资本主义和传统社会主义都没有跳出极端的经济理性樊笼，他主张以生态理性为指导重建一个经济建设服务于人的真实需求并把经济理性置于生态理性之下的"生态—社会空间"。

高兹主张以生态理性超越经济理性，建设生态社会主义以克服资本主义的弊端。在对革命主体的思考上，高兹认为随着科学技术的发展，工人阶级的工作、生活条件发生了很大变化，工业无产阶级已经迷失在异化消费中，丧失了革命积极性，工业无产阶级已经担当不起革命的重任。对于革命主体，高兹在《劳动分工：现代资本主义的劳动过程和阶级斗争》一书中，否定科技劳动者的阶级属性，将技术专家排除在革命主体之外。高兹随后认识到由于新生产技术的广泛应用，形成了一个由专家、工程师、技术人员、教师、学生、雇员等组成的新中间阶层即"非工人—非阶级"。但这个"新无产阶级"不属于任何一个阶级，不是一个社会主体，而是由不同政党、阶层人士联合形成的新社会运动的主力干将。

（二）泰德·本顿：自然极限论的生态中心主义

泰德·本顿是英国生态学马克思主义的开创者，英国生态中心主义理论序幕的拉开得益于《马克思主义与自然极限：一种生态批判与重建》一书的问世。本顿认为人类"支配自然"的观念是生态危机的根源，应实现由"支配自然"向"适应自然"观念的转变。他通过对马克思关于劳动过程论述的重新解读，把劳动理解为按照主观需要和意图改造客观自然的过程，他认为马克思过分强调人的主观意识对自然的占有、改造，而无视自然资源的有限性，因而把马克思定义为反生态的控制自然论者。在本顿看来，劳动过程分为生态调节型和生产改造型两种类型。所谓生态调节型劳动过程是依据自然资源的客观特性而直接占有，并不改变自然本身的化学性质，比如种植业、畜牧业。这类劳动过程侧重于对自然的适应，而不是改造自然。而生产改造性劳动过程是通过劳动对自然资源进行加工改造以符合人的某种需要，侧重于对劳动对象的加工改造，比如煤炭开采业、石油加工业、化学纤维制造业。这类劳动过程无视自然资源的有限性，过分关注人对自然的改造。本顿认为马克思对劳动的理解失之偏颇，他

"过度关注生产性或改造型劳动过程，忽视了生态约束型劳动过程和初级劳动过程"①，结果造成了人类与自然之间新陈代谢的断裂。在他看来，人的劳动过程不是随意的"支配自然"而是受到自然的有限性制约从而"适应自然"的行为。

在本顿看来，马克思的哲学和经济学之间存在着"裂缝"。因为马克思在《1844年经济学哲学手稿》中从抽象的哲学层面强调外在自然对人的束缚，承认人对自然的依赖。马克思的历史唯物主义把人看作自然存在物，承认外在自然是人类生存的基础。但在后来的《资本论》等政治经济学著作中，马克思又像是反生态的"控制自然论"者。本顿把马克思看作主张人类利益高于自然界的人类中心主义者，他认为马克思的生产力至上理论造成了日益严重的生态问题，马克思理应为当今的生态危机负责。在他看来，马克思把生产力看作人类历史前进的动力，这其实是"控制自然"的阴谋论。因为生产力的发展忽视外在自然物的限制，忽视了自然界是劳动对象和生产资料的源泉。未来共产主义社会的实现建立在生产力高度发达的物质基础上，但人类的解放事业竟以自然的牺牲为代价，最终造成了人类解放与自然极限的矛盾对抗。本顿对马克思主义的批判是为了修复马克思主义哲学和政治经济学之间的裂缝，从生态中心主义出发，用生态学重新绿化马克思的历史唯物主义。尽管本顿在一定程度上推进了西方马克思主义理论的前进，但由于他的生态唯物主义忽视历史性和辩证法的因素，用倪瑞华的话说："他完全否定人对自然的变革改造，放弃人的主动性，放弃现代化的生产，采取传统的农业生产依赖于自然设定的条件，被动地在自然界中生存，这在某种程度上又是一种倒退。"②

（三）戴维·佩珀："弱"人类中心主义生态价值观

戴维·佩珀是20世纪90年代英国生态中心主义的代表人物。他

---

① 陈永森：《"控制自然"还是"顺应自然"——评生态马克思主义对马克思自然观的理解》，《马克思主义与现实》2017年第1期。
② 倪瑞华：《"支配自然"还是"适应自然"——格仑德曼和本顿围绕马克思的"支配自然"思想之争》，《思想战线》2010年第2期。

运用马克思的历史唯物主义诊断当代生态危机和环境问题，建议通过社会主义与绿色理论的联合，构建以"弱"人类中心主义为基础的生态社会主义。

在佩珀看来，马克思的历史唯物主义蕴含着人与自然、自然与社会的辩证思想。针对西方学者对马克思是反生态者的诘难，佩珀深刻阐发了马克思历史唯物主义的生态意蕴。他指出，马克思关于人与自然、社会与自然之间辩证关系的论述，反而证明了马克思主义与生态学是相通的。马克思在人与自然的关系上，把人看作自然界的组成部分，自然界是人的无机的身体，人在对象性活动中改造自然界，即"通过实践创造对象世界，即改造无机界"①。马克思进一步阐述了自然与社会的辩证统一。人类社会的进步与发展来源于自然界，自然界是人类物质和精神财富的源泉，而人类社会对自然的掠夺与侵占也影响了自然界的生存发展。佩珀认为马克思理论中人与自然、自然与社会间联系的桥梁是物质实践，物质实践是历史唯物主义的起点，物质生产实践决定着人与自然、人与人之间的关系，人类社会随着物质生产实践的发展而发展。在佩珀看来，马克思建立在物质实践基础上的历史唯物主义是解决生态问题的万金良药，马克思历史唯物主义投射到绿色理论阵营就像一剂"解毒药"，医治了绿党自身存在的漏洞百出、模糊不清的弊病。

佩珀运用马克思关于人与自然的辩证方法批判生态中心主义与技术中心主义。生态中心主义认为自然和人都是整个生态系统的组成要素，动物和自然界理所应当享有与人类平等的权利，最能体现生态中心主义观点的是"动物价值论"和"自然权利论"。它们主张世上万物都是平等的，生物界和人类一样也有相应的生物道德，人类活动应尊重自然的内在价值，自然法则是人类活动的界限。在生态中心主义看来，当今生态危机的根源是人类以自我为中心，忽视了自然存在的内在价值，把人之外的自然看作工具性存在。为了维护自然界的生态平衡，生态中心主义主张限制经济增长。在佩珀看来，这种对自然的

---

① 《马克思恩格斯全集》第 42 卷，人民出版社，1979，第 96 页。

庇护会导致自然的神秘主义，对自然的敬仰同样离不开人类中心。自然所具有的价值是人类赋予的，人从自身主体出发发现自然的工具性价值以及审美、道德等非工具性价值，离开人类自然价值将失去存在的依托。因此佩珀说："人类不可能不是人类中心论的，人类只能从人类意识的视角去视察自然。"①

佩珀随后批判了技术中心主义。在技术中心主义看来，技术具有解决资源匮乏、生态恶化问题的魔力。佩珀指出这种表面上对技术的崇拜实质是人类中心主义。因为技术是人类脑力劳动的产物，人们发明技术是为了更好的开发和支配自然，以满足人类的各种需要。尤其在阶级社会，技术更是被打上阶级统治的烙印，科学技术被意识形态化。统治阶级通过技术实现对人和自然的双重统治，科学技术是统治阶级剥削人、剥夺自然的帮凶。在佩珀看来，技术中心主义面纱掩盖下的是狭隘人类中心主义，这种中心主义是为少数人谋利益的技术中心主义。佩珀认为，技术是人改变自然的中介，人利用技术应摒弃破坏自然、统治自然的理念，在保护自然、尊重自然的前提下实现自然对人的生存意义。

佩珀赞同马克思从生产方式角度对自然的认识。这种自然观既抛弃了技术中心论，也摆脱了生态中心论，为人类正确认识自然提供了一种新的范式。在马克思自然观的指导下，他致力于创建以"弱"人类中心主义为基础的生态社会主义。在这种社会主义范式下，人与自然居于同等重要的地位，人在实现可持续发展的同时应遵循物的尺度，用生态理性指导社会主义经济建设，实现人与自然的和谐共生。

四　北美生态学马克思主义思想

由于传统思想影响和方法论的不同，欧洲生态学马克思主义者侧重于生态学与政治的结合，而北美生态学马克思主义通过重建历史唯物主义来协调自然与社会的关系。韩欲立等对此评论道："以高兹为

---

① 〔英〕戴维·佩珀：《生态社会主义：从深生态学到社会正义》，刘颖译，山东大学出版社，2005，第41页。

代表的生态学马克思主义欧洲范式为我们发现了社会主义与生态政治结合的可能性，以福斯特为代表的生态马克思主义的北美范式则为我们在哲学上重建了马克思的生态唯物主义，同时也在伦理上指出在社会主义发展观中的自然与社会的协同进化。"[1] 北美生态学者依据生态视角重构马克思历史唯物主义，在对马克思主义继承和发展的基础上形成了自己的理论特色。北美生态学马克思主义的思想主要体现在威廉·莱斯、本·阿格尔、詹姆斯·奥康纳、约翰·贝拉米·福斯特等人的文献著作中。莱斯和阿格尔主要从异化角度切入对资本主义生态危机的剖析来重建历史唯物主义，奥康纳则通过把"文化"与"自然"概念引入自然和社会的中介"劳动"概念中来建构历史唯物主义，福斯特通过挖掘马克思文本著作中的生态思想，认为马克思思想本身蕴含着对自然的生态关怀，以此来阐述他的生态唯物主义。但是和欧洲生态学马克思主义相比，北美生态学马克思主义主要通过架构自然史与人类史的有机联系，形成了一个趋于完善的流派。

（一）莱斯、阿格尔通过危机理论的阐发重建历史唯物主义

威廉·莱斯是北美生态学马克思主义的重要人物之一，同时又是法兰克福学派著名社会批判者马尔库塞的得意门生。他从人与自然关系的角度剖析资本主义制度的反生态性，先后撰写了《自然的控制》《满足的极限》等著作，为生态学马克思主义提供了理论支撑。

莱斯反对把环境问题等同于经济核算问题，认为把环境质量当作商品买卖简直是无稽之谈。尽管科学和技术在人类征服自然的过程中发挥着重要的媒介作用，但这仅仅是外在的表征，如果把外在的征兆当作生态危机的根源，这必然陷入资本主义设定的陷阱之中。抛弃科学技术和市场的外在表象，生态危机真正根源于人们头脑中根深蒂固的控制自然的观念。他承袭了法兰克福学派对控制自然的批判思想，进一步揭示了控制人与控制自然的密切关系。莱斯溯源了控制自然的历史演变，指出"控制自然"在资本主义社会已经上升到意识形态

---

① 韩欲立、温晓春：《生态文明论的生态马克思主义基础——基于欧洲、北美与中国的比较研究》，《西南大学学报》（社会科学版）2013 年第 4 期。

领域，成为控制人和自然的工具。而资产阶级为了掩盖其统治本性，把"控制自然"渲染为服务于整个人类社会的"普世价值"。莱斯反对对"控制自然"观念的泛泛而谈，而提议应把控制自然与资本主义制度结合起来。他认为，"只有实现社会制度变革，生态危机才存在解决的可能性"①。在新的社会制度中，人应控制对自然的非理性和破坏性，同时实现人与自然的双重解放。

莱斯在对"控制自然"意识形态的控诉中意识到异化消费的反生态性。在物质生产领域人的自由和天性得不到释放，于是通过消费弥补劳动中的空虚和无聊，把幸福等同于消费，使消费成为统领生活的最高原则，从而遮蔽了人其他自我实现的可能性。为了满足人们的消费欲望，当代西方社会在"高集约度的市场布局"中，拼命研发科学技术以生产五花八门的产品。他们还大肆宣扬幸福的唯一标准就是消费水平的高低，并"鼓励所有人把消费活动置于他们日常关注的中心位置，同时在每一个已获得的消费水平上加强不满足的体验"②，人为地制造出不满足的欲望。这样，奢侈消费之风弥漫在整个西方社会。但人们并没有随着消费数量和质量的提高而得到满足，反而变得更加痛苦和迷茫，人被消费所绑架、所奴役。工业生产体系为了满足人们的虚假需求而不断盲目地扩张，人为地造成了生产的无限增长与资源有限性之间的矛盾，同时在工业化生产中产生的大量废品、废水、废气严重超出自然的承载限度。

针对资本主义社会异化消费与人们需求之间的矛盾所引发的生态危机。莱斯主张建立"较易于生存的社会"，这种社会模式不是要消灭商品和市场交换而让人们重返穷乡僻壤，而是要变革消费理念，使人们意识到人的需要不应仅限于单一的消费领域，而且应体现在生产活动中。同时反对科学技术的垄断化、集中化，提倡技术的分散化，管理模式的民主化，激发人们在劳动中的积极性和创造性，使人们在物质生产劳动中获得自我存在的价值，重新找回人之为人的真正意义。

---

① 王雨辰：《论威廉·莱斯的生态学马克思主义理论》，《哲学研究》2008 年第 6 期。
② 王雨辰：《论威廉·莱斯的生态学马克思主义理论》，《哲学研究》2008 年第 6 期。

　　1979 年，本·阿格尔出版了《西方马克思主义概论》，该书提出
的"生态学马克思主义"在整个生态哲学界具有里程碑式的意义。
他认为当前西方马克思主义理论忽略了马克思"理论与实践相统一"
的辩证法思想，把马克思主义片面地理解为唯意志论或经济决定论。
在他看来，马克思主义理论的基石是辩证法思想。马克思历史唯物主
义由三个相互联系的因素构成，即异化理论、资本主义内在矛盾以及
危机理论。"没有危机和崩溃的模式，阶级意识和阶级斗争的形成就
没有基础……没有这种有阶级意识的革命活动，要超越资本主义机制
的现在的干扰而建立质上完全不同的社会主义的关系是不可能的。"①
阿格尔批判垄断资本主义时期追求过度生产和过度消费，造成了环境
的污染、消费的异化。他断定马克思对资本主义内在矛盾引发经济危
机的理论将转化为人与自然关系崩溃的生态危机理论，即"危机的
趋势已经转移到消费领域，即生态危机取代了经济危机"②。面对新
的危机形式，马克思主义也应与时俱进，应将马克思的阶级斗争理论
与生态危机相结合，重构马克思的历史唯物主义理论。

　　本·阿格尔认为生态危机直接根源于"异化消费"。资本主义社
会开展的生产和消费活动服务于资本增殖。在资本逻辑主导下，消费
变成了手段，生产异化为目的。为了扩大生产，增加利润，消费之风
弥漫在整个西方社会，成为侵蚀人的无形鸦片。地球生态系统的有限
性，注定它根本无法支持人们对自然资源无限增长的贪欲，这将不可
避免地导致人们对获取无限商品期望的破灭。然而期望的破灭却能唤
醒人们沉睡的生态意识，使人们逐步认识到"人的满足最终在于生
产活动而不在于消费活动"③，重新思考人类消费与商品之间的关系，
限制鼓吹消费的广告媒体，重建科学的幸福评判标准，把人从异化消

---

① 〔加〕本·阿格尔：《西方马克思主义概论》，慎之等译，中国人民大学出版社，
　　1991，第 12~13 页。
② 〔加〕本·阿格尔：《西方马克思主义概论》，慎之等译，中国人民大学出版社，
　　1991，第 486 页。
③ 〔加〕本·阿格尔：《西方马克思主义概论》，慎之等译，中国人民大学出版社，
　　1991，第 475 页。

费中解脱出来，从而达到根治生态危机的目的。

为了克服工人的异化状态，阿格尔主张在生产领域实行分散化和非官僚化的管理模式建立生态社会主义，即在生产过程中采用中小规模技术代替大规模技术，逐步缓解人与自然的紧张关系。同时，在生产过程中通过实行工人管理制度，充分发挥工人的劳动积极性和创造性，使工人在劳动中感受到生产的快乐，体会到真正的幸福来源于生产而非消费。另外，他对未来生态社会主义做了进一步探讨。阿格尔从生态危机与异化消费的相互勾连中探讨生态危机的根源，为生态社会主义提供了新的理论视角。但他认为无须通过革命，只需把"把创造理性和自我指导性交还给长期生活在专家奴役之下的工人"①，资本主义制度就会自动转变为生态社会主义，这注定了他生态理论的不彻底性。

（二）奥康纳通过把文化与自然置入劳动的维度中修正历史唯物主义

奥康纳认为当今政治、经济、文化与自然之间的矛盾凸显，越来越印证了马克思关于经济及政治的科学分析，马克思主义仍然是指引当今社会发展的一面大旗。马克思不仅预言了资本在当今社会的全面统治，而且马克思主义在与生态学联姻中隐含着科学的生态思想。马克思认为人类史与自然史相互交织，人类社会建立在对自然的认识和开发之上，自然是满足人类物质和精神需求的基础。人离开自然将无法生存，没有人类生存的自然也将是一潭死水。但资本主义社会对交换价值的崇拜割裂了人与自然的天然联系，使用价值不再是目的而是增加财富的手段。马克思对使用价值与交换价值的论述中，隐含着控制自然、统治自然的生态学思想。但是，传统历史唯物主义主要聚焦于人的发展及其解放，缺少对自然的生态关怀。在奥康纳看来，根本原因是"历史唯物主义事实上只给自然系统保留了极少的理论空间，而把主要的内容放在了人类系统上面"②。他希望通过把文化与自然

① 〔加〕本·阿格尔：《西方马克思主义概论》，慎之等译，中国人民大学出版社，1991，第515页。
② 〔美〕詹姆斯·奥康纳：《自然的理由——生态学马克思主义研究》，唐正东、臧佩洪译，南京大学出版社，2003，第7页。

和劳动概念融合起来，建构一种新的分析生态问题的方法论，从而避免把历史唯物主义简单地理解为技术决定论。

在奥康纳看来传统的历史唯物主义只是从技术的角度来理解生产力与生产关系，忽略了自然与文化的维度。奥康纳从三个维度论证了生产力与生产关系的自然维度与文化维度。首先，奥康纳认为生产力与生产关系无论是从主观维度还是客观维度都受到包括文化规范、技术观念和文化传统的影响。文化不只是上层建筑的一部分，文化还和生产力与生产关系相互交织。其次，奥康纳强调研究生产力与生产关系的自然维度。在生产力与生产关系中都隐含有自然生态系统，自然生态系统的内在规律既影响生产力的发展，也影响生产关系的调整。比如，沿海地带和内地草原的地理环境不同，人们的劳动方式、生活方式也迥然相异。再次，作为社会与自然界联系的中介"社会劳动"同样具有文化与自然的维度。因为社会劳动既建立在一定的文化规范和文化实践之上，又以一定的自然生态系统为基础。在社会劳动中文化与自然彼此渗透、相互交织，形成密不可分的有机体。

马克思在《资本论》中通过对资本主义生产方式的批判，指出生产的社会化与生产资料资本主义私有制是资本主义社会的主要矛盾，其实质也就是资本的过度积累导致的生产过剩性危机。奥康纳将其视为资本主义的第一重矛盾，而将由生产力和生产关系与生产条件之间的冲突所引起的生产不足危机看作资本主义的第二重矛盾。双重矛盾内在于资本主义体系，但第二重矛盾居于主导地位。奥康纳论证了随着资本主义基本矛盾的加剧，必然引爆金融危机。资本主义假借消费之名笼络更多财富。随着消费主义的高涨，国家财政经济负担加重。同时，人们只知向自然无限索取，单线性的发展模式破坏了生产条件。这种既把自然看作"水龙头"又当作"污水池"的价值观念，造成了自然生态的日趋恶化。奥康纳认为，历史的变化并没有超出马克思对工业资本主义危机的分析，经济危机远未消失，生态危机依旧存在，二者共存于资本主义母体。

在资本主义制度中，经济危机与生态危机相互交织。一方面经济危机引发生态危机。从整体上看，经济危机是与过度竞争、效率迷恋和成本削减相联系。在他看来，这必然带来了两个方面的后果，一是环境污染的加剧，在经济危机的过程中，企业总是想方设法降低成本，引进一些被明令禁止的有害技术或生产资料，同时也会刺激企业加快对新的有害技术的开发；二是企业可能会更加忽视雇佣工人的身心健康、产品的环境和卫生条件、城市条件和基础设施的可持续性等问题，以降低资本的流通时间，从而引发一系列的生态问题。另一方面，生态危机有可能引发经济危机。20 世纪 70 年代的"石油危机"说明了"规范化的"市场力量、高额的地租以及拥挤成本等所造成的原材料短缺反过来影响利润的高低。此外，为保护自然资源而爆发的环保运动，会因对生产条件的保护或重构而减少资本积累，引发资本主义的经济危机。

尽管奥康纳从资本主义的双重矛盾来论述资本主义经济危机与生态危机及二者的相互关系，在生态学马克思主义理论谱系中开启了新的一页，然而，由于他未深度挖掘马克思文本中的生态学思想，断然指认马克思是缺乏自然关怀的生态空场者，这是对马克思生态思想的误解和歪曲。其实，在马克思《1844 年经济学哲学手稿》《共产党宣言》《资本论》《自然辩证法》等著作中包含有大量的生态思想。美国学者、俄勒冈大学社会学教授、《每月评论》杂志主编约翰·贝拉米·福斯特纠正了奥康纳对马克思主义的误解，立足人与自然的二者统一，解救了长期被唯物主义遮蔽的生态学思想。

第三节　福斯特生态学马克思主义的发展阶段

约翰·贝拉米·福斯特 1953 年出生在美国华盛顿州奥林匹亚市一个左翼家庭。家庭的文化熏陶使福斯特很早就阅读了马克思的许多著作，这为他后来的社会批判理论播下了思想种子。高中毕业后他被美国常青州立大学经济学专业录取。正是在常青州立大学期间，福斯特第一次接触了保罗·巴兰和保罗·斯威齐的《垄断资本》一书。该书阐述了资本主义进入垄断阶段后的社会特征，用"经济剩余"概念代替马克思的"剩余价值"，指出马克思的"利润率趋于下降规律"被

"剩余趋于上升规律"所取代，展开对垄断资本主义的批判并对未来发展做了进一步的探讨。同时，他还阅读了大量的马克思主义经济学著作，如欧内斯特·曼德尔的《马克思主义的经济理论》、舍曼的《激进的政治经济学》、弗兰克的《资本主义与拉丁美洲的欠发达》，以关注垄断资本主义时代美国对外经济政策为核心的《帝国主义时代》、以消费滞后和经济剩余为主题的《资本主义发展论》、以经济学理论探讨美国和其他国家制度危机的《国家的财政危机》以及布雷弗曼的《劳动与垄断资本》等，大学期间的广泛阅读为其以后的学术生涯打下了坚实的理论基础。1976 年，福斯特移居加拿大的多伦多继续攻读经济学硕士，1984 年取得加拿大约克大学政治学博士学位。福斯特学生时代的思想主要汇集于博士论文《垄断资本主义理论：论马克思主义政治经济学》中。福斯特是美国俄勒冈大学社会学教授，美国《每月评论》杂志主编，西方生态学马克思主义领军人物之一。

正是《垄断资本》中围绕"经济剩余"对资本主义展开的批判分析，深深吸引了学生时代的福斯特。他的博士论文《垄断资本主义理论：论马克思主义政治经济学》则是对经济剩余思想的继承和发展。论文主要针对巴兰和斯威齐的经济剩余和浪费问题展开论述。他从中透视到资本主义生产的反生态性，并从"巴兰和斯威齐将垄断资本下的浪费概念与马克思主义的生态学批判结合起来"[①] 中意识到马克思主义理论与生态危机的密切联系。此后，福斯特正是遵循着资本主义制度下的经济剩余、缓解经济剩余的消费、过度包装的促销手段、过度消费及过度包装带来普遍的环境破坏问题、生态危机引发经济危机的思路，来展开对资本主义制度的批判。所以，他的思想有着逻辑严密、体系完整的理论特色，自然生态思想与社会生态思想之间并不存在断裂，而是一种深化与发展的关系。就像郭剑仁曾评论的，尽管福斯特在 20 世纪 80 年代末 90 年代初的研究对象及依据的理论有所转向，但这不是断裂，而是后者对前者的扩展与深化。

---

① 〔美〕约翰·贝拉米·福斯特：《垄断资本主义理论：论马克思主义政治经济学》，范国华译，《国外理论动态》2014 年第 11 期。

一 早期：垄断资本批判与生态学马克思主义的理论奠基

这一时期福斯特的理论聚焦于资本主义的经济剩余、垄断、积累、过度消费及过度包装等问题。主要理论著作有《经济衰退：在垄断资本主义下积累的问题》《垄断资本主义的理论：论马克思主义政治经济学》《资本主义转型理论：关于马克思与熊彼特比较的批判笔记》《摇摇欲坠的经济》《我们时代的经典：四分之一世纪后的劳动和垄断资本》等。

（一）以垄断为核心的社会生态学批判

作为里根时代的一名公众知识分子，当时美国对越战争、主导反社会主义的智利政变和经济危机的爆发，促使福斯特这位热血青年把注意力集中在政治经济学领域。正是在这一时期，他遇到了志同道合的左派批判盟友，在与他们的联合和交往中形成了其资本主义批判理论。1973～1975 年美国爆发了战后创伤最严重的经济危机，这次危机不同于以往之处在于经济过剩的经济危机与严重的财政金融危机相互交织。"从 1974 年 10 月起，美国经济危机进入了猛烈发展的阶段，工业生产指数从 1974 年 10 月起逐月急剧下降，到 1975 年 3 月达到最低点，比 1973 年 11 月下降了 15.1%，超过了战后美国历次经济危机期间的工业生产下降幅度。"[①] 面对经济危机，福斯特没有持主流经济学试图将新时期严重的经济困境归咎于当局对穷人和失业者过度纵容的态度。主流经济学认为，目前摆脱危机的唯一途径是直接打击就业和工资，给予企业和富人额外的税收优惠，以及大量减少国家支出。而许多左翼经济学家认为经济停滞的主要因素是供应方面，即经济剩余造成的。对于剩余概念，巴兰和斯威齐早在《垄断资本》中曾就做过界定——"一个社会所生产的产品与生产它的成本之间的差额"[②]。巴兰说："在一个高度发达的垄断资本主义社会，剩余采取多种形式

---

① 武汉大学经济学系北美研究室编《战后美国第六次经济危机》，商务印书馆，1978，第 1 页。

② 〔美〕保罗·巴兰、保罗·斯威齐：《垄断资本》，南开大学政治经济学系译，商务印书馆，1977，第 14～15 页。

和伪装。"① 也就是剩余不仅以利润、利息和地租等形式表现出来，同时还可以通过国家和教会、广告促销等非生产性收入形式体现。大型垄断公司的运营目的在于降低生产成本、实现利润最大化，导致日益庞大的潜在剩余找不到有利可图的投资渠道。于是，巴兰和斯威齐在《垄断资本》中认为马克思的"利润率趋于下降规律"逐步被"剩余上升趋势规律"所取代。而有些学者反对"经济停滞"理论。如 20 世纪 70、80 年代"新李嘉图"者，像在安德森·格林和鲍勃·萨特克利夫 1972 年的作品《资本主义危机》和塞缪尔·鲍尔斯、大卫·戈登、托马斯·维斯科普夫合著的《荒野之外》中，他们把这个问题看作国民收入中工资所占比例上升和劳动生产增长率下降的问题。福斯特认为不管是现代"新李嘉图"主义，或是左派坚持的"利润率趋于下降规律"，其实都没有超越马克思的原始思想。因为他们都抛弃了马克思的"劳动价值论"，但在马克思的劳动价值论中蕴含着资本主义经济危机的奥秘，离开了劳动价值论来谈所谓的积累问题将会失去根基，无法触及资本积累的实质问题。

巴兰和斯威齐认为马克思生活的时代背景是自由竞争占据主导地位，马克思的政治经济学主要是对自由资本主义的研究分析，而对竞争也只是停留在假设阶段，更没有把垄断当作主要的因素来展开对资本主义的批判分析。随着市场上的经济单位由巨型公司取代无数分散的小商号，垄断相应的取代竞争成为分析垄断资本主义的中心要素。福斯特认为新古典经济学所谓的完美竞争概念是建立在抽象的数学模型之上，否认垄断的本质现实，他们扛着一般均衡理论的大旗为资本主义做辩护。马克思在《政治经济学批判》中曾对竞争的作用做出过探讨，马克思指出只有在竞争中才能演绎价值规律的逻辑，自由竞争随着制度的演变而越发激烈，竞争是一种不容忽视的经济现象。福斯特认为马克思还关注到竞争和企业规模的关系，马克思在《1844年经济学哲学手稿》中写道，大资本的积累速度将会超过小资本。

---

① 〔美〕保罗·巴兰、保罗·斯威齐：《垄断资本》，南开大学政治经济学系译，商务印书馆，1977，第 15 页。

他认为马克思对竞争中资本规模和数量的关注尽管不是唯一要素，却是一个关键因素。因为这关涉到企业在竞争中的命运，在残酷的资本主义世界竞争中，要想脱颖而出在很大程度上依赖于资本积累的规模。福斯特认为竞争和垄断是一枚硬币的两面，对于竞争的理解还要转向高度抽象的垄断问题。而垄断资本的概念来源于马克思的资本积累理论。资本就其本质而言就是不断自我扩张的剩余价值。资本积累的前提是个人资本规模的增长（集中）和多个资本融合成为"一个大集团"，其实质也就是利益争夺导致了许多中小资本的毁灭，并将其集中到由少数企业主控制的几个巨型资本家手中。许多传统马克思主义者认为马克思在《资本论》中并未考虑资本集中和资本集中可能给竞争过程带来的任何变化，即马克思认为这种双重过程只会增加竞争，并且不会产生垄断力量，以至于有人把马克思看作"竞争前封建垄断"的理想主义复活。福斯特认为马克思不同于以往和同时代经济学家，他在 19 世纪中期设想资本主义正朝着充分实现资产阶级自由竞争理想的方向发展，他在资本积累过程中看到了巨型企业资本向巨型企业的转移，马克思的整个体系具有特定的历史特征。

（二）以消费为枢轴的自然生态学启蒙

资本主义发家致富的秘密来源于对自然的侵占和对劳动力的剥夺。追逐利润是生产过程的永恒理念，所以资本主义只有不停地生产、不停地运转才能存在下去，否则就会因利润的枯竭而走向灭亡。在垄断资本主义时期，如何吸收过量的经济剩余，打通资本追逐利润的通道才是问题的关键。巴兰和斯威齐在对垄断资本主义做出详细的分析后，认为可以通过资本家的消费和投资、五花八门的销售、政府的民用支出以及军国主义等手段缓解经济剩余。为了最大化地吸收剩余，广告日益成为促销的重要手段。一方面通过外在的个性包装刺激消费者的购买欲望；另一方面又通过明星代言、广告宣传等引领消费走向。价格竞争让位于销售方式的更新，五花八门的广告产业渗透整个生产过程，既扭曲了使用价值，也带来了自然资源的浪费。美国经济学家凡勃伦，独具慧眼地认识到垄断资本主义给环境带来的压力。他指出，在自由竞争的资本主义时期，资本主义经济扩张主要通过降低价格、提高产量加大对自然的剥削来实现。而垄断资本主义时期生产者越来越关注销售手段，从产品外在包装设计到宣传材料的制作无不渗透着对自然资源的浪费。另外，营销渗入生产过程使得产品成本提高。因为营销团队中的广告策划人员、营销人员等的费用都包含在产品中。结果，消费者购买商品的价格中很大一部分来自销售成本，而非产品成本。人们在营销手段的牵引下，不知哪些是属于自己的真实需求，好像只有拼命地消费才是人生成功的标志。

福斯特从异化消费、技术增长中透视到资本主义生产方式的反生态性。在垄断资本主义时期，由于资本家经济扩张受限，投资渠道受阻，利润空间不断压缩，浪费成为缓解经济剩余、促进经济增长的主要驱动力之一。但浪费在增加利润的同时，还带来了环境的恶化，危害人类的长远利益和整体利益。1971 年巴里·康芒纳在《封闭的循环——自然、人和技术》中深刻分析了技术在资本主义制度下的非理性运用，新技术的应用带来了普遍的浪费，造成了环境的污染。"所有这些变化都使得环境更加恶化：当一个使用洗涤剂的洗衣机排水时，它所引起的污染要比同样数量的肥皂多得多……现代化的小轿车用烟尘和铅污染着空气，而战前的小汽车是无烟的，用不含铅的汽油也可以行驶。"① 所有这一切都内生于受利润驱动得越来越有害的资本主义生产过程。在资本主义体制下，技术的应用提高了对自然资源的利用效率，但结果不是减少对自然资源的需求，而是在利润的驱使下扩大生产规模，扩大了对自然资源的需求，进而造成了环境污染，这也就是通常所说的"杰文斯悖论"。尽管福斯特在早期没有专门著书立说去谈论所谓的环境问题，但通过对巴兰、斯威齐、康芒纳、凡勃伦等相关著作的阐述，他已经意识到环境正日益受到侵蚀，这就是其生态思想的萌芽。

早期对垄断资本主义政治经济学的分析，使福斯特意识到资本主义垄断资本反人类的本性，为其立足资本这一概念展开对资本主义的

----

① 〔美〕巴里·康芒纳：《封闭的循环——自然、人和技术》，侯文蕙译，吉林人民出版社，1997，第 4 页。

现实批判打下坚实基础。同时也正是在对现实问题的剖析中，在对人与自然的反思中，福斯特创立了以"新陈代谢断裂"为核心的自然生态思想。

二 中期："新陈代谢断裂"与对资本主义的自然生态学批判

福斯特从 20 世纪 80 年代中期，由以政治经济学为理论支撑的垄断资本批判转向以马克思主义理论为阵地对资本主义社会生态和环境问题的剖析，其主要原因是他亲眼看到了家乡环境的剧变。这一时期福斯特的理论主要围绕追踪生态环境破坏的历史，立足资本主义社会现实寻求解决生态问题的路径。但由于历史唯物主义的分析方法并未成为分析生态问题的逻辑主线，福斯特在对资本主义生态批判反思的基础上，通过追溯马克思唯物主义形成的脉络，重建生态历史唯物主义，为马克思生态学批判奠定哲学基础。福斯特深知生态哲学的任务不在于解释世界，而在于改造世界。他在生态唯物主义和生态辩证法的指导下，展开对资本主义生态问题的深刻批判以及对社会变革的探讨。福斯特这一时期的思想主要浓缩于《脆弱的星球：短暂的环境经济史》《马克思的生态学：唯物主义与自然》《生态危机与资本主义》《生态革命：与地球和平相处》等著作中。

（一）生态问题的追寻

家乡环境令人触目惊心的剧变惊醒了福斯特的生态意识。福斯特并没有追随西方环境主义就环境谈环境，而是在早期政治经济学思想的牵引下把环境问题与社会问题架构起来，从社会问题中寻找生态危机的根源。福斯特在 1994 年出版了《脆弱的星球：短暂的环境经济史》一书，该书在追究生态环境被破坏的历史中探寻生态问题的解决路径。该书开宗明义地指出，"对地球的破坏已使大自然的平衡，物种的延续，以及人类社会的发展遭受了严重的威胁"①，地球已经

---

① 转引自贾学军《福斯特生态学马克思主义思想研究》，人民出版社，2016，第 56 页。

成为身患重病的脆弱星球，也就是说环境问题已经到了危急时刻，未来不是人类怎么改变地球，而是千疮百孔的地球是否适应人类的生存。面对生态环境的恶化，生态中心主义从"生态整体性规律"出发，强调自然界的内在价值和生存权利，认为环境问题是工业化方式下技术研发和人口膨胀所致，强调给予自然以人文主义的道德关怀，达成人与自然关系的和解，回到前工业社会人与自然的"和谐共生"画面。而人类中心主义以人类利益为尺度，认为通过科技进步、自然资本化的手段可以为自然疗伤，挽救生态危机。福斯特认为无论是生态中心主义还是人类中心主义，都只看到外在的表面症候，而遮蔽了问题的真实根源，以利润为导向的资本主义制度才是生态危机的罪魁祸首。对于如何解决生态问题，福斯特认为不能寄希望于具有浓厚宗教色彩的环境主义说教，而应倡导环境运动与新社会运动的结合，实现环境正义的自然社会化。

《脆弱的星球：短暂的环境经济史》一书描绘了从前资本主义社会到当今生态破坏的简明历史画卷。但朋友们却批评他把资本主义的反生态性在很大程度上归因于 17 世纪的科学革命思想，这促使他进一步反思在生态问题上的思维方式。就像他自己所说，在写作《脆弱的星球：短暂的环境经济史》时"我仍然认为在某种程度上马克思的生态观点在其思想中是居于次要地位的"[1]。即认为马克思对于解决生态问题没有什么实质性的帮助。尽管马克思提供的历史唯物主义分析方法是生态学所需要的，但是，生态学采用的一般却是非历史的和马尔萨斯的人口原理概念。再加上福斯特的哲学基础深受黑格尔主义影响，没有意识到在哲学和科学中存在的唯物主义历史。福斯特在接受朋友批评并反思自己的马克思主义理论基础上，深刻认识到可以"把生态问题作为马克思的主要思想来阐释马克思"[2]，马克思的唯物主义思想深藏着丰富的生态学洞见。为了彰显马克思唯物主义的

---

① 〔美〕约翰·贝拉米·福斯特：《马克思的生态学：唯物主义与自然》，刘仁胜、肖峰译，高等教育出版社，2006，前言第 Ⅰ 页。

② 〔美〕约翰·贝拉米·福斯特：《马克思的生态学：唯物主义与自然》，刘仁胜、肖峰译，高等教育出版社，2006，前言第 Ⅱ 页。

生态学思维，他决定重新回放马克思唯物主义的思想历程。福斯特在对唯物主义进行追根溯源的基础上，发现不管是培根、达尔文或是马克思，其唯物主义基础都来源于伊壁鸠鲁的古代唯物主义哲学。伊壁鸠鲁把目的论、决定论赶出自然界的同时塑造了一幅生动的唯物主义生态学画面。同时福斯特借助英国哲学家罗伊·布哈斯卡的唯物主义观点，把唯物主义划分为本体论唯物主义、认识论唯物主义和实践论唯物主义。福斯特在对马克思唯物主义自然观和历史唯物主义的追踪中展现了其丰富的生态学知识，生态唯物主义为他的自然生态思想奠定了坚实的哲学基础。

福斯特的生态哲学思想主要汇集在《马克思的生态学：唯物主义与自然》一书中。在这本书中主要围绕达尔文和马克思的著作展开分析，他认为马克思的唯物主义对于科学生态观的诞生起着关键作用，这种科学的生态观把社会变革与人类和自然关系的变革联系在一起，打通了人类中心主义与生态中心主义的内在脉络。福斯特在对马克思唯物主义思想的梳理中，意识到马克思的生态思想集中体现在《资本论》中，重点表现为"新陈代谢断裂"。

（二）"新陈代谢断裂"及对资本主义社会的生态批判

在福斯特看来，马克思的生态哲学思想集中体现为"新陈代谢断裂"理论。马克思早在《1844 年经济学哲学手稿》（简称《手稿》）中就通过"异化劳动"对人与自然的关系进行过探讨，异化劳动包括四个方面，其中之一就是人与自然的异化。马克思在对黑格尔法哲学的批判中从哲学意义上对人与自然的关系进行了抽象分析，人是自然的存在物、自然是人的对象化力量的体现，人通过物质资料生产而建立起人与自然的有机关联。尽管在《手稿》中马克思没有用新陈代谢这个概念，但字里行间却透露着这个概念的萌芽。福斯特认为《资本论》是马克思唯物主义自然观和唯物主义历史观的完美结合，正是在这部伟大的政治经济学著作中，马克思立足新陈代谢断裂对资本主义生态现象展开无情的批判。在对马克思新陈代谢断裂思想的梳理中，福斯特认为马克思的新陈代谢断裂理论主要来源于马尔萨斯和李嘉图的人口过剩理论、詹姆士·安德森的级差地租理论和李比希的新农业化学理论。而其中李比希对马克思"新陈代谢断裂"理论的产生起着重要的理论奠基。马克思曾说："德国的新农业化学，特别是李比希和申拜因（Schonbein），对这件事情比所有经济学家加起来还要重要。"① 1842 年李比希在《自然化学》中扩展了新陈代谢的使用范围，自此，新陈代谢才普遍出现在生态学领域。由于深受李比希在第二次农业革命中对农业和工业、城市和乡村关系的分析的深刻影响，马克思在《资本论》第三卷结尾"资本主义地租的产生"处论述了大工业和大农业携手并进破坏人类的自然力和土地的自然力。在《资本论》第一卷中对大规模农业和工业资本主义生产对乡村土地的掠夺造成了土壤肥力的衰竭进行阐释，即对"人和土地之间的物质变换"断裂进行深刻的剖析。资本主义生产一方面破坏了人与土地的物质代谢，另一方面又以这种物质变换来进行资本积累。资本积累是生产的目的，也是新陈代谢断裂的根源。此外，从《资本论》中福斯特意识到马克思从新陈代谢角度对劳动过程的定义，即劳动就是人和自然之间进行的物质、能量、信息的交换过程。然而在资本主义制度下，生产资料私有制造成了人与自然、自然和社会有机关联的断裂。因此，应从根源处寻找弥补人与自然、城市与乡村、农业与工业裂缝的灵丹妙药。

福斯特认识到在资本主义制度下，生态环境与资本主义的敌对关系，要使二者握手言和无异于痴人说梦。在《生态危机与资本主义》一书中，他在政治经济学领域展开对资本主义生产反生态性的批判。在该书中，福斯特认为资本主义经济学家通常对环境问题极力回避，他们提出所谓的自然资源替代学说，认为自然资源是可有可无的，生态预言家的生态末日简直就是杞人忧天。但是，他们没有看到资本主义是以财富积累为主要目的的，利润是生产的唯一目的，经济增长依靠对自然资源的大量消耗，并以越来越多的废物来回报地球的短视行为。为减少温室气体排放总量，1997 年《京都议定书》出台，但布什政府却于 2001 年宣布单方退出气候协议，后虽经多方努力，但

---

① 《马克思恩格斯文集》第 10 卷，人民出版社，2009，第 234 页。

《京都议定书》还是归于流产。任何触及资本积累的策略方案，不管其出发点多么美好都注定要失败。环境问题是不容忽视的事实，在面对棘手的环境问题时，资本主义又出台了"花招"。有人提出资本主义经济"非物质化"是解决环境问题的绝佳手段。他们生搬硬套把"库兹涅茨曲线"应用于环境领域，认为随着资本主义经济的发展、技术的进步，资本主义向环境中倾倒的废物在达到顶点之后会越来越少。可是"杰文斯悖论"却戳破了自然资本化的谎言。面对严峻的生态问题，怎样弥补人与自然，自然与社会的裂缝？福斯特认为只有进行生态革命，变革资本主义制度。

福斯特在《生态革命：与地球和平相处》中指出，人类生活在现实与理性的冲突之中，如果环境破坏不悬崖勒马，那么生态即将面临崩溃的临界点，地球上无数的人类和生物将会面临前所未有的灾难。因此，生态革命迫在眉睫。但是，人类需要的是何种生态革命？福斯特认为"绿化"的生态革命——作为一种新型的工业革命，依靠技术解决资本匮乏问题，提高能源利用效率，经济成几何级数增长而又不加大对地球的破坏，实现经济的可持续发展——这只是资本主义幻想的"绿化"的生态革命，也是资本主义维护自身利益被迫采取的权宜之计，对于解决生态问题根本无济于事。更为荒唐的是有人提出"资本主义经济需要利润增长多于生产增长"①，其实就是变相地阐释与生产方式相分离仍能获取利润之道。殊不知，这样的利润是像空中楼阁一样无根基可言，并伴有经济停滞、贫富差距加大、失业与贫穷加大的风险。总之，他们想尽一切办法抹杀资本主义与可持续发展之间的矛盾，而迷恋经济学家所谓的"技术黑匣子"，这种生态工业革命实际上是扩大商品生产的一种策略而已，没有变革社会组织形式，将人为的私欲置于人类真实的需求之上，没有改变资本积累的本性。他认为，生态问题的症结是行将就木的资本主义制度即将把人类文明引向终结。尽管相对于封建社会资本主义取得了极大进步，但

---

① 〔美〕约·贝·福斯特：《生态革命：与地球和平相处》，刘仁胜、李晶、董慧译，人民出版社，2015，第 9 页。

是，现在它已经成为人类社会前进、发展的桎梏。

福斯特不但剖析了资本主义制度下资本与生态的对立，还对未来的社会模式做了进一步构想。他认为，人类要彻底改变人与自然的紧张关系，就要变革资本主义生产关系，瓦解资本主义制度。重建人与自然、人与人和谐共处的生态社会主义，使每个人能够"与其环境中的每一部分处于动态的交互作用之中"①。这种社会主义既扬弃了资本主义，也超越了传统社会主义。最典型的特征是生态与社会的双重规制，即"社会主义具有生态特征，生态主义具有社会主义特征"②。

然而，生态危机远未解决，经济危机又卷土重来。目前资本主义是集双重危机于一体，罹患生态危机与经济危机的病痛。尤其受到美国次贷危机向全球蔓延的影响，资本主义经济处于长期低迷、恢复无望的境地。

三　后期："经济停滞—金融化陷阱"与对资本主义的社会生态学批判

福斯特对资本主义现实的观察决定了他的理论视角不再局限于生态领域，在对现实问题的追踪中，他把理论视角再次转向垄断金融阶段的新自由主义、全球化、金融化、经济停滞等问题。在这一阶段他在《每月评论》上发表的论文成果有"论断金融资本""垄断金融资本时代""资本主义的金融化""失败的制度：资本主义全球化的世界危机及其对中国的影响"，同时出版了《无休止的危机：垄断金融资本如何产生从美国到中国的停滞与动荡》等。

（一）垄断金融资本

在担任《每月评论》的主编时，福斯特继承了该期刊对美国及世界资本主义经济变化及其发展规律探索的良好文风，同时又立足时

---

① 〔美〕约·贝·福斯特：《生态革命：与地球和平相处》，刘仁胜、李晶、董慧译，人民出版社，2015，第25页。
② 〔美〕约·贝·福斯特：《生态革命：与地球和平相处》，刘仁胜、李晶、董慧译，人民出版社，2015，第28页。

代变化不断更新有关资本主义发展的理念。21 世纪初，金融化成为刺激资本主义经济发展的一个亮点。福斯特在对这一现象进行追踪的过程中，认为金融化的起源应该到经济剩余的有关概念中寻求相关解释。在他看来，保罗·巴兰、保罗·斯威齐和哈里·马格多夫等人描绘了垄断金融资本的发展轨迹。巴兰和斯威齐认为在垄断资本主义时期熊彼特当年关于"新商品、新技术、新供应来源以及新组织形式"的竞争已经被巨型公司的垄断所取代，巨型公司在相互尊重的基础上不再执着于威胁彼此生存的价格竞争，而是在扩大生产、降低成本以增加垄断利润的前提下暗中勾兑、心照不宣地共同定价。所以当年熊彼特所谓的创造性毁灭的狂风已经化为偶然的微风。巨型公司之间的价格制定不再是通过原来众多小商号之间你死我活的恶性价格战，而是在利润最大化前提下由巨型公司通过价格政策和成本政策的制定而协同商定。巴兰和斯威齐认为垄断资本主义时期马克思的"利润率趋于下降"规律让位于"剩余趋于上升"规律，如何为巨大的剩余寻找出路是经济发展的关键。他们分析了消费、投资、销售、民用支出和军事开支缓解剩余的形式，但效果都不甚理想。大量的剩余滞留于生产领域从而造成经济长期陷入停滞化困境。

从《垄断资本》出版到 20 世纪 80 年代，美国经济的不断增长得益于金融化的发展，金融投机的出现无异于给长期低迷的经济打上了一针兴奋剂。1987 年，保罗·斯威齐和哈里·马格多夫指出赌博色彩的社会经济增长，其经济模式"除了一部分归因于和平时期空前的军费开支以外，几乎完全归因于金融的扩张"[①]。然而，在经济繁荣发展的表面下暗含着更大的涌流。斯威齐和马格多夫认为尽管金融部门的扩张可以在一定程度上带动实体经济的发展和服务业的兴起，但金融资本的膨胀反而独立于实体经济，甚至反向控制产业经济的发展。金融资本改变了资本的投资方向，使其由传统的实体经济转向保险、房地产和金融相关领域。寡头组织通过垃圾证券重创实体经济，

---

① 〔美〕约翰·贝拉米·福斯特、罗伯特·W. 麦克切斯尼：《停滞—金融化陷阱与无休止的危机》，张峰译，《甘肃行政学院学报》2013 年第 1 期。

致使传统的公司经理部门逐渐失去经营决策权，实体经济的重大决策、经营权被外部金融市场牢牢掌握。金融资本侵蚀实体经济，产业资本也被纳入金融资本的逻辑轨道，变成打包出售的金融产品，越易变现越受追捧。由于金融膨胀不是经济发展的载体，且金融力量高高凌驾于、独立于实体经济生产之上，生产和金融的颠倒关系蕴含着更大的经济风险。

福斯特把巴兰和斯威齐的"经济剩余"与马格多夫的"金融膨胀"相结合，在对金融化持续追踪的过程中，提出了"垄断资本金融"概念，推进了金融化和垄断资本主义关系研究朝纵深方向发展。2006年福斯特为纪念巴兰和斯威齐的《垄断资本》出版40周年写了一篇文章，即《论垄断金融资本》。该文指出："20世纪60年代以来资本主义的变化充满矛盾。一方面，资本主义无法寻求到继续推动资本积累的动力，斯威齐和巴兰在《垄断资本》中描述的资本主义经济停滞僵局在进一步恶化的同时显现出一系列新问题；另一方面，资本主义也在金融的超常爆发中寻找到了再生产的新方式，垄断金融资本在经济停滞的僵局中反常地快速发展。"① 在经济停滞的背景下，美国经济没有变得更糟，主要是得益于金融膨胀。金融化可以通过金融、保险和房地产行业的发展创造一定的新需求，一部分人在金融投机中依靠买卖金融产品获得差价用于个人消费也能促进经济的发展。但是，随后大量金融衍生品的推出，比如，期货、期权、对冲基金等，资本主义经济的发展重心由传统生产部门转移到以金融领域。金融化作为经济增长的主要力量，不是以实物的创造推动经济的发展，却依赖于金融化的长期刺激，整个经济随着金融泡沫的鼓吹而膨胀，社会随着泡沫的破裂而深陷危机。

（二）停滞—金融化陷阱

2007年的金融危机给美国、欧洲、日本等国经济以重创。经济增长乏力、金融动荡不安、失业率居高不下、收入差距过大等衰败景

---

① 〔美〕约翰·贝拉米·福斯特：《论垄断金融资本》，陈弘译，《海派经济学》2010年第31辑。

象，把经济学家关注的焦点由金融危机拉向经济停滞。2011 年美国经济学会会长罗伯特·E. 霍尔在《长期低迷》的报告中把"始于经济的急剧紧缩，并且紧缩一直持续到就业率恢复正常的特殊的失业期"① 定义为低迷。对于美国目前的大低迷霍尔认为政府无力救市，低迷可能要持续很多年，而他所言的低迷其实也就是停滞的另一种表达。保罗·克鲁格曼把这次停滞看作"第三次萧条"，并认为是以往经济停滞的复发。2011 年，泰勒·考恩在《大停滞》中对经济停滞做了深刻的分析。他从历史视角考察了资本主义的停滞问题，认为此次危机的爆发不是偶然事件。而是自 20 世纪 70 年代以来，长期堆积的各种矛盾的必然结果。当经济剩余得不到及时消化与吸收时，停滞便成为垄断资本主义的正常状态。以利润为生命线的垄断资本绝不甘心坐以待毙，于是，资本家为了缓解经济增长趋缓的压力，金融化成为垄断资本的新宠儿。然而，金融化把危机再次推向纵深，疲软的经济又要依赖金融资本的刺激。斯威齐把经济停滞与金融化之间的关系描述为"共生包容"，而福斯特更进一步将停滞与金融化之间的正反馈关系称为"经济停滞—金融化陷阱"。

福斯特认为，经济停滞也就是斯威齐所说的垄断资本主义的正常状态。停滞只是意味着过渡积累导致的净投资萎缩，只需较少的投资就能满足增长的需求。但停滞并不是意味着经济永远没有强劲的发展机会，在特殊背景下经济的增长是由于外界力量的刺激，比如：政府消费、贷款消费、信用卡消费、次级贷款、房地产、保险等各式各样金融投机所形成的抵消经济停滞的力量。但是，金融化是一个危险的救世主。金融化的发展并没有促进就业队伍的扩大，能从金融投机中获益的只是少数群体而不是普通大众。金融化也没能阻止经济的下降趋势，因为毕竟金融化对经济的刺激是一时的、短暂的。随着金融膨胀整个经济泡沫越吹越大，尽管有时房地产泡沫能延缓金融泡沫的破裂，但足够大的金融泡沫一旦发生破裂，国家作为最后贷款人也无力

---

① 〔美〕约翰·贝拉米·福斯特、罗伯特·W. 麦克切斯尼：《停滞—金融化陷阱与无休止的危机》，张峰译，《甘肃行政学院学报》2013 年第 1 期。

挽救整个衰败景象，整个经济将再次陷入更深的危机。

　　福斯特透过金融资本在垄断资本主义的地位和作用分析，指出资本主义进入了一个全新阶段。"金融化导致垄断资本主义步入新的混合时期，这一阶段可称为垄断资本主义阶段的'垄断金融资本时期'。"① 金融化是垄断资本时期的主导力量，资本形态由产业资本、货币资本逐渐转变为金融资本。但不管资本形态如何变化，资本积累手段如何更新，剩余价值的积累仍是其所有活动的出发点和落脚点。所以，垄断金融资本仍处于资本主义发展阶段，金融资本的膨胀并不意味着资本主义进入一个全新的阶段。

　　新自由主义是垄断金融资本在意识形态上的集中体现。新自由主义金融化借助跨国公司不断加大对新兴经济体劳动储备大军的剥削，跨国公司把生产的利润链延伸到南半球国家，利用南半球国家比较低廉的劳动力、丰富的自然资源满足发达国家对高额利润的追求。同时，帝国主义还通过跨国公司在技术、设计、品牌上左右新兴经济体的发展，并收取相关的费用，结果造成了发达国家与新兴经济体矛盾的加剧。金融资本国际化成为当今垄断资本主义获利的新形式，通过跨国公司不断拉大中心与外围国家之间的发展鸿沟。西方资本主义国家"将其触角伸至世界各地，试图在缓慢增长的世界经济中攫取最大的利益"②，正是金融资本的全球化，破坏了全球范围内人、自然、社会之间的有机联系，使整个世界经济陷入更大的新陈代谢断裂鸿沟。因此，我们应认识到鸿沟断裂的根源是以资本为主导的社会制度。就像福斯特所说："环境与经济的两种疾病——以及在资本主义生产方式中可以发现的这种共同原因的事实——已经毋庸置疑。"③ 也就是说，不管是人与自然的生态危机，还是经济停滞—金融化陷阱

---

① 〔美〕约翰·贝拉米·福斯特：《资本主义的金融化》，王年咏、陈嘉丽译，《国外理论动态》2007 年第 7 期。

② 〔美〕约翰·贝拉米·福斯特：《社会主义的复兴》，庄俊举译，《当代世界与社会主义》2006 年第 1 期。

③ 〔美〕约·贝·福斯特：《生态革命：与地球和平相处》，刘仁胜、李晶、董慧译，人民出版社，2015，第 1 页。

都是资本主义制度中资本扩张本性所致。

　　福斯特的自然生态思想和社会生态思想，根植于他的生态唯物主义。而福斯特的生态唯物主义是在对马克思自然唯物主义和历史唯物主义的梳理中得以重建的。他通过回溯马克思思想的发展历程，在梳理马克思唯物主义自然观与唯物主义历史观的过程中再现唯物主义的生态学面向。把长期被西方马克思主义遮蔽的生态学思想解救出来，认为马克思唯物主义是解决当今时代问题的科学的、系统的、真正的世界观。正是在生态唯物主义再建中，福斯特找到了人与自然、自然与社会和解的哲学根基。

第二章　福斯特生态学马克思主义的哲学基础：重建马克思的唯物主义

福斯特对当代生态思潮诊察后，断然指出由于他们处理生态问题的理论在哲学根基处依然停留于人与自然二元对峙基础之上，未能触及生态问题的实质，仅仅把生态问题简化为一个价值问题。其实，真正存在问题的是唯物主义对待人和自然存在方式的历史。在他看来，马克思唯物主义本身蕴含着丰富的生态学洞见，他试图从生态学视角重新阐释马克思唯物主义理论。福斯特在对马克思唯物主义思想溯源的过程中，把马克思唯物主义自然观追溯到伊壁鸠鲁、费尔巴哈那里，认为马克思实践唯物主义从未放弃本体论意义上的唯物主义自然观。他试图在哲学本体论的根基处重新诠释马克思哲学的生态学向度，在为马克思生态学思想辩护的同时以此导引陷入困境的生态学运动。

第一节　对当代生态思潮理论困境的哲学反思与诊断

福斯特认为当前大多数社会科学对生态危机的论述都集中于人与自然的关系方面，并围绕这一关系作出相应的理论解释。然而，多数绿色理论主要集中于"自然对人类扩张的制约思想和人类中心主义与生态中心主义的对立"①。他们要么坚持自然界相对于人类的优先权，强调人类对自然的依赖性，抑或否决自然界的本体论意义，把自

---

① 〔美〕约翰·贝拉米·福斯特：《马克思的生态学：唯物主义与自然》，刘仁胜、肖峰译，高等教育出版社，2006，第20页。

然当作满足人类私欲的工具。在他看来，生态中心主义与人类中心主义都没有切中问题要害，都只是片面地强调自然或人类，人为地造成了人与自然的二元对立。问题纷争不解的根本原因在于如何看待唯物主义关于人与自然存在方式的历史。因此，福斯特希望通过重新阐释马克思唯物主义，寻找人与自然之间新陈代谢断裂的修复路径。但福斯特错失了马克思感性活动概念中人与自然的本真含义，注定了他本质地切中问题而又无力解决问题。

一　生态学的自然主义诠释方案与技术主义路径的悖论

工业革命既带来了经济的飞速发展，创造了繁华的物质财富，也对人类福祉和健康构成了危害。自然问题不断地以极端天气、地震、海啸、洪水、大火等灾难形式频繁爆发，地球日益变成一个满目疮痍、不堪重负的星球。如何挽救人类家园、为地球减负是摆在世人面前一项艰巨的时代课题。20 世纪 60 年代后，西方国家先后掀起了轰轰烈烈的环境保护运动，这使学界关注的理论焦点聚焦于生态问题。一时间有关生态问题的思想流派可谓是百花齐放、百家争鸣，比如以皮特·辛格为代表的动物解放论、以汤姆·雷根为代表的动物权利论、以阿尔贝特·史怀泽和保尔·泰勒为代表的生命平等论、以阿尔多·利奥波多为代表的大地伦理学、以霍尔姆斯·罗尔斯顿为代表的自然价值论以及以阿伦·奈斯为代表的深生态学等，可谓派系林立、众说纷纭。纵观西方学者对人与自然关系的慎思探讨，主要是基于生态中心主义和人类中心主义而展开的。

（一）以自然为中心的生态中心主义

生态中心主义倡导自然具有内在的价值，主张从伦理的视角把自然生态系统纳入道德关怀领域，以此来保护自然界，维护生态平衡。这种生态中心论在其发展中经历了动物解放权利论、生物中心论和生态中心论几个阶段。

（1）动物解放权利论。以辛格为代表的动物解放论认为苦乐感受能力是存在物获得道德关怀的依据，也是对其他存在物实施关心的唯一界限，主张将道德关怀的范围扩展到其他存在物。以雷根为代表的动物权利论则把道德权利赋予"所有生命体"，认为动物和人一样享有相应的天赋权利。

（2）生物中心论。这种理论继承史怀泽"敬畏生命"的理念，在著名的《敬畏生命》一书中，史怀泽说："敬畏生命不仅适用于精神的生命，而且也适用于自然的生命……人越是敬畏自然的生命，也就越敬畏精神的生命。"① 也就是说人应善待自然界中的一切生命体，不能藐视人之外的其他存在物，进而应把道德关怀延展到所有生命体上。敬畏自然、善待万物就是尊重自己。

（3）生态中心论。具有"现代环境主义运动的真正祖师爷"之称的利奥波德提出"土地伦理"的理论，这是现代生物中心论伦理学思想的最初渊源。生态中心论继承了利奥波德的土地伦理论，借助于生态科学的生态整体性特征，突出强调生态系统中事物之间的相互联系，通过自然权利论和自然价值论，把整个生态系统纳入道德关怀的领域。

在人与自然的关系上，生态中心主义把道德关怀布施于包括人在内的整个生态系统，其思想主要体现在本体论、认识论和价值观层面。在本体论意义上，生态中心论主张抛弃人是万物中心的观点，倡导自然万物平等的理念，并赋予自然界本体论的生存意义，自然才是人类赖以存在的物质基础。在认识论层面，生态中心论认为自然界是整个生态系统的组成部分，自然有其内在的规律性，不能以人的内在固有尺度作为评判一切功过是非的唯一标准；在价值观层面，由于人类中心主义立足于人与自然二元分立的基础之上，在实践领域只把自然看作满足人类需要的资源，而无视自然的内在价值，自然蜕化为服务人类的工具性存在。生态中心论认为自然界不仅具有满足人需要的外在价值，还具有独立于人的客观内在价值。因为自然的内在价值限定了人类实践活动范围和方式，同时所有生物都是地球生态系统中的一员，自然界在维持生态平衡中发挥着人类不可替代的功能。

----

① 〔法〕阿尔贝特·史怀泽：《敬畏生命》，陈泽环译，上海社会科学院出版社，1996，第131页。

生态中心论认为所有生命形式都具有内在价值。在自然界中，由于生物与非生物、无机界与有机界等领域相互联系，人类在实践活动时要将道德关怀扩张到所有生物，不应仅限于人类族群界限。生态中心论试图把道德关怀施与所有生命体，赋予自然万物伦理权益。既保存了自然的内在价值，也拓展了传统伦理学的研究视野和思考对象。但是，生态中心论所主张的"自然权利论"和"自然价值论"面临着理论和实践的矛盾，比如：生态中心论在倡导生态系统中万物的平等性理念时，实质上是把人降到与其他物种同等地位的反人类主义；在对自然权利的论述中不能解决权利与义务的对等关系，因为享有权利就要履行相应的义务，而人之外的自然存在物显然不具有履行义务的能力。这注定了其理论在解决现实问题时的局限性和不彻底性。

生态中心论者否认把人作为评价其他存在物尺度的人类中心主义价值观，它认为正是人类在追求经济增长的过程中，借助于科学技术而滥用自然，造成了生态危机的恶化。因此，他们呼吁限制经济增长和技术应用，将解决生态危机寄希望于生态社区自治和个人生活方式的改变。人类生态中心主义针对生态中心论者的批判，在生态问题上提出了独特的理论见解。

（二）崇尚技术的人类中心主义

人类中心主义既不同于狭隘的物种主义，也不同于以自然为核心的生态主义。它以人类的长远利益和整体利益为根本尺度评价人与自然的关系。人类摆脱了对自然急功近利的开发模式，也纠正了自然服务于少数集团的价值理念。这种人类中心主义者不再戴着一副有色眼镜，贬低自然而抬高自己，而是把自己置身于地球生态系统的有机联系中，主张通过科学技术革新改造自然和利用自然，在追求和满足自己的利益时通过理性思维克制欲望的膨胀，以维护地球生态家园的完整性。

人类中心主义不是一个恒定的概念。从时间维度看，人是占主导地位的，但同时也承认自然界的内在价值。人保护自然的目的是保护人类自己，人之所以对非人类自然负有道德责任，主要源于整个人类及子孙的生存利益。

诺顿在《环境伦理学与弱式人类中心主义》等文中对强式人类中心主义和弱式人类中心主义进行了区分。强式人类中心主义把自然看作满足自己目前利益和需要的工具，以人的感性偏好和感性意愿武断地处理人与自然的关系。弱式人类中心主义是以理性为指导评判人的感性意愿和感性需要，在人与自然的关系上既把自然当作满足人的需要的资源，又承认自然本身的内在价值，并兼顾自然的转换价值，从而统筹人的需要、利益和价值。

20 世纪 90 年代，美国植物学家墨迪出版了《一种现代的人类中心主义》，该书的出版标志着现代人类中心主义的诞生。从进化论的意义上来讲，人类处于地球生态系统的顶端，从工具价值的角度看待其他物种的存在，按照自然物有益于人的特性赋予它们以价值，当然，这并不否认自然的内在价值，人类的存在既依赖于社会群体，又离不开生态系统的支持。

人类中心主义认为当代环境问题的根源主要是人口增长、技术落后和自然资源的免费馈赠。因此，解决环境问题的主要方法有控制人口过快增长、科技革新和自然资源市场化，而重点是科技革新。

科学和技术作为人类理性的产儿，在人类历史长河的发展中起着举足轻重的作用。原始技艺促使人猿分离；第一次工业革命打破了传统的劳动方式，以机器代替手工极大地提高了劳动生产力，人类社会迈入工业文明的门槛；第二次工业革命后人类迎来了电气时代，电力的广泛应用既提高了劳动生产率也方便了人们的日常生活，尤其是内燃机的广泛应用极大地改进了交通工具，带动了煤炭、石油化工业的发展；第三次工业革命开启了信息时代，尤其是计算机的发明和应用使人们从海角天涯变成了近在咫尺，信息交流的神速化助推了全球经济的发展与融合；现在人类进入了云计算、大数据、人工智能时代，大数据作为人工智能的神经中枢，通过对海量数据的收集、整理和分析，能够预测事情的发展走向，从而实现市场定位的精准化、信息服务的定制化。但科学技术是一把双刃剑，它既可以造福人类，也可以瞬间把地球毁于一旦。对于科学技术的双重性，伟大导师马克思早在1856 年《人民报》创刊纪念会上就已揭示，"机器具有减少人类劳动和使劳动更有成效的神奇力量，然而却引起了饥饿和过度的疲劳……技术的胜利，似乎是以道德的败坏为代价换来的。"①

"新技术是一个经济上的胜利——但它也是一个生态学上的失败。"② 人类中心主义者在看到技术为人们带来进步的同时，也指出技术的大规模使用是造成生态危机的原因之一。戴维·埃伦菲尔德在《人道主义的僭越》中曾批评了科技万能论。科技万能论者认为，利用科学的力量可以重建人类的心灵，实现人体器官的再造进而实现长生不老梦想。借助科技人们可以移民海底、登陆太空，凭借科技之威可以解决一切问题。埃伦菲尔德把这种"唯科学论"称为患了"欣快症"的技术乐观主义。巴里·康芒纳在《封闭的循环——自然、人和技术》中论述了技术给环境带来的压力。康芒纳论述环境污染问题时，用人口和富裕不足的因素说明1946年以来200%~2000%污染度的加剧，技术在推动经济增长的同时反倒成了环境的杀手。战后美国采用新技术合成的洗涤剂代替肥皂，合成纤维代替天然纤维，铝替代钢和木材，汽车运输取代铁路运输，杀虫剂代替旧的灭虫方法，除草剂代替除草机，等等，在经济增长的背后隐藏着对环境的破坏和污染。巴里·康芒纳曾评论道："通过一件件污染物，精确地说明，美国战后技术的变迁产生的，不仅是宣布了具有很多预示意义的国民生产总值上的126%的增长。"③ 但是，近代人类中心主义者则认为资本主义制度本身具有解决资源匮乏、生态污染的能力，尤其是高科技的发明，通过市场转化为现实的生产力，在提高经济增长的同时实现人与自然的和谐共处。他们不明白技术本身是一个中性的概念，无所谓好坏、善恶之分，科技是否邪恶取决于何种制度下的人在使用。他们更没有指出人类探索未来知识的有限性，在一定程度上注定了科学技术在解决环境问题的方面不是

---

① 《马克思恩格斯全集》第12卷，人民出版社，1962，第4页。
② 〔美〕巴里·康芒纳：《封闭的循环——自然、人和技术》，侯文蕙译，吉林人民出版社，1997，第120页。
③ 〔美〕巴里·康芒纳：《封闭的循环——自然、人和技术》，侯文蕙译，吉林人民出版社，1997，第116页。

万能的、彻底的。

二 生态伦理学：人与自然伦理约束准则的自律性与软弱性

生态伦理学是生态学与伦理学相互渗透的一门新兴学科，把道德关怀拓展到人之外的整个生态系统，并在哲学上进行反思的新伦理学。生态伦理学不同于传统伦理学仅以人与人的关系作为研究对象，也不同于生态学只研究生物体与其周围环境的关系。生态伦理学拓展了传统伦理学关于人与人的关系界域，把人与动物、植物、水、空气、土壤等整个自然生态系统的关系纳入理论研究境域，并以自然生态环境为中介揭示人与人之间的伦理关系。"生态伦理学是涉及生态环境问题的人与人之间的伦理学。"①

人作为自然界中的一员，不同于其他物种。人具有自我意识，人追求对自我和世界的认知。古希腊哲学家苏格拉底曾指出"德行即知识"。从生物进化论的角度来看，人处于进化论金字塔的塔尖，在自然生态系统中居于主导地位。人类的生存依赖于社会共同体与自然共同体的协调发展，所以人不仅对社会共同体负有道德义务，同样对自然共同体肩负有相同的伦理责任。

自20世纪70年代以来，人与自然关系日趋紧张的问题被纳入学界，成为人类中心主义与生态中心主义的主要议题。人类积极反思人与自然的合理相处方式，这意味着人类生态意识的觉醒。在对自然概念的认识上，生态中心主义坚持认为自然有其自身的存在价值，这种价值不是神明或人类赋予的，而是该物种在长期的发展演化中所形成的客观价值。自然本身是其存在的理由。从整个生态系统角度看，自然除内在价值外，还具有维护生态系统平衡的生态价值。按照生态学规律，在生态平衡的前提下，自然界的生物物种和人类一样享有生存权利，自然也是权利与义务的统一体。人类在享用自然资源时，也应尊重自然物种的生存权利。生态中心主义者努

---

① 万希平：《生态马克思主义理论研究》，天津人民出版社，2014，第19页。

力将伦理道德和自然环境联系在一起，但他们认为人对自然的道德
义务不能完全等同于人与人的道德义务，毕竟自然不是人类。人的
生存与发展离不开自然界，人在尊重自然的同时应限制对自然的改
造。而人类中心主义者认为，人是大自然中唯一具有内在价值的存
在物，环境道德的唯一相关因素是人的利益，人是宇宙万物存在的
中心。自然万物只有与人类的生存意义相联系才具有生态价值，离
开人的需要和利益自然就丧失了评判标准。由于自然物不像人一样
存在于法律关系、政治关系和伦理关系之中，从权利与义务的对等
关系上讲自然界不具备享有权利的能力。因为自然权利也只是人为
了自身利益而赋予它的"人权"的一部分，人对自然的道德义务也
只是一种人对人的间接义务，这种义务只不过是服务于人对自然的
利用而已。

人类中心主义从本质上讲仍带有古希腊哲学的色彩。普罗泰格拉
最早提出"人是万物的尺度"，把人置于万物之上。亚里士多德把自
然看作服务于人的原因，"自然是一种原因，一种为了一个目的而活
动的原因"①，而这个目的就是人。20世纪90年代以后，生态学马克
思主义在反思人与自然的关系时，主要侧重于从维护人类利益的视角
探求生态危机的根源。针对生态学马克思主义从单纯的自然角度寻找
生态问题的解决路径，"瑞尼尔·格伦德曼率先提出了'重返人类中
心主义'的口号"②。在他看来，人类是从人的主体感受性来谈论对
自然的看法以及对生态平衡的定义的。戴维·佩珀以人类为中心提出
"弱"人类中心主义。他认为"人类不可能不是人类中心论的，人类
只能从人类意识的视角去视察自然"。③ 纳什是生态学的先驱者，他
从人的主导地位论述了生态学思想。他说："过量捕杀其它动物的狮

① 北京大学哲学系外国哲学史教研室编译《西方哲学原著选读》（上卷），商务印
书馆，1997，第149页。
② 卜祥记、曾文婷：《重返人类中心主义——生态学马克思主义的一个基本命
题》，《理论界》2004年第2期。
③ 〔英〕戴维·佩珀：《生态社会主义：从深生态学到社会正义》，刘颖译，山东
大学出版社，2005，第41页。

子，不能用道德来约束它自己；但是，人却不仅拥有力量，而且拥有控制其力量的各种潜能。"① 不管是"强"人类中心主义或是"弱"人类中心主义，其前提都是坚持人是其他万物的尺度。而生态中心主义由于单纯地强调自然价值而误失价值主体，实则变成没有任何意义的空谈。并且，生态中心主义把自然提高到与人同等的地位，忽视了人与自然的差异性，这种对自然的单纯保护实际上是把人降到动物水平上的悲观主义。

福斯特通过对人类中心主义和生态中心主义的分析，认为他们都没有从本质上切中问题要害，只是片面地抓住人或自然而相互争执。人类中心主义把人类凌驾于自然之上，强调对自然的征服或改造。生态中心主义认为人类应臣服于自然，混淆人与自然的区别。生态伦理学仅仅把伦理、价值概念赋予自然并解释自然，对人与自然关系的思维范式都没有跳出工业文明的包围圈，不但没有医治生态危机的痼疾，反而进一步激化了人与自然的矛盾。

三 生态思潮理论困境的超越和人与自然关系的哲学重建

（一）理论困境：人与自然二元对峙

福斯特作为生态学马克思主义的领军人物之一，在《马克思的生态学：唯物主义与自然》一书中曾一针见血地指出，生态中心主义与人类中心主义之争仍没有摆脱西方哲学领域关于客体与主体、主观与客观的论述。他们在人与自然问题上各执一端，要么崇尚人类征服自然的理念，抑或停留在对自然的盲目崇拜之上。人类中心主义者把人看作万物的尺度，自然界中万物存在的理由仅仅在于满足人类主体的需要。人把自身作为利益的主体，自然只不过是满足人类某种属性的客体而已，这种对生态问题的探讨方式反映了一种狭隘的人本主义。而生态中心主义者则高举维护自然的大旗，呼吁人们认识自然、尊重自然、维护自然、保护自然，在发展经济时用理性控制自己的行为，

---

① 〔美〕罗德里克·弗雷泽·纳什：《大自然的权利：环境伦理学史》，杨通进译，青岛出版社，1999，第179页。

甚至倡导限制经济发展的偏斜理念，其实是为自然本体论作辩护。

福斯特一语道破当前生态文明的困境何在，从哲学根基处探析生态中心主义与人类中心主义的症结依然是囿于人与自然的二元对立。就像卜祥记所说："人与自然休戚与共的关系不仅没有被牢固地建构起来，反而更加尖锐地表现为'二元分立'的对峙与冲突。"① 这种"二元对立"的思维范式要么立足自然，批判人类中心主义；或奴役自然，满足人类贪欲。这使人与自然像两个平行线渐行渐远，无益于解决任何现实的真正问题。在生态学马克思主义者福斯特看来，不管以"生态伦理学"作为"生态中心主义"之伤感的表达，还是以"弱人类中心主义"或"谨慎的建构主义"为理论包装的"人类中心主义"，其实都是这种人与自然二元论的坚持者、追随者。要真正解决生态问题，就必须抛弃二元分立的思维模式，在共同的根基处重新构建自然与人类的相互进化关系。否则，不管理论逻辑如何缜密，系统如何完善，最终都局限于对自然或人类的单向度思考，无法跳出旧唯物主义机械的思维模式。

当然，人与自然之间的真正关系也不是一个简单的价值问题。如果从价值角度谈论生态问题，将会化繁为简、变易为难。因为日常生活中的价值是从有用性来定义的，而除此之外，价值还具有哲学寓意。福斯特指出，生态问题不是生态中心主义的抽象价值观能够解释的，这种价值观把工业文明看成人类价值的膨胀，它们对自然界的价值和权利的赋予往往建立在直觉和先验伦理观上。该理论在哲学根基上固守斯宾诺莎的"实体"概念，以及怀特海的"有机哲学"理念，在人与自然二元对立的基础上走向了一个极端。人类中心主义企图通过单纯地更新价值观，把自然利益放在人类整体利益与长远利益的大背景中，通过三者的有机结合以消除生态危机。尽管摆脱了生态激进主义的束缚，但它只看到了价值的普世性而忽略了资本的私欲性，在哲学理念上仍然固守西方传统哲学的"人是万物尺度"的理念。福斯特认为，如果只是在价值领域中寻找生态问题的出路，根本不了解

① 卜祥记：《"生态文明"的哲学基础探析》，《哲学研究》2010 年第 4 期。

人与自然以及整个生物圈的真实关系，这"就像哲学上的唯心主义和唯灵论，都无益于理解这些复杂的关系"①。在他看来，人与自然的关系应该回归到现实的人与自然之间不断进化的物质关系中，才能找到问题的突破点。

（二）理论根基处：人与自然关系的重构

福斯特对当代生态学的困境进行剖析后，明确指出问题的症结在于当代生态学者根本不了解唯物主义对待自然和人类存在方式的历史。可以说，福斯特有关人与自然关系的独特理论视角一语击中当今生态问题的关键要害。他认为应从哲学根基处重建人与自然的关联，并把这一关系根植于对马克思恩格斯生态思想的梳理与还原中，追溯到人与自然之间能量、信息交换的物质生产活动中。他认为马克思对劳动概念的规定性中，已经包含了人与自然和解的答案。在马克思的视域中，自然与人不再是彼此孤立的、无交集的独立概念。人通过劳动与自然建立最初的关联，自然与人由二元对立走向一元共同体，这给长期争论的生态学问题开辟了一条崭新的道路。

福斯特认为马克思解决生态危机的潜在优势主要来源于马克思的唯物主义。这种实践唯物主义的独特本质在于"他强调了人类与自然之间相互作用的性质，或者他最后所称作的人类与自然之间的'新陈代谢'"②。换句话说，福斯特看到了人与自然之间不是彼此分立的关系，而是以实践为中介的相互作用关系。这种关系建立在马克思对劳动过程的分析之上，而对劳动过程的定义又植根于马克思对新陈代谢这一概念的理解中。在福斯特看来，马克思在早期著作《1844年经济学哲学手稿》中主要围绕劳动异化对资本主义展开批判。私有制造成了劳动者的异化，劳动力蜕化为动物式的苟且偷生，同时还从哲学高度对人与自然的关系做了细致的分析，为《资本论》等成熟期作品中有关"新陈代谢及其断裂"概念做了铺垫。马克思秉持

---

① 〔美〕约翰·贝拉米·福斯特：《马克思的生态学：唯物主义与自然》，刘仁胜、肖峰译，高等教育出版社，2006，第13页。
② 卜祥记：《福斯特生态学语境下的马克思哲学——〈马克思的生态学〉的旧唯物主义定向》，《哲学动态》2008年第5期。

从抽象到具体的方法论原则，在人与自然的动态关系中清楚地再现了新陈代谢概念。后来，在《资本论》中依据对新陈代谢的理解定义劳动过程，新陈代谢因此成为马克思使用的高频词汇之一。

福斯特认为马克思正确把脉了当今生态学的症结，从哲学根基处重建人与自然的关联将为生态问题的解决提供科学指导思想，而这是其他生态学马克思主义尚未涉猎的场域。但他没有意识到他所理解的"新陈代谢"关系虽然是从物质变换的角度阐释，可这种物质变换过程仍然是基于人与自然之间相互作用，相互依赖之上。这就意味着他完全误读了马克思在发动哲学革命之处关于感性活动中人与自然的双向规定。

马克思在发动哲学革命之时就已经在哲学意义上赋予人与自然关系以新的内涵。在《1844年经济学哲学手稿》中马克思曾把自然界与人的关系构筑在对感性活动的理解之中。人对人来说作为自然界的存在以及自然界作为人的无机身体的生成过程都是在直观感性的劳动中诞生的，人与自然、人与人之间不再是单纯的相互作用，而是建立在感性活动之上的"自然界的人的本质，或者人的自然的本质"。①正是基于对感性活动的理解，马克思终结了有关绝对精神和自我意识的讨论倾向。后来在《德意志意识形态》中，马克思进一步把"感性劳动""生产""实践"看作人与自然联系的纽带，物质生产活动实现了人、自然、社会的有机联系，劳动是构架三者之间密切联系的桥梁和枢纽。但是，福斯特没有真正领会马克思感性活动的真谛，依旧把人与自然的关系解读为相互影响、相互作用，这注定他依然滞留于"二元论"的理论困境。他从哲学根基处把脉生态学问题的症结所在，这为生态学的重新起航提供了一个全新的视角，也在此彰显了福斯特生态学的革命性力量何在。但是，当福斯特顶着实践唯物主义贩运生态唯物主义，把马克思哲学诠释为自然唯物主义、历史唯物主义和实践唯物主义的大杂烩时，却在问题根基处停留一番而转身再次折回人与自然对立的思维范式。

———————

① 《马克思恩格斯全集》第42卷，人民出版社，1979，第128页。

第二节　对马克思哲学思想的生态学辩护
与哲学澄明

一些西方学者认为在马克思生活的时代，生态问题远非现在这样突出，马克思主义理论的关注点主要集中在社会领域，而缺少对生态问题进行分析的理论空间。福斯特认为，之所以把马克思看作非生态的理论家，根源于对唯物主义的误读，他在对西方学者唯物主义的批判中揭示了唯物主义与生态思想的一致性，为某些学者在马克思生态学思想上的误判做了拨乱反正。

一　西方学者对马克思哲学思想的生态性诘难

西方马克思主义以对发达工业社会的批判为己任。当生态问题凸显，日趋紧张的人与自然关系理所当然地成为西方马克思主义的理论关注点。在对生态问题的剖析中，马克思主义固然是一个绕不开的话题。但对于马克思和生态学的关系，长期以来各种褒贬不一的声音回响在西方马克思主义领域。福斯特对其进行研读分析后，把主要观点罗列为以下几种。

（1）马克思的生态思想仅作为"说明性旁白"存在于马克思主义理论中；

（2）马克思的生态思想主要散见于早期的异化理论，并未形成完整的、系统的思想体系；

（3）把马克思主义简单等同于反生态的"技术的普罗米修斯主义"；

（4）认为在资本主义社会"技术的普罗米修斯主义"会成功地解决生态问题；

（5）认为马克思不具备研究生态问题的自然科学知识；

（6）将马克思看作控制自然的人类中心主义者。

在对上述思想进行分析归纳后，不难发现，有些学者认为马克思主要关注人类生存及其解放问题，他的视角主要集中于对资本主义制度的经济批判、社会批判而缺少对资本主义生产反生态的批判。因此，马克思主义理论是缺乏自然关注的生态空场论。或把马克思看作依赖科学技术支配自然、控制自然的人类中心主义者，马克思与自然是对立的，马克思理应为当今的生态问题买单。即把马克思看作控制自然的反生态论者。

（一）把马克思主义看作生态空场论

一些左翼学者像马尔顿·德·卡德特和塞尔瓦托·恩格尔蒂·莫罗认为，在达尔文和马克思生活的时期，生态问题远未凸显得如此严峻，当时主要的议题是经济危机。随着生产力的不断发展，社会生产能力远远超过人民群众的购买力，生产的盲目扩大与消费能力的不断萎缩，使经济危机成为困扰社会发展的头等大事。"'思考自然'还处在'一个相对较早的时代'，很多科学技术尚未取得进步。"① 换句话说，马克思主义主要围绕商品生产、资本逻辑而展开对资本主义的经济批判与社会批判，生态问题尚未纳入其理论视域，所以马克思主义不能为缓解当今人与自然的关系提供理论指南。

美国当代著名生态学者唐纳德·沃斯特在《自然的经济体系：生态思想史》一书中，认为马克思和恩格斯对资本主义带来的不断革新意识持肯定态度。"生产的不断革命化，不间断地扰乱所有社会条件……所有固定可靠的东西都化作过眼烟云，所有神圣的东西都被亵渎滥用。"② 这种不断变化的生产力将曾经稳定可靠的生态整体意识转化为转瞬即逝的东西。马克思和恩格斯主要关注的是由资本主义生产方式带来的由传统农业环境向现代农业环境转变的社会群体思想，"在他俩身上，无法找到多少对保护任何古老的自然观的关心以及对环境保护的任何关注"③。

---

① 〔美〕布雷特·克拉克、约翰·贝拉米·福斯特：《二十一世纪的马克思生态思想》，孙要良译，《马克思主义与现实》2010 年第 3 期。

② 〔美〕唐纳德·沃斯特：《自然的经济体系：生态思想史》，侯文蕙译，商务印书馆，1999，第 491 页。

③ 〔美〕唐纳德·沃斯特：《自然的经济体系：生态思想史》，侯文蕙译，商务印书馆，1999，第 491 页。

马科维奇认为，马克思关于人类解放道路的探索是建立在对自然控制的概念之上的。因为马克思认为为了充分展示人的创造力，实现人的自由，人类必须实现对自然的征服和改造。"因为这个原因，马克思认识到了工业化、私有财产以及具体化（这些都是与自然环境紧张斗争的必然结果）的历史意义。他懂得没有别的通往人类普遍解放的道路。"① 他认为马克思对资本主义工业化的分析，对私有财产的诊断以及人类发展道路的探索都依赖于对自然的开发和掠夺。

本·阿格尔在《西方马克思主义概论》中提出，"马克思主义关于只属于工业资本主义生产领域的危机理论失去效用"②。他认为马克思只关注资本主义的经济危机理论，而没有看到商品的过度生产、资本对利润的无限追逐所造成的环境破坏、资源浪费的生态问题。在他看来，垄断资本主义时期，经济危机已经得到基本的克服，生态危机取代经济危机凸显为主要的危机形式。换句话说，在马克思主义理论中存在着生态学思想的空场。

詹姆斯·奥康纳是北美生态学马克思主义的著名代表。他在《自然的理由——生态学马克思主义研究》一书中指出，尽管马克思恩格斯以"一种潜在的生态学社会主义的理论视域"③，捕捉到了资本主义的反生态性，但由于历史唯物主义主要关注物质生产方式、生产力与生产关系而忽略了自然环境的性质和生态发展状况，因此，"在历史唯物主义的经典阐述中，决定物质生产和自然界直接关系的，主要是生产方式，或者说对劳动者的剥削方式，而不是自然环境的状况和生态的发展过程"④。马克思主义的论述忽略了人和自然的生态问题，导

① 〔英〕约翰·巴里：《马克思主义与生态学：从政治经济学到政治生态学》，杨志华译，《马克思主义与现实》2009 年第 2 期。

② 〔加〕本·阿格尔：《西方马克思主义概论》，慎之等译，中国人民大学出版社，1991，第 486 页。

③ 〔美〕詹姆斯·奥康纳：《自然的理由——生态学马克思主义研究》，唐正东、臧佩洪译，南京大学出版社，2003，第 6 页。

④ 〔美〕詹姆斯·奥康纳：《自然的理由——生态学马克思主义研究》，唐正东、臧佩洪译，南京大学出版社，2003，第 7 页。

致"丰富的生态感受性在马克思主义思想中的缺失"①。马克思在物质生产方式中过分关注对自然的改造作用而忽视了自然生态规律的影响，导致马克思主义在生态理论上的空场。

尽管持生态思想空场论者认为马克思主义理论中缺少生态学思维范式，但这并不等于否决马克思主义与生态学思想的兼容性。因为马克思通过物质生产活动直接建构了人与自然的关联，在认识自然、利用自然中实现人类利益，这为马克思主义与生态学的融合提供了良好契机。而有些学者因为误解了劳动概念，把马克思看作是控制自然论的盟友。

（二）把马克思主义等同于"控制自然"的人类中心主义

鲍德里亚在《生产之镜》中对马克思主义的核心范畴——"劳动"发起攻击。他认为劳动是人"对自然加以雕琢的客观改造活动，是对主体和客体的技术抽象"②。他把劳动看作是作为劳动力的人在雕琢自然、改造自然的活动中满足人的需要的活动，把劳动力的使用价值等同于马克思语境中的劳动概念。在鲍德里亚看来，劳动力及其使用价值都是创造出来的虚幻抽象概念，他说："实际上，劳动力的使用价值并不存在，就像产品的使用价值或所指与指涉的自治并不存在一样。"③ 他企图通过否定劳动力的使用价值概念来否定劳动概念的存在，把人类的劳动过程还原为征服自然、破坏自然的过程。劳动的价值存在于人类支配自然的活动中，在劳动过程中人俨然是大自然的主人，根本无视自然的存在。他把马克思对人类社会的探索看作以牺牲自然为代价的，以此指认马克思的劳动概念是反自然的。马克思主义人类学在生态危机上与资本是同谋关系，马克思主义的劳动概念被看作人类征服自然的元凶巨恶。

泰德·本顿在《马克思和恩格斯的自然界限：一种生态学批判》一书中，对历史唯物主义中的劳动概念进行剖析后指出，马克思和恩

---

① 〔美〕詹姆斯·奥康纳：《自然的理由——生态学马克思主义研究》，唐正东、臧佩洪译，南京大学出版社，2003，第6页。
② 〔法〕鲍德里亚：《生产之镜》，仰海峰译，中央编译出版社，2005，第38页。
③ 〔法〕鲍德里亚：《生产之镜》，仰海峰译，中央编译出版社，2005，第10页。

格斯过分夸大了劳动对自然的改造作用，而对自然也仅仅是从劳动手段和劳动对象的角度去理解，完全忽视了自然作为先决条件对人类生活的限制作用。同时本顿认为马克思对技术抱有乐观主义态度，这其实蕴含控制自然的反生态倾向。而且，本顿还依据《共产党宣言》中的只言片语以及恩格斯在《反杜林论》中有关"支配自然"的相关论述，谴责马克思恩格斯的历史观是"唯生产力"的技术普罗米修斯主义。在这种历史观指导下的人与自然的关系必定是人类具有支配地位并超越自然的客观束缚，其本质是高估人类、贬低自然的人类中心价值观。

　　面对西方学者对马克思生态思想的诘难，生态学马克思主义者开始反思马克思关于人与自然关系的论述。英国的戴维·佩珀、乔纳森·休斯和福斯特等认为在马克思主义中存在着生态学思维范式，只不过这种生态学视域被次生态的西方马克思主义者所遮蔽，只有拨开层层遮蔽的面纱，才能还原马克思生态学的本真面目。不过，在对马克思生态思想的揭示中，福斯特以其独特的理论视角脱颖而出。他认为在对马克思生态思想的评判中，马克思的唯物主义首当其冲，不断受到学者的质疑和批评。

二　生态性诘难的症结：对马克思唯物主义哲学的误解

　　福斯特指责当今西方学界对马克思生态性的诘难。他在对马克思唯物主义思想的辩护中，为马克思沉冤昭雪。所有对马克思反生态性的指责，首先指向唯物主义，把马克思的唯物主义解读为控制自然、破坏生态的技术决定论。根本问题在于混淆了马克思唯物主义与机械唯物主义的区别，错把机械决定论和技术决定论理解为马克思的唯物主义，错失了马克思的生态思想。西方绿色思潮武断地、不加分析地反对科学技术的应用，把科学技术看作服务于人类中心主义的技术决定论。"在决定我们如何利用和思考自然问题上，马克思和恩格斯过分强调了生产的作用（尤其是商品生成）。"[①] 他们认为马克思的历史

---

　　① 〔英〕戴维·佩珀：《生态社会主义：从深生态学到社会正义》，刘颖译，山东大学出版社，2005，第91页。

唯物主义是与生态思潮相对立的技术决定论，马克思是迷恋技术的普罗米修斯主义者，他主要把技术看作服务于资本主义生产的魔杖，过分关注资本主义通过商品生产实现的价值增殖，把人的解放建立在对自然的统治之上，没有给自然赋予相应的生态关怀。甚至把马克思主义看作生态危机的理论导师，"没有比黑格尔和马克思等人的思想传统对生态学更加有害的思想了"①。

在福斯特看来，马克思的支配自然观念不是对自然或自然规律的漠视，而是在遵从自然规律的基础之上实现对自然的控制，其目的是揭示资产阶级为了满足自身需要而对自然的剥夺。福斯特认为整个19世纪生态学发展的最大成就则是唯物主义自然观的凸显，特别是伊壁鸠鲁的唯物主义在文艺复兴和启蒙运动中的复活，打破了目的论的"存在之巨链"。人类不再是高高在上的统治者，而是和自然处于相互作用的物质世界中。福斯特认为唯物主义自然观与马克思如影随形，马克思从未缺失对人与自然的关怀。尽管后来马克思吸取了黑格尔哲学中辩证法的合理因素，在实践概念的基础上创建了实践唯物主义。但唯物主义自然观仍然回响在他的整体理论之中，并给"马克思的著作带来了超乎寻常的巨大的理论力量"②。马克思的唯物主义历史观主要关注的是人与自然的关系，这种关系不是一种机械的决定论，而是建立在劳动基础上的实践唯物主义。"'人与自然的关系从一开始'就是'实践的关系'，也就是说，是通过行动建立起来的关系。"③ 如果把马克思实践唯物主义再次倒退到机械唯物主义之中，只是某种前马克思主义的再次复活。就像让·保罗·萨特所说的，"某种反马克思主义的观点只是某种前马克思主义思想的明显复苏"④。

---

① 冯雷：《日本学者岛崎隆对马克思自然观的解读》，《马克思主义与现实》2007年第3期。

② 〔美〕约翰·贝拉米·福斯特：《马克思的生态学：唯物主义与自然》，刘仁胜、肖峰译，高等教育出版社，2006，第18页。

③ 〔美〕约翰·贝拉米·福斯特：《马克思的生态学：唯物主义与自然》，刘仁胜、肖峰译，高等教育出版社，2006，第3页。

④ 〔美〕约翰·贝拉米·福斯特：《马克思的生态学：唯物主义与自然》，刘仁胜、肖峰译，高等教育出版社，2006，第12页。

第二章　福斯特生态学马克思主义的哲学基础：重建马克思的唯物主义

西方批判的马克思主义在拒绝把机械论和简化论的世界观应用到社会存在领域的同时，也抛弃了实在论和唯物主义，"而把人类社会看作建立在实践基础之上的人类社会关系的总和……因此简单地否定了不及物的知识客体（自然的和独立于人类和社会结构存在的知识客体）"[①]。而福斯特认为，西方一些哲学、社会学家在拒绝机械论的同时也抛弃了不及物的知识客体，也就是说把婴儿连同洗澡水一起倒掉。在他们看来，马克思主义与唯物主义自然观是处于分离的状态，马克思的理论视域主要集中于人类社会及其发展，而缺乏对自然界的关怀研究。德国社会学家斐迪南·拉萨尔更是批评马克思的财富观，他认为马克思的财富观是"超自然的"的观点，仅仅只把劳动作为财富的唯一源泉，没有看到自然对财富的作用。而马克思早就论述了使用价值不但来源于劳动，同时也来源于外部感性的自然界。正是人类劳动和自然界的结合诞生了外在的使用价值。没有劳动，就没有人类的昨天、今天和明天。没有劳动，自然也将失去感性的光辉。正是劳动、感性活动，创建了人与自然、自然与社会的统一体。

西方绿色思潮把马克思的历史唯物主义理解为片面的生产力决定论。他们依据马克思在《共产党宣言》开头部分对资本主义生产力的称颂，把马克思看作征服自然、支配自然的普罗米修斯主义者。马克思对待自然的态度是以征服自然、战胜自然为荣，这种看待自然的态度像普罗米修斯一样冲动。"他是一个把自然置于他的自我实现要求之下的、不可征服的、超自然的存在。"[②] 福斯特认为所谓对马克思"普罗米修斯主义"的指责是站在反现代主义的立场给马克思贴上现代主义的标签，应当看到马克思对资本主义生产力的发展持比较客观的态度，他在看到生产力的积极作用时，也意识到了其消极影响。为生产力唱赞歌是为揭示资本主义生产所引起的城乡异化、自然异化、社会矛盾的崩溃做铺垫。西方学者对生产力的片面理解

---

① 〔美〕约翰·贝拉米·福斯特：《马克思的生态学：唯物主义与自然》，刘仁胜、肖峰译，高等教育出版社，2006，第9页。

② 〔美〕约翰·贝拉米·福斯特：《马克思的生态学：唯物主义与自然》，刘仁胜、肖峰译，高等教育出版社，2006，第150页。

也是把马克思看作反生态的主要因素，人们把经典生产力的概念片面
理解为人类对自然的改造和征服，曾有人指出："传统生产力概念
（人类征服自然、改造自然的能力）是造成生态危机的中心因素。"①
人在生产力众要素中具有主体性地位，但自然不是被动地适应人类的
需求，人类改造自然的实践活动并非单向的索取过程，而是既向自然
索取又对自然负责的动态过程。因此，生产力的发展不是不顾及自然
的单纯经济的增长，也不是为了维护自然而追求经济的零增长，生产
发展应是在追求人与自然和谐前提下更好地服务于人类的整体利益和
长远利益。

福斯特在诊断西方学者对马克思生态思想的误读中意识到，马克
思的唯物主义不等于简单的机械决定论，既不是所谓的技术决定论也
不是经济决定论。他认为唯物主义和很多科学联系在一起，在有些时
候已经成为科学世界观的同义词，要真正寻找生态问题的根源及其解
决路径，就要回到马克思的思想源头，在对马克思著作的研读中，在
对马克思唯物主义的历史追踪中寻找问题的答案。因为"马克思的
世界观是一种深刻的、真正系统的生态（指今天所使用的这个词中
的所有积极含义）世界观，而且这种生态观是来源于他的唯物主义
的"②。马克思的唯物主义与生态学具有内在的一致性，马克思不是
控制自然的反生态者，因为在马克思的实践唯物主义中蕴含着丰富
的、深刻的生态洞见。

第三节　马克思生态学思想之唯物主义
哲学基础的彰显与重建

福斯特认为马克思唯物主义与生态学之间并不矛盾，二者之间存
在着内在关联。这种一致性主要体现在马克思唯物主义从未抛弃本体

---

① 秦裕华：《生产力概念新内涵再思考》，《自然辩证法研究》1999 年第 12 期。
② 〔美〕约翰·贝拉米·福斯特：《马克思的生态学：唯物主义与自然》，刘仁胜、
肖峰译，高等教育出版社，2006，前言第Ⅲ页。

论意义上的自然观，唯物主义本身内蕴着对自然的生态学关怀。为了揭示马克思唯物主义的生态学向度，福斯特从本原追溯马克思唯物主义的发展历程，指认马克思的生态学思想来源于伊壁鸠鲁、费尔巴哈的自然主义启示。并在对伊壁鸠鲁自然唯物主义、费尔巴哈人本学唯物主义继承、批判和超越的基础上，再现了马克思哲学的生态学视域。

一　唯物主义的谱系与历史：从伊壁鸠鲁到费尔巴哈

福斯特认为马克思的唯物主义最早可以追溯到他的博士论文。马克思在博士论文中看到了伊壁鸠鲁对 17 世纪和 18 世纪英法唯物主义的深刻影响，并把一切目的论和决定论原则从自然界驱逐出去，伊壁鸠鲁的原子论哲学是马克思唯物主义思想的最初来源。博士论文时期马克思还隶属于青年黑格尔派，但博士论文之后，现实的物质利益困惑使马克思认识到只有到政治经济学中才能寻找到问题的正确解答。要超越黑格尔思辨哲学体系并与黑格尔哲学实现决裂，马克思主要是通过研究路德维希·费尔巴哈的哲学思想来完成的。

（一）伊壁鸠鲁反目的论和决定论的唯物主义

伊壁鸠鲁是伟大的古希腊哲学家，马克思曾把他比喻为"普罗米修斯"。其理论痕迹不仅存在于培根、霍布斯、洛克、休谟、拉·美特利等哲学家的唯物主义思想中，而且还嵌在康德、黑格尔的哲学范式中。年轻时期的马克思是青年黑格尔派中的一员，对现实宗教的斗争把青年黑格尔派的理论视域指向了对唯物主义学说的再度思考，而英法唯物主义的哲学源头都最终聚焦于伊壁鸠鲁，伊壁鸠鲁唯物主义自然观是其理论的发源地。因此，福斯特在对马克思唯物主义溯源的过程中，把马克思唯物主义的思想源头追溯到伊壁鸠鲁哲学。马克思与伊壁鸠鲁思想的关联主要体现在马克思的博士论文中，尤其是伊壁鸠鲁的唯物主义和自由的思想对马克思触动颇大，"而这些唯物主义和自由思想对于现代科学和生态思想的兴起是不可或缺的"①。

---

① 〔美〕约翰·贝拉米·福斯特：《马克思的生态学：唯物主义与自然》，刘仁胜、肖峰译，高等教育出版社，2006，第 2 页。

在福斯特看来，马克思认为伊壁鸠鲁的思想在 17 世纪和 18 世纪的唯物主义思想家中具有核心地位。马克思的博士论文不是用黑格尔术语去描述自我意识的辩证过程，从而遮蔽伊壁鸠鲁与英法唯物主义之间的关联，而是从伊壁鸠鲁那里汲取灵感从而实现对黑格尔哲学的批判超越，同时也是以间接的努力去理解伊壁鸠鲁对培根和启蒙运动唯物主义的影响。

伊壁鸠鲁的原子论受到留基伯和德谟克利特的影响。在他们看来，宇宙中万物是由无数的原子构成。原子具有大小、形状和重量等属性，但原子是恒定不变的，不过原子之间可以结合和分离从而形成万物，但是原子按照固定的模式向下做直线运动。伊壁鸠鲁认为因为原子具有偶然性和不确定性，所以原子的运动不是直线而是偏斜的，正是原子的偏斜运动形成了丰富多彩的宇宙生活。宇宙万物来源于地球，而不是上天，地球是自然万物的母亲。伊壁鸠鲁以自然解释自然的唯物主义哲学将神学从自然领域驱逐出去，把自然从宗教教义的统治束缚中解脱出来，还原自然的本真面目。伊壁鸠鲁把自然从目的论与决定论的束缚中解脱出来，认为自然界有其自身的运动规律，这种规律只能依据自然才能得到解释，而无须借助于外在的神秘力量，任何依靠神灵和上帝的解释都失去了存在的理由。

伊壁鸠鲁把目的论和决定论赶出自然界的殿堂，但伊壁鸠鲁的原子论不是机械的决定论。因为伊壁鸠鲁把进化看作万物发展的规则，在这一点上和达尔文的物种进化思想有异曲同工之妙。卢克莱修将伊壁鸠鲁的唯物主义进化论思想进一步解释为，"那些存活下来，并能够不断延续后代的物种是这样的物种：它们能够在其环境中为了生存而斗争的过程中发展出保护自己的特殊性状"①。伊壁鸠鲁的自然哲学来源于对"任何东西都不可由来自虚无的神力所创造"和"自然也决不会将任何东西归于无"这两个前提的假设。也就是无不能产生有，有也不能归为无。伊壁鸠鲁立足原子论解释自然界和宇宙万物，把自

---

① 〔美〕约翰·贝拉米·福斯特：《马克思的生态学：唯物主义与自然》，刘仁胜、肖峰译，高等教育出版社，2006，第 44 页。

然和宇宙看作一个依靠自身力量发展进化的有机系统，其中蕴含着我们现在称为具有生态视域的"守恒原则"的最初构想。

马克思认为，近代英法唯物主义都与古希腊哲学有着密切关联，尤其是同德谟克利特和伊壁鸠鲁的哲学保持着千丝万缕的联系。随着英国工业革命的胜利，传统的经院哲学失去了生存的土壤，很多科学家都转向了古希腊原子论哲学。英国著名科学家托马斯·哈利奥特是伊壁鸠鲁原子论的追随者，他曾开玩笑地说，如果要了解自然的奥秘，可以尝试把自己缩成一个原子去探寻自然。弗朗西斯·培根深受伊壁鸠鲁和德谟克利特的自然哲学思想的影响，尤其高度赞赏伊壁鸠鲁"渎神的并不是那抛弃众人所崇拜的众神的人，而是同意众人关于众神的意见的人"①的思想。培根认为科学归纳法是从简单的感觉知觉出发，通过这种思维方式，从而到达对事物本质的认识。在对事物的认识上，培根推翻了经院哲学所倡导的亚里士多德式的演绎法，该方法把上帝看作万物存在的理由和公理。科学归纳法的提出，树立了培根在自然科学史上的权威，培根用"自然"取代"上帝"哲学思想被看作现代控制自然的思想鼻祖。拉·美特利从纯粹自然的视角论述人的活动与环境改变的关系，他用物质机械运动解释人的心灵和精神现象，指出"心灵的一切机能，直到意识为止，都只不过是依身体为转移的东西"②。人的认识活动是自然环境和人自身机械运动相互作用的过程，这为马克思探讨人与自然的关系提供了理论资源。霍尔巴赫是18世纪法国百科全书式的资产阶级思想家，他对自然的讨论明显带有伊壁鸠鲁的原子论倾向。他以犀利的笔锋批判宗教神学所宣扬的上帝存在、灵魂不死和意志自由思想，认为自然界是其自身存在和发展的原因，根本不必借助外在的神灵、上帝来为其辩护。康德在《自然通史和天体论》中认为自然的原初状态是由原子构成，原子在垂直下降中发生偏斜运动是由于原子之间存在排斥力，这和伊

---

① 〔美〕约翰·贝拉米·福斯特：《马克思的生态学：唯物主义与自然》，刘仁胜、肖峰译，高等教育出版社，2006，第48页。
② 苗力田、李毓章：《西方哲学史新编》，人民出版社，1990，第456页。

壁鸠鲁的重力说是一致的。同时康德认为世界的有序整体不应被归结为偶然因素，而是存在着一定的"必然法则"。在康德看来，伊壁鸠鲁学派的学者应被看作古希腊哲学界最著名、最出色、最杰出的自然哲学家。康德在第一批判中把伊壁鸠鲁看作和柏拉图理智论哲学相对应的感觉论哲学家，伊壁鸠鲁不同于柏拉图，他把自己的哲学建立在唯物主义之上，认为感觉是外部自然对感官的刺激所形成的一个暂时的过程，感觉随着支配物的变化而变化。

在福斯特看来，伊壁鸠鲁在自然领域对宗教目的论和决定论的批判为马克思唯物主义思想带来了希望之光。马克思意识到理性在认识世界的过程中起着不可忽视的重大作用，伊壁鸠鲁用理性之光驱逐了盘踞在自然界的上帝，用自然主义超越对自然的宗教解释，其实也就是在自然界树立唯物主义的权威。所以，马克思在写作博士论文《德谟克利特的自然哲学和伊壁鸠鲁的自然哲学的差别》时不是像有些学者认为的那样没有过多地受到伊壁鸠鲁哲学的影响，也不是深陷于黑格尔的世界观中。在"博士论文"时期尽管他的哲学形式是思辨的，但表面下暗含着唯物主义的涌流，从内在的本质来看越来越贴近唯物主义。福斯特发现，"马克思与黑格尔体系的关系从一开始就存在着矛盾"，马克思曾把深陷黑格尔哲学描绘成在"敌人的枪林弹雨"中建立了自己讨厌的观念的偶像，试图逃离"怪诞离奇的旋律"。[①] 博士论文之后，马克思出于对现实问题的真正思考，认为有必要超越黑格尔哲学体系，与黑格尔哲学的决裂主要是借助路德维希·费尔巴哈对黑格尔的批判来实现的。

（二）费尔巴哈自然主义的唯物主义

对黑格尔思辨哲学的反思和批判是贯穿于费尔巴哈一生思想的主题。费尔巴哈早期思想从神学转变为黑格尔哲学，"并逐步形成了对黑格尔思辨哲学的怀疑与批判立场"[②]。费尔巴哈在 1939 年以后，理

---

① 〔美〕约翰·贝拉米·福斯特：《马克思的生态学：唯物主义与自然》，刘仁胜、肖峰译，高等教育出版社 2006，第 38 页。
② 卜祥记：《对黑格尔思辨哲学的态度是费尔巴哈早期思想的精髓》，《上海行政学院学报》2006 年第 2 期。

论视域由黑格尔哲学转向对基督教神学的批判。但不管是在早期还是后期，黑格尔思辨哲学一直是贯穿费尔巴哈哲学思想的理论精脉。费尔巴哈在《从培根到斯宾诺莎的现代哲学》一书中，通过对培根和笛卡尔哲学的对比把唯物主义看作反对宗教的有力武器。在费尔巴哈看来，"培根的自然哲学（和科学）远胜于笛卡尔哲学"①。笛卡尔开创的近代哲学从来没有把握自然的真实概念，他们把真实的自然理解为主观感觉的实体，将客观存在的自然界转变为一种主观的感受。费尔巴哈认为斯宾诺莎的唯物主义是神学性质的。因为他赋予物质概念以实体性质，把它看作神秘的独立存在物。事实上，抽象理智的实体采取了感性对象的形式。而培根哲学对自然概念的理解不是委身于神学，并从神学里推演出来的。他把自然还原为真实的可感知的自然，从自然的本真面目解释自然和理解自然。费尔巴哈正是从对自然概念的透析中看到了唯物主义的神秘力量。

　　学界通常认为费尔巴哈《基督教的本质》一书对马克思产生了很大影响。与此相反，福斯特认为费尔巴哈在《基督教的本质》中的有关论述，早被同属于青年黑格尔派的施特劳斯在《耶稣传》中阐述。也就是说费尔巴哈在《基督教的本质》中揭开了上帝本质的秘密，即人把自己的本质赋予上帝并加以顶礼膜拜，人根据现实生活创造了想象中的上帝形象，所以对上帝本质的探讨应回到人们的尘世生活中。其实，除了感性对象性关系的论述之外，该书中并没有什么新奇的东西。因此，福斯特认为真正对马克思思想产生理论共鸣的是费尔巴哈在 1842 年写作的《关于哲学改造的临时纲要》一书。正是在这部著作中，费尔巴哈与黑格尔实现彻底的决裂。费尔巴哈批判黑格尔的自然哲学概念，在其最脆弱的部分摧毁了黑格尔思辨哲学的堡垒，从而与黑格尔分道扬镳。

　　黑格尔在《精神现象学》中把自然看作绝对精神外化的一个环节。自然只是一种单纯的、直观的、机械的存在，并没有任何本质的

---

　　① 〔美〕约翰・贝拉米・福斯特：《马克思的生态学：唯物主义与自然》，刘仁胜、肖峰译，高等教育出版社，2006，第 77 页。

东西，它只是被动地接受自我意识设定，是绝对精神从抽象到具体、由具体到抽象实现自我复归不可或缺的环节。黑格尔的思辨哲学弥补了近代哲学关于实体与主体、存在与本质二元分离的鸿沟，在绝对精神的框架内建构了实体即主体哲学。但费尔巴哈灵敏的理论嗅觉感知到黑格尔哲学在对感知世界的否定中，也像以往的神学一样把人和自然放到了神学的祭坛上，"黑格尔哲学是神学最后的避难所和最后的理性支柱"①。费尔巴哈坚持人类生活于其中的物质世界是可以感知的、活生生的存在，人的自我意识是建立在对生活中感知世界的抽象之上的，而不是建立在对虚无缥缈的精神实体的抽象之上的。人类的生存离不开自然界，自然界是人类生存的基础。在人类与自然的关系上，费尔巴哈认为人类是自然的本质，同时自然也是人类的本质，当"费尔巴哈把形而上学的绝对精神归结为'以自然为基础的现实的人'"的时候，他也就"完成了对宗教的批判"②。费尔巴哈以哲学批判为前提结束了近代以来的宗教批判。

马克思从费尔巴哈《关于哲学改造的临时纲要》一书中看到了对自然主义的强调，福斯特认为这进一步促进了马克思唯物主义自然观的形成。在这本著作中，费尔巴哈把自然作为一切科学的基础。科学假若不是建立在自然基础之上，就只能是一种假设，只有找到自然的学说才能成为新哲学。费尔巴哈认为自然基础根植于物质，只有在物质而不是绝对精神中才能找到自然的基础，才能找到思维的内容。福斯特对此评论说，费尔巴哈基于自然物质基础之上对理性唯物主义的强调，乃是间接地承袭了伊壁鸠鲁的感觉真实性。在伊壁鸠鲁那里人类的自我意识被看作最高的神性，而费尔巴哈基于自然的感觉论烛照了人类本质与精神本质的区别。在费尔巴哈看来作为感觉的对象不过是自己的对象，上帝作为人类的对象其本质不是幽灵般的神秘理性，而是人的本质而已。福斯特认为，费尔巴哈立足于自然建立了新

① 〔德〕费尔巴哈：《费尔巴哈哲学著作选集》（上卷），荣震华、李金山等译，商务印书馆，1984，第115页。
② 《马克思恩格斯全集》第2卷，人民出版社，1957，第177页。

哲学，这种新哲学把"反自然主义的、超自然主义的假设的自由自然主义化"①。费尔巴哈的自然主义思想被关注人与自然关系的马克思忠实地继承了。

在福斯特看来，费尔巴哈把自然概念从黑格尔思辨哲学的统治下解放出来，为马克思的自然及其异化理论提供了理论指南。在黑格尔那里，自然是客观精神异化的产物，自然来源于精神，并在精神的发展过程中披上物质的外衣从而转化为"粗俗的唯物主义"。黑格尔在《自然哲学》中依据逻辑学原理人为地把自然划分为不同的层次，各个阶段的自然被剥夺了现实性，真实世界只是绝对理念支配下的现象表达。自然界是绝对精神外化的产物，是绝对精神自我实现过程的必经环节，自然界要打破自身，最终还要回归精神实体。黑格尔企图通过把本体论置于认识论的前提下，用绝对理念构筑新的宗教哲学大厦，其实不过是古典目的论的翻新而已。站在黑格尔的立场上看待自然，自然不过是从属于理性的一个部分。自然在本质上与理性保持一致，"并且展示了理性秩序，一种内在的目的性，需要的只是精神将其融为一体"②。费尔巴哈把自然看作不依赖于任何哲学基础而独立存在的范畴，自然界是人类生存的基础，除了自然界和人之外不存在任何第三者的东西，上帝等宗教幻想只不过是人的本质的虚幻的反映。因此，在自然哲学领域，费尔巴哈剥去了自然的神秘外衣，炸开了黑格尔严密的哲学堡垒，唯物主义取代唯心主义再次回归哲学王座。在费尔巴哈之后，马克思试图以客观世界和人类存在为前提，探寻自然主义、人本主义和唯物主义的一致性。在《1844 年经济学哲学手稿》中围绕劳动异化展开对人、自然和人与自然关系的探讨。马克思不仅批判了私有财产制度下形成的自然观是对自然的蔑视贬低，还对城市生态环境的恶化进行了无情的批驳。马克思反对关于自然的纯哲学解释方案，认为只有自然主义才能正确理解世界历史的变

---

① 〔美〕约翰·贝拉米·福斯特:《马克思的生态学：唯物主义与自然》，刘仁胜、肖峰译，高等教育出版社，2006，第 80 页。

② 〔美〕约翰·贝拉米·福斯特:《马克思的生态学：唯物主义与自然》，刘仁胜、肖峰译，高等教育出版社，2006，第 86 页。

化发展。

　　福斯特认为，正是通过费尔巴哈，马克思彻底摆脱了黑格尔唯心主义体系的束缚，唯物主义自然观逐渐形成。因此，马克思对费尔巴哈高唱赞歌，认为费尔巴哈揭穿了黑格尔思辨哲学的神学性质，"创立了'真正的唯物主义和现实的科学'"①。费尔巴哈通过对黑格尔思辨哲学的否定建立了自然主义的唯物主义，后来这种唯物主义一直回响在马克思成熟的唯物主义思想体系中。

二　马克思对唯物主义的超越与继承：对自然唯物主义的坚守

　　就像牛顿当年所说，如果我看得远，那是因为我站在巨人的肩上。马克思唯物主义理论的形成既是站在伊壁鸠鲁和费尔巴哈哲学之肩，又是对前人思想的超越。马克思主义理论是解决当今生态问题的科学世界观，这种科学性在哲学基础上正是来源于其唯物主义，来源于其对自然、人以及人与自然关系的科学认知。

　　自然概念是所有生态学理论工作者必须面对的首要前提。如何看待自然？是把自然看作精神、意志、绝对理念的产物？还是赋予自然神圣性的魔力并对其顶礼膜拜？抑或是把自然贬低为只是简单地满足人类需求的工具性存在？福斯特认为这些都不是对待自然的正确态度。在马克思那里，自然首先是不依赖于人的主观意志而独立存在的，"他的欲望的对象是作为不依赖于他的对象而存在于他之外的"②。福斯特认为，马克思哲学强调外在物理世界的客观性和独立性，这是马克思唯物主义自然观的内在本质。本体论唯物主义强调自然的客观性，认为没有自然的存在社会将无所依存。而认识论唯物主义侧重于对象的独立性，这种对象摆脱了自然的先在性束缚。马克思唯物主义不是单纯的实在论，而是"采取了一种既属于实在论又属于普遍联

---

①　〔美〕约翰·贝拉米·福斯特：《马克思的生态学：唯物主义与自然》，刘仁胜、肖峰译，高等教育出版社，2006，第88页。

②　《马克思恩格斯全集》第42卷，人民出版社，1979，第167页；原文中的"他"指人。

系（也就是辩证法）的方法"①。因为外部感性的自然界是人类物质财富与精神财富的源泉，是人类生存的基础，没有外在的自然界人类劳动将是无本之木、无源之水。就像马克思所说："没有自然界，没有感性的外部世界，工人就什么也不能创造。"② 如果在自身之外没有别的存在物，那么这将是一个孤独的非对象性的存在物，将是一个无对象的存在，这样的存在物其实就是无。就像马克思在《1844 年经济学哲学手稿》中所论述的，"非对象性的存在物，是一种非现实的、非感性的、只是思想上的即只是虚构出来的存在物，是抽象的东西"③。马克思关于存在物的对象性关系思想是对费尔巴哈感性对象性关系思想的继承和发展，只不过在费尔巴哈那里他只看到感性对象性关系，而不懂得这种关系的真正来源。马克思哲学完全承认自然界的优先地位，更深知人与自然的关系是建立在感性活动基础之上的，马克思哲学所关注的自然也绝非单纯意义上的自在自然，而是人们实践涉足的人化自然，是打上人类烙印、留下人类痕迹的人化自然。所以，马克思的自然概念是实践意义上的人化自然观。

一般认为西方哲学主要围绕"我是谁？我从哪里来？我到哪里去？"三个问题展开，但首要问题是如何看待人本身。只有搞清楚人自身的问题，才能正确定位人在自然中的地位，正确处理人与自然的关系。福斯特认为，唯物主义自然观，对人及其本质做了科学的规定，从而超越了旧唯物主义。在马克思看来，人不是上帝之下万物之上的支配者，人绝非某种精神意志的体现，而是自然界的组成部分。人是自然大家庭中不可或缺的一员，人本身就是自然界的存在物。尽管人是自然存在物，但人绝不是像动物、植物、空气等自然存在物一样。因为人是能动地进行着感性活动的自然存在物，"一当人们自己开始生产他们所必需的生活资料的时候（这一步是

---

① 〔美〕约翰·贝拉米·福斯特：《马克思的生态学：唯物主义与自然》，刘仁胜、肖峰译，高等教育出版社，2006，第 8 页。
② 《马克思恩格斯全集》第 42 卷，人民出版社，1979，第 92 页。
③ 《马克思恩格斯全集》第 42 卷，人民出版社，1979，第 169 页。

由他们的肉体组织所决定的），他们就开始把自己和动物区别开来"①。正是在物质生产活动中产生了思想、观念、意识、语言，人这种自然存在物从而获得相应的"能动性"。马克思关于人的主观能动性思想来源于伊壁鸠鲁和费尔巴哈。伊壁鸠鲁的自然唯物主义把神驱逐出自然界，反对目的论和决定论，运用理性阐释世界而无须诉诸生活在夹缝中间的诸神，给马克思的唯物主义带来了光明。而马克思对费尔巴哈唯物主义中感觉论的反应异常热烈，他也像费尔巴哈一样强调人类的感觉，但他并没有否认人的有限性。人作为自然存在物，既具有客观实在性，也具有有限性。不但人的存在受限于提供物质生活来源的外部自然界，人的认识能力还受到阶级立场、受教育程度、科学技术等因素的局限。因此，人并不是无拘无束的、绝对自由的主体，而是生活在客观自然界中的有限存在物。现实生活中的人是客观性和有限性的统一体，只有认清这一点才能在处理人与自然关系的征途中避免陷入人类中心主义和生态中心主义。

福斯特认为，伊壁鸠鲁哲学——作为马克思哲学大厦的基石，在批判目的论和决定论的过程中找到了唯物主义的基础。在伊壁鸠鲁那里，原子论哲学把自然界从神灵的束缚下解脱出来，在自然界的空间里排挤掉了目的论和决定论存在的缝隙，并意识到原子在做垂直运动的过程中由于偶然性发生轨道偏斜，预示了人的自由意志的存在。费尔巴哈把客观自然视为自己哲学的出发点，他认为上帝的本质不过是人的本质力量的对象化而已，上帝其实是人的本质的异化，从而揭开了上帝的神秘面纱。费尔巴哈从现实的尘世生活看待人、自然以及人与自然的关系。尽管他恢复了唯物主义的大厦，但很遗憾的是他在超越黑格尔唯心主义哲学的时候却把辩证法的合理内核一起抛弃，最后沦落为纯粹直观的唯物主义，再加上过多地强调抽象感觉论而忽视了现实的社会关系。对此，恩格斯曾评论道："作为一个哲学家，他也停留在半路上，他下半截是唯物主义者，上半截是唯心主义者。"②

---

① 《马克思恩格斯全集》第 3 卷，人民出版社，1960，第 24 页。
② 《马克思恩格斯选集》第 4 卷，人民出版社，1995，第 241 页。

在福斯特看来，马克思不仅把自然看作人的无机的身体，同样把人看作自然的存在物，人类同自然的关系既可以通过生产来调节，也可以通过改造生产工具来缓和。在改造自然的物质生产活动中，不同于动物的简单生产，人依据美感和舒适度来改造自然，自然通过物质生产活动进入人类历史，人与自然通过实践建立起紧密的联系。当然，福斯特也意识到，马克思视域中的人是主体性与有限性的统一。人类既能发挥想象力，通过自身的物质生产活动建设美好家园，但人绝不是自然界至高无上的统治者，人的活动还受到自然的限制。人不但通过实践活动改造、利用、控制自然，同时人还在承认自然、尊重自然规律的前提下积极改善人与自然的关系。

福斯特认为，马克思唯物主义自然观的题中之义是秉承自然界的客观性和有限性，在遵从自然规律的前提下对自然展开的认识、开发和控制活动。所以这种自然观从来不是对自然的贬低和漠视，而是在坚持自然本体论的基础上，通过人们的行动、实践去统治自然。他认为，马克思唯物主义有一个转向，即从自然向历史领域转变。但本体论意义上的唯物主义自然观并未抛弃，而是一直流淌在马克思唯物主义历史观中。

第四节　福斯特对马克思历史唯物主义的生态学剖析

在福斯特看来，马克思的生态学思想来源于唯物主义理论，而马克思的唯物主义理论由唯物主义自然观和唯物主义历史观两个部分组成。马克思唯物主义历史观是在与马尔萨斯人口原理、鲁道夫·蒙特与蒲鲁东真正社会主义的批判以及与费尔巴哈人本主义决裂等各种思潮的碰撞中形成发展的。

一　马克思唯物主义历史观的形成

理论应服务于现实，现实是理论产生和应用的实践阵地。当马克思在《莱茵报》担任编辑时发现贫乏的政治经济学知识根本不足以解决真正的现实问题。随后，关于政治经济学的研究步入马克思的理论视野，成为马克思历史唯物主义思想的起源推动力量。福斯特认为马克思一生关于政治经济学研究的"一个中心主题就是批判马尔萨斯及其著作中所代表的所有关于人口和土地之间关系的理论"①。马克思的历史唯物主义是在对马尔萨斯人口原理、鲁道夫·蒙特与蒲鲁东真正社会主义的批判以及与费尔巴哈的决裂中形成的。在福斯特看来，马克思通过实践把人类历史与自然历史统一起来，自然史是人类史的基础和前提。"马克思确实把他的唯物主义历史观看作是建立在唯物主义自然观的基础之上的，并且他们共同构建了自然历史（在它所具有的培根哲学的意义上，自然历史也包括人类生产）的王国。"②

马尔萨斯认为人口以几何级数增长，而与之相反的则是食物等生活资料的供应只按照算术级数增长。为了保持人口数量与生活资料供应之间的平衡，马尔萨斯认为应对人口自然增长实行限制，而这总是与罪恶和贫困相联系的。在对人口进行限制时，针对不同的社会阶层采取不同的实施方案，对于上层社会可以采取推迟婚姻进行道德限制的"预防性措施"，而对于下层社会则可以采取通过贫困和"要饭的手"来增加死亡的"积极性措施"。预防性限制的不良后果是卖淫现象的泛滥，而"积极性措施"主要是指战争、季节性流行病、传染病以及饥馑等各种阻止人口膨胀的残酷手段。马尔萨斯认为贫困是最致命的杀伤武器，因为"并非一切人都能同等地分享自然的恩赐"③。恩格斯批判马尔萨斯人口理论的非历史性，在马尔萨斯看来人口原理是适合于任何地点、任何社会的万能理论，而李比希等关于土壤革命的科学则直接回击了马尔萨斯的算术级数增长理论。在对马尔萨斯人口过剩理论的批判中，恩格斯提出了政治经济学中的劳动力后备军概

① 〔美〕约翰·贝拉米·福斯特：《马克思的生态学：唯物主义与自然》，刘仁胜、肖峰译，高等教育出版社，2006，第117页。
② 〔美〕约翰·贝拉米·福斯特：《马克思的生态学：唯物主义与自然》，刘仁胜、肖峰译，高等教育出版社，2006，第126页。
③ 〔美〕约翰·贝拉米·福斯特：《马克思的生态学：唯物主义与自然》，刘仁胜、肖峰译，高等教育出版社，2006，第108页。

念。在《英国工人阶级状况》一文则把理论的视角直接定位于无产阶级的生存状态，通过无产阶级与资产阶级生活状况的鲜明对比，使马克思意识到工人普遍处于异化的生存状态。而马尔萨斯忽略历史条件变化的人口原理只是为了迎合资产阶级，变相为资本主义的合法统治做辩护。

随着政治经济学研究的深入，马克思逐渐发现费尔巴哈唯物主义的抽象性、非历史性对于现实问题的解决越发苍白无力。尽管费尔巴哈恢复了唯物主义的大厦，炸开了黑格尔思辨哲学体系的堡垒，但是费尔巴哈抽象的人本主义只不过是纯粹的利己主义，他看不到"我"之所以为"我"的真实根据，费尔巴哈眼中的"我"不过是极端的狭隘的利己主义学说，他看不到在"我"之外的任何人。同时马克思也批判了施蒂纳对人或人类世界的抛弃。人与动物可以从是否有宗教信仰、思维、语言等加以区别，但最根本的区别则是人的实践活动。正是依靠活生生的、现实的个人及其物质生产活动，人类才打开了美妙绝伦的历史画卷。生产力与生产关系矛盾的交织推动着历史车轮前行，人类依次经过了原始社会、封建社会和资本主义社会。由于费尔巴哈眼中的人是抽象的"人本身"，他看不到感性活动的革命性本质，不懂得人的本质来源于物质生活，而把人的活动贬低为理论创作，把实践看作犹太人经商式的利己主义。因此，费尔巴哈把人的本质理解为单个人所固有的抽象物，理解为类。马克思立足现实的个人、现实的物质生产活动，把握了真正的人的本质。人的本质不是爱、更不是类，而是在活生生的物质生产活动中所形成的政治、经济、文化、思想等各种关系的总和，这种关系具有阶级性，在阶级社会则打上了统治和剥削的烙印。

《关于费尔巴哈的提纲》标志着马克思和费尔巴哈的正式决裂。马克思批判费尔巴哈对人本质的直观、抽象的理解，看不到环境的改变与人的活动改变的一致性，割裂了自然历史和人类历史的统一。马克思从感性活动的角度驳斥了环境决定论的谬误，从工业生产中看到了人类实践活动的巨大力量。他说："我们看到，工业的历史和工业的已经产生的对象性的存在，是一本打开了的关于人的本质力量的书，是感性地摆在我们面前的人的心理学。"① 福斯特认为，马克思的唯物主义有一个从自然向历史的转向，不过在转向的过程中并没有抛弃自然的先在性，在本体论的意义上，唯物主义自然观是唯物主义历史观形成的基石。马克思唯物主义自然观和唯物主义历史观在实践唯物主义基础上得到统一。尽管费尔巴哈的自然观和本质观都冠名"唯物主义"，但他把存在看作本质，把本质等同于存在，不允许二者之间存在矛盾。马克思立足实践指出："鱼的'本质'是它的'存在'，即水。河鱼的'本质'是河水……它将不再是适合生存的环境了。"② 人类的实践活动是鱼存在异化的原因，存在与本质存在着根本的不同。所以，对于异化问题的解决需要用纯粹的实践手段。

马克思通过与费尔巴哈的决裂建立了新唯物主义，即实践唯物主义。这种新唯物主义从现实的个人以及物质生产活动出发，但没有忽略外在的自然王国的优先地位。"在这种情况下，外部自然界的优先地位仍然会保持着，而整个这一点当然不适用于原始的、通过自然发生的途径产生的人们。"③ 新唯物主义只关注人类历史视野中有关人的感性活动及其触及的自然，在社会批判中重点强调的是人类的历史发展，这样马克思唯物主义完成了从自然向人类历史的转向。

随着马克思思想的发展，他逐渐认识到"真正的社会主义者"关于自然的抽象主义和人类的抽象人本主义的非历史性观点忽视了人类发展和自然历史的物质基础。马克思以鲁道夫·蒙特为靶子展开了对"真正的社会主义者"的批判。在自然方面，蒙特用极其悲伤的语调描述了人与自然的异化，而对于异化的扬弃他求救于"自由自然"，即"用自然本身所提供的精神方法来跨越人类对自然的异化"。④ "真正的

① 《马克思恩格斯全集》第 42 卷，人民出版社，1979，第 127 页。
② 《马克思恩格斯选集》第 1 卷，人民出版社，1995，第 97～98 页。
③ 《马克思恩格斯选集》第 1 卷，人民出版社，1995，第 77 页。
④ 〔美〕约翰·贝拉米·福斯特：《马克思的生态学：唯物主义与自然》，刘仁胜、肖峰译，高等教育出版社，2006，第 137 页。

社会主义者"撇开具体的历史条件和阶级关系抽象地谈论人的本质，把自然界中的跳蚤、墩布和石头的本质等同于人的本质，根本看不到人类劳动及其社会关系，抹杀了人和动物的根本区别——物质生活活动，更不懂得正是人类劳动架构起自然历史和人类历史的统一，人与自然的历史只是人类历史的一部分而已。福斯特指出，在对"真正的社会主义者"的批判中，马克思的唯物主义历史观日趋成熟。

对"真正的社会主义者"所谓抽象的人本主义和自然主义进行批判后，马克思转向对蒲鲁东机械的普罗米修斯主义的剖析。马克思没有对蒲鲁东思想全盘否定，而是首先肯定蒲鲁东在《什么是所有权?》一书中批判了借助劳动占有土地及自然资源却把大多数的劳动者排斥在外的思想。蒲鲁东对国家出卖以国家名义占有的森林和土地进行批判时，指出国家享有用益物权、管理权、使用权，而唯独没有买卖权。"它既无权出卖，也无权以任何方式转让出去。"① 马克思后来在《资本论》中阐述地租时对这一问题进行了深化，认为从较高的社会形态看，不管是个人、民族、国家甚至三者相加都不是土地的主人，而只是土地暂时的保管人。人们应从子孙后代的长远利益出发，保护好自然。不过在对蒲鲁东《经济矛盾体》一书的批判中，马克思的态度发生了极大反转，马克思在批判政治经济学的同时发展了唯物主义历史观。蒲鲁东在《经济矛盾体》中通过拟人化的手段把社会比作普罗米修斯，普罗米修斯是自然规律和理性规律的统一体。蒲鲁东认为分工是无产阶级和社会对立的根本原因，这阻碍了社会和谐进步，而机器是消除劳动分工的"合题"，机器是通往进步和天命的钥匙。马克思批判蒲鲁东采用"部分是希腊的，部分是犹太的，既神秘又有寓意"② 的编造神话的方法，把规律、普罗米修斯、天命等看作社会历史的起源和发展的动力，蒲鲁东围绕天命建立的经济学理论本质上是神学，是忽视了历史发展的目的论方法。马克思指出天命的背后

① 〔美〕约翰·贝拉米·福斯特：《马克思的生态学：唯物主义与自然》，刘仁胜、肖峰译，高等教育出版社，2006，第141页。

② 〔美〕约翰·贝拉米·福斯特：《马克思的生态学：唯物主义与自然》，刘仁胜、肖峰译，高等教育出版社，2006，第145页。

隐藏着土地私有制的发明，农民失去耕地，佃农背井离乡等才是历史的真实面目和过程。针对蒲鲁东对机器的盲目崇拜，马克思指出，思想和技术都是历史的暂时的产物。随着生产力发展和生产关系变革，思想也处在永不停息的变化之中。产品的生产及其使用不是依据由必需品到奢侈品的规律，而最终决定权是由建立在阶级对抗基础上的社会条件所决定的。地租也不是"把人束缚于自然"的一种工具，"地租使土地所有者脱离土地，脱离自然，他甚至可以完全不了解自己的领地"①，地租只不过是把土地的肥沃程度与竞争连在一起。马克思在对蒲鲁东的批判中指出，只有从物质生产出发的实践唯物主义才能认清现实问题的历史性、偶然性和过渡性本质，而不是靠寻求外界的魔力来说明社会历史的发展规律。

福斯特通过对马克思唯物主义理论的重溯和回放，认为马克思的新唯物主义既继承伊壁鸠鲁的非决定论和非目的论的思想，又肯定了费尔巴哈的唯物主义功绩，在立足实践概念的基础上创建了实践唯物主义。这种新唯物主义融合了唯物主义自然观与唯物主义历史观，本体论意义上的自然观流淌在马克思唯物主义思想中，这种新唯物主义实现了自然与历史的统一，更体现了唯物主义对自然的生态学关怀，在实践的基础上，为人们呈现了人、自然、社会辩证统一的生态学画面。

二　实践基础上人、自然、社会的辩证统一

福斯特通过对马克思唯物主义历史进行还原后，指出马克思唯物主义自然观自形成之后一直回荡在马克思唯物主义思想中，马克思在继承黑格尔哲学辩证法的合理因素后，在实践概念基础上建立了具有生态学视域的新唯物主义——生态唯物主义。这种新唯物主义对自然、人和社会关系的认知既不同于旧唯物主义，也不同于唯心主义，而是立足实践，以实践为枢轴实现了人与自然、自然与社会的有机统一。

---

① 〔美〕约翰·贝拉米·福斯特：《马克思的生态学：唯物主义与自然》，刘仁胜、肖峰译，高等教育出版社，2006，第147页。

同时对于真正的生态学者来说，还应具有辩证法的知识，只有同时具备唯物主义和辩证法才能为生态问题的解决提供科学的理论指导。

马克思新唯物主义把人与自然的关系看作建立在实践基础上的能量、物质、信息的互换，建立了人与自然的内在关联。实践唯物主义超越了包括费尔巴哈在内的旧唯物主义，因为旧唯物主义"对对象、现实、感性，只是从客体的或者直观的形式去理解"①，也就是感官直接作用于对象而产生直接的、客观的、现实的反映。在明确自然界的客观实在性后，旧唯物主义机械地理解物质与意识的关系，把意识看作整个物质世界的直观映像，物质和意识是机械的决定和被决定的关系。旧唯物主义没有看到人的主观能动性的意义，而唯心主义片面夸大了这一点，把人的主观能动性膨胀为不受客观规律制约的"绝对精神"或"绝对理念"，无视客观的现实情况，轻视人的感性的活动。马克思实践唯物主义既看到自然界的先在性，也把握到了人的主观能动性，认为人与自然的辩证关系存在于人类的物质生产实践活动中。人在活动中实现"环境的改变和人的活动或自我改变的一致"②。实践是联系人与自然、主体与客体、物质和精神关系的中介。人按照自己的审美改造自然，通过物质实践活动使自在自然打上人的烙印转化为人化自然，人化自然是人的本质力量对象化的确证，是人的感性活动的结果，是在实践的基础上的人与自然的统一。

因为费尔巴哈不了解实践的革命的意义，所以他把人的本质归结为类，归结为"理性"、"爱"和"意志力"等抽象的范畴，而不懂得人的本质形成于现实的物质生产活动，不理解人的本质"在其现实性上，它是一切社会关系的总和"③。马克思把人的本质还原为物质生产活动，人在特定的物质生产活动中结成各种各样的物质关系，这种关系的总和即人的本质。人类通过物质生产活动作用于自然界，创造灿烂的物质文明和博大精深的精神文明，创造人类历史。马克思

---

① 《马克思恩格斯选集》第 1 卷，人民出版社，1995，第 54 页。
② 《马克思恩格斯选集》第 1 卷，人民出版社，1995，第 55 页。
③ 《马克思恩格斯选集》第 1 卷，人民出版社，1995，第 56 页。

恩格斯认为对于自然、人和社会的关系不应从幻想的、虚构的对象中寻找，而应立足现实的有血有肉的人所从事的物质生产活动。"不是意识决定生活，而是生活决定意识。"① 人的感性活动具有双重性。一方面是人与自然的关系。自然是人感性活动的对象，是人本质力量对象化的确证。另一方面是人与人的关系。人的活动不是孤立的存在物，人在认识自然、改造自然、利用自然中结成特定的社会团体。围绕一定的目的，形成夫妻、父女、母子、同事、朋友、上下级等社会关系，在对自然的认识和改造中推动人类社会的前行。人、自然和社会达到了内在的、具体的、历史的统一。所以说，马克思的新唯物主义是内在地包含着自然史和人类史的统一，是蕴含着生态学思想的系统的、科学的世界观。科学世界观克服了旧唯物主义对人与自然关系的机械性理解，在实践基础上看到了人与自然的内在关联。在福斯特看来，马克思把辩证法投射到自然领域形成了对自然的辩证理解，体现了辩证法的生态学思想。

三　辩证法的生态学向度

马克思新唯物主义是"一种既属于实在论又属于普遍联系（也就是辩证法）的方法"②，唯物主义和自然科学之间并不存在不可逾越的鸿沟，二者通过实践建立了密切关联。因此，辩证法不仅存在于人类社会历史中，同时也存在于唯物主义自然观中。自然辩证法反映在生态哲学领域，表现为辩证的生态观。马克思通过打破西方马克思主义对辩证法禁锢的樊篱，还原了马克思主义理论中的生态学维度，在生态学领域实现了将自然问题归结为社会问题的伟大转变。

20 世纪 20 年代，以卢卡奇、葛兰西和柯尔施等为代表的西方马克思主义者掀起了反实证主义的战争，即反对将自然科学的研究方法非辩证地应用于社会历史领域。同时，他们认为辩证法只适合于探讨

---

① 《马克思恩格斯文集》第 1 卷，人民出版社，2009，第 525 页。
② 〔美〕约翰·贝拉米·福斯特：《马克思的生态学：唯物主义与自然》，刘仁胜、肖峰译，高等教育出版社，2006，第 8 页。

社会历史领域的问题，人为地制造了自然和社会的分裂，由此导致了辩证法在自然生态学的空场。卢卡奇批评苏联社会理论家布哈林，认为他在《历史唯物主义》一书中把自然置于优先地位的错误观点，其实是恩格斯"自然是辩证法的证明"的追随者，其自然唯物主义摆脱不了资产阶级唯物主义的影响。意大利共产党创始人葛兰西，在其代表作《狱中札记》中以布哈林为批判靶子，批判他迷信自然科学的基础地位，反对把自然科学法则机械地应用于社会学领域。而且，从自然科学中派生出的因果规律只是对自然事实的抽象概括，其根源是柏拉图的唯心主义哲学。而布哈林把统计学和因果律应用于社会学领域，结果造成马克思主义忽视人的主体性，而落入了宿命论和机械决定论的境地，实践哲学也变成了永恒的、绝对的、放之四海皆准的绝对真理。葛兰西试图在实践哲学的基础上消融唯物主义和唯心主义、物质和人性的对立，结果既忽略了布哈林将唯物主义自然观和唯物主义历史观联系起来的观点，也没有跳出二元论的建制。

法兰克福学派承袭了卢卡奇的技术理性批判，并从历史和文化的视角对资本主义的各种社会问题进行深入反思。他们指出资本主义从自由竞争发展到垄断资本主义阶段，危机已经从生产领域转移到消费领域，生态危机成为资本主义社会的主要危机。该学派认为启蒙走向了自身的反面，启蒙变成了征服自然的神话。法兰克福学派认为技术在资本主义社会的非理性应用是环境问题的主要元凶。马尔库塞认为科学技术本身起着意识形态的作用，在资本主义制度下技术从属于政治，技术的性质由其服务的社会制度决定。科学技术"正在产生更高的合理性，即一边维护等级结构，一边又更有效地剥削自然资源和智力资源"[1]。法兰克福学派在浪漫主义的基础上探讨自然的异化，忽略了像新陈代谢断裂这样的物质异化。阿尔弗莱德·施密特在《马克思的自然概念》一书中探讨了"新陈代谢"概念的意义。不过由于他认为唯物主义和辩证法之间存在着不可逾越的鸿沟，片面地认

---

[1] 〔美〕H. 马尔库塞：《单向度的人》，刘继译，上海译文出版社，1989，第129页。

为劳动只是物质形态内部变化的一种形式，未能意识到马克思早已在物质概念的背景下探讨了新陈代谢断裂问题，因此他把马克思看作以统治自然为目的论的唯物主义者。

福斯特认为西方马克思主义把辩证法锁定在社会领域，这是对马克思辩证法的曲解。其实，在马克思唯物主义自然观中同样蕴含着丰富的辩证法思想，自然领域的辩证法体现了辩证法的生态学洞向。在马克思唯物主义自然观和唯物主义历史观密切结合中，达尔文是一个绕不开的重量级人物。正是达尔文"划时代的巨著"——《物种起源》的问世，为马克思唯物主义理论提供了自然—历史基础。马克思在《资本论》第一卷中论述道："达尔文注意到自然工艺史，即注意到在动植物的生活中作为生产工具的动植物器官是怎样形成的"，"工艺学会揭示出人对自然的能动关系，人的生活的直接生产过程，以及人的社会生活条件和由此产生的精神观念的直接生产过程"①。人类历史不同于单纯的自然史，动植物的历史是通过他们物质器官的自然进化而演进的，动物的生产只是出于本能的需要，是狭隘的、被动的。而人类的生产是在人的主观意识支配下，借助于科学技术等工具对自然进行加工改造，按照美的规律生产物质精神文化产品，使大自然打上人类烙印的痕迹，使自在自然转化为人化自然。人以自身的活动来调整人和土地等自然物质间能量、信息和物质的交换过程，构建了自然和社会的密切关联。

由于《自然辩证法》是恩格斯的一部未完成的手稿，学者立足不同的视角对此做出了各种迥然相异的诠释。福斯特认为不论是强调自然本体论的强自然辩证法，还是把辩证法看作人类认识自然界一种方案的弱自然辩证法，都只是从不同侧面看待自然，没有把握自然的整体面貌。我们通过感官获得对自然的认识，在对具体自然的认知过程中形成抽象的概念。概念与我们感知到的事物保持一致，因为"'材料中的自由运动'只不过是对一种处理材料的方法——即辩证

---

① 《马克思恩格斯全集》第 23 卷，人民出版社，1972，第 409~410 页。

方法——的描述而已”①。辩证法根植于唯物主义自然观，生态学和辩证法存在着内在的一致性。恩格斯在写作《自然辩证法》时，受到雷蒙德关于生命起源于物质的探讨的启发，这种关于生命生成的学说不仅可以应用于有机界，同时也适合于无机界。恩格斯认为这种生成哲学关注到了偶然性在进化中重大作用，偶然性的增大打破了种的特性，推动了达尔文生物进化论思想的形成。自然在进化的过程中虽然受偶然性支配，但偶然性可以被人们的理性所认识和把握。偶然性打破了法国唯物论者的机械决定论神话，自然的进化得益于偶然性对种的突破。正是在达尔文的生物进化论思想的启发上，恩格斯阐述了丰富的辩证唯物主义自然观。辩证法使脊椎动物和无脊椎动物、鸟和爬行类、鱼和两栖类之间截然分明的界限日趋消失，非此即彼的固定界限被打破。在自然界中"辩证法是唯一的、最高度地适合于自然观的这一发展阶段的思维方法"②。

在福斯特看来，恩格斯关于自然进化的生态学方法在其后期作品中随处可见。比如从原生质到人脑，由灵长类动物转变为人的过程中无不体现出自然进化思想。他认为，"恩格斯发展了他独特的关于直立、人手、人脑的遗传理论，揭示了人类史前的发展"③。人通过发明生产工具，来改造自然以及人与自然的关系。但是，人类改变自然的活动不是为所欲为的，而是受到自然客观规律的制约的。因为人类依赖自然界，自然界是人的无机的身体，人只有不断地从自然中吸取各种营养元素才能生存发展。如果人们无视自然规律，沉浸在战胜自然的喜悦中而沾沾自喜。那么，自然绝不姑息人类行为，一旦自然发威，人类将加倍偿还自然。这绝不是危言耸听，频发的生态灾难预示着自然已向人类吹响战争号角。对此，恩格斯评论说，"我们必须时时记住：我们统治自然界，决不象征服者统治异民族一样，决不象站在

---

① 《马克思恩格斯全集》第 32 卷，人民出版社，1974，第 672 页。
② 《马克思恩格斯全集》第 20 卷，人民出版社，1971，第 555 页。
③ 〔美〕约翰·贝拉米·福斯特：《马克思的生态学：唯物主义与自然》，刘仁胜、肖峰译，高等教育出版社，2006，第 263 页。

自然界以外的人一样"①。自然界和人类之间不是简单的适应与被适应的关系，无机物和生命处于一个动态的辩证发展的过程中。因此，为了更好地保护我们无机的身体，人们应该尊重自然，利用自然应建立在对自然规律的理解和遵从之上，在人与自然的关系上共谱和谐新篇章。

　　福斯特从马克思唯物主义思想之源，梳理了马克思唯物主义自然观和唯物主义历史观的形成过程，揭示了新唯物主义内在的生态学意蕴，打破了西方学者对马克思学说的诘难，为马克思生态学思想正名。他将辩证法应用到自然领域，还原了辩证法的生态学思想。在对马克思唯物主义的历程追溯中，深刻挖掘了被唯物主义遮蔽的自然生态思想，实现了唯物主义与生态学的统一。马克思创建哲学唯物主义是为了更好地指导人类社会的发展，以期实现人与自然、自然与资本、社会与生态问题的真正和解。但 1848 年革命风暴以后，马克思没有急于投入人类解放事业，而是主要潜心于政治经济学研究，在其匠心独具的巨著《资本论》中系统地阐发了有关城市与乡村、人类与自然的新陈代谢及其断裂思想，立足生态学视角对资本主义的反生态性展开了无情批判。

---

① 《马克思恩格斯全集》第 20 卷，人民出版社，1971，第 519 页。

第三章　从生态唯物主义到新陈代谢：
福斯特"人—自然"的
自然生态思想

福斯特挖掘马克思唯物主义中蕴含的丰富生态学资源，目的是用这种生态学唯物主义导引陷入困境的生态学运动，为人类解决环境问题、实现生态解放提供理论指南。福斯特注意到马克思在《资本论》中，用新陈代谢概念来定义劳动，把劳动理解为人与自然之间的物质、能量、信息的交换。但是，在资本主义大工业和大农业作用下，人与自然之间的物质交换发生断裂。福斯特通过重构新陈代谢断裂思想，并沿着这一范畴，对资本主义生产方式造成人与自然之间的矛盾展开激烈批判，揭开了新自由主义自然资本化、技术革命化的面纱，认为不改变资本主义制度，不扬弃资本逻辑，任何人与自然矛盾的解决方案都是治标不治本的。

第一节　马克思的唯物主义从自然向历史的
延展：新陈代谢的出场

马克思在《关于费尔巴哈的提纲》第十一条中说道："哲学家们只是用不同的方式解释世界，问题在于改变世界。"[1] 马克思主义作为科学的世界观，也并未仅仅停留于空洞的哲学说教。因为马克思一生致力于人类的解放和发展事业，要真正实现自然主义与人道主义辩证统一的共产主义社会，应避免"德国哲学从天上降到地上；和它

---

① 《马克思恩格斯选集》第 1 卷，人民出版社，1995，第 57 页。

完全相反，这里我们是从地上升到天上"①。植根于现实的物质生活，从尘世的物质生产活动中寻找改变世界的途径，而不是借助于神圣的、虚无缥缈的精神力量诠释现实的物质世界。

一 从哲学唯物主义走向政治经济学批判

在黑格尔看来，哲学是追求关于绝对真理的科学，而真理是一个整体。福斯特认为马克思生态学有一个从自然向社会的转向，这种转向不是研究内容的彻底变化，而只是理论视角的转换，也就是马克思生态学思想由哲学视域向经济学视域的转换。国内有的学者从马克思思想形成发展的历史视角出发，把马克思的生态学划分为经验层面、哲学层面和经济学层面三个阶段。在其中最重要的是从哲学层面向经济学层面的生态学转向，这是从抽象到具体，由理论反哺现实的回归，践行着哲学从解释世界到改造世界的价值理念，更是马克思唯物主义自然观与唯物主义历史观完美结合的再现。

立足经济学视角看待人与自然的关系，以及劳动和人的本质问题都是哲学层面生态思想的具体化，是揭示资本主义未来命运走向的必然选择。马克思的自然观以承认自然客观性和有限性为前提，马克思哲学视域中的人是有限性和能动性的统一。人不像动物被动地适应自然，人面对自然时会发挥主观能动性，在承认自然、认识自然规律的基础上从自然中获取自身所需要的物质元素。但是，在资本主导的资本主义条件下，交换价值淹没了使用价值，可自然作为重要的生产要素尚未改变。自然是生产力发展的前提和基础，没有客观存在的自然资源，生产力的发展也就成了无源之水、无本之木。在劳动异化的资本主义制度下，人对自然规律的认识和把握不过是资产阶级中饱私囊的策略而已，资本主义颠倒了生产与消费的关系，资本积累成为生产活动的核心。马克思对此评论道："对自然界的独立规律的理论认识本身不过表现为狡猾，其目的是使自然界（不管是作为消费品，还

①《马克思恩格斯全集》第3卷，人民出版社，1960，第30页。

是作为生产资料）服从于人的需要。"① 而这里的人只是少数占有生产资料者，无数的劳动生产者被排除在外。因此，自然成为少数人囤积居奇、发家致富的手段。资本家为了追求更多的物质财富，无视人与自然之间的物质能量交换。于是，一方面是社会财富越来越聚集在极少数人手中，另一方面自然界遍体鳞伤、满目疮痍。人的无机的身体被人类自身的物质生产活动致残，人成为残缺不全的自然存在物。当人类无限的欲望超越自然有限的承载空间时，人与自然之间的新陈代谢将发生断裂，从而爆发生态危机。在以资本为社会建制的资本主义社会中，生态危机与经济危机的相互交织，使资本主义再也不能驾驭自己用法术呼唤出来的强大生产力。

劳动概念是马克思生态哲学的重要范畴。早在《1844 年经济学哲学手稿》中马克思就从哲学高度定义了劳动，即把劳动理解为感性的、对象性活动。在马克思唯物主义自然观和唯物主义历史观形成后，马克思在新哲学指导下对古典经济学理论进行批判改造，不过马克思生态学思想在由哲学领域转向经济学领域之后，相应地，劳动概念也由抽象的"感性活动"转变为具体的"新陈代谢"。在马克思成熟的政治经济学作品中，对劳动的把握与理解也建立在新陈代谢之上。他认为劳动是人通过自身的活动，借助于一定的生产工具，与自然进行的物质、能量以及信息的交换。福斯特认为，新陈代谢概念反复出现在马克思的成熟作品中，在马克思的政治经济学中至关重要。马克思批判了被马尔萨斯以牧师精神所宣扬的人口原理理论，反对马尔萨斯不顾历史条件变化，把历史上不同的关系简化为抽象的基础的数字关系。在马克思看来，对马尔萨斯人口理论最致命的批判来自古典级差地租理论。詹姆士·安德森认为级差地租产生的原因是土地生产能力的变化，打破了马尔萨斯和李嘉图把级差地租的根源归结为土地自身不可更改的生产能力的论断。安德森认为土壤肥力退化的原因有二：其一是由于阶级对立租地农场主拒绝对土壤进行改良投资，其二是城乡分离造成土壤肥力的流失。安德森土壤改良理论以及李比希

---

① 《马克思恩格斯全集》第 46 卷（上），人民出版社，1979，第 393 页。

农业化学理论，使马克思意识到土壤肥力不是永恒的，也不是一成不变的，更惊醒他对资本主义生产方式对土壤掠夺与破坏的思考。马克思在第二次农业革命的背景下展开对资本主义农业的批判，正是在这种批判与思考中显示了许多人与自然的生态学思想。福斯特认为，在李比希的影响下，马克思在《资本论》中通过新陈代谢及其断裂对资本主义生产方式展开批判，深刻认识到新陈代谢断裂不止局限于农业与工业，还扩展到人与自然、城市与乡村、自然与社会等更广阔的领域。就像日本学者岛崎隆所说："在《资本论》中，马克思把人与自然的物质变换扩展到更广阔的人类生活的整体，……这就是生态学意义上的广义的物质变换。"①

福斯特看到，马克思的新唯物主义从自然转向历史之后，尽管主要的关注点是人类的历史发展，不再是自然本身的进化发展，但其中关于城乡之间关系的论述蕴含着人与自然之间新陈代谢关系的最初表达。《共产党宣言》最初是为应对"信仰声明"而写，但在这部伟大的作品中马克思对生产力的高度发达造成城乡矛盾、人与自然异化的生态问题给予了更大关注，这就给有些学者从生态学的视角攻击马克思是普罗米修斯主义提供了契机。实际上，马克思对资产阶级的颂扬是立足于资产阶级与无产阶级对立的大背景中，其本质是为了凸显无产阶级的贫困化、城乡异化的严峻性。他一方面大力赞扬资产阶级的生产力，认为资本主义在不到一百年的时间内创造了生产力发展的神话，这是值得肯定和赞誉的；另一方面也对资产阶级的破坏性进行了无情的揭露。整个社会日益分裂为资产阶级和无产阶级，资产阶级摔碎了封建宗法的旧剥削制度，围绕交换价值建立了一种公开的、无耻的、货币化的剥削关系，人与人之间仅仅是赤裸裸的金钱关系，货币成为衡量人的价值的唯一尺度。资产阶级打破了以往农村和城市、东方和西方的封闭关系，创建了农村屈服于城市，"未开化和半开化的国家从属于文明的国家，使农民的民族从属于资产阶级的民族，使东

① 〔日〕岛崎隆：《马克思的实践唯物主义与环境思想的形成》，冯雷译，《马克思主义与现实》2002年第6期。

方从属于西方"的新格局。[①] 在福斯特看来，资产阶级造成城乡分离的状况乃是"是资产阶级文明异化本质的一个主要表现"[②]。如何消除城乡异化？马克思把它纳入后来的十点计划中。即主张通过工业和农业结合的办法实现人口在全国的平均分配，以此来消灭城乡差别。他们通过分散人口而不是把人口从土地上清除出去，同时通过发展技术来提高土壤的单位产值，实现食物供应的几何级数增长，以此来修复人与自然、城市与农村的发展裂缝，构建人与自然之间的可持续关系，这为马克思后来创建自然与社会之间新陈代谢理论创造了条件。

二　新陈代谢概念的提出

马克思在阐述人与自然的关系时主要是借助新陈代谢来表达，新陈代谢是马克思生态学思想的重要概念。因此，要想正确把握马克思新陈代谢概念的生态学意蕴，就有必要回顾一下这个概念的提出过程。

在福斯特看来，马克思新陈代谢概念的提出与农业的发展息息相关。正是农业革命和有关土壤的争论背景催生了新陈代谢概念的诞生。农业历史学家关于农业革命的看法不同于一般的历史学家，在他们看来农业领域发生了三次革命，尤其是发生在 1830～1880 年期间的第二次农业革命，尽管这次农业革命不像产生于 17 世纪和 18 世纪的第一次农业革命为工业的发展奠定了坚实的基础地位，但历时短暂的第二次农业革命却以化肥的增长和土壤化学的发展为特征，在农业领域创造了划时代的进步。

土地是农业发展的根本，18 世纪关于土壤的生产能力存在着不同的观点。马尔萨斯和李嘉图抛开历史因素抽象地谈论土壤肥力，认为土壤肥力是天然的、绝对的、不可改变的。在马尔萨斯看来，"土壤性质是不易遭到历史性改变的，而只是'大自然赐予人类的礼

---

①　《马克思恩格斯选集》第 1 卷，人民出版社，1995，第 276～277 页。

②　〔美〕约翰·贝拉米·福斯特：《马克思的生态学：唯物主义与自然》，刘仁胜、肖峰译，高等教育出版社，2006，第 153 页。

物'，并且正如李嘉图所说，是'不可破坏的'"①。马克思评论道，他们用机械的眼光看待土壤的生产能力，没能看到土壤的历史发展，忽视了土壤肥力与历史发展理论的结合。

土壤肥力的持续下降显然背离土壤科学的巨大进步，这促使福斯特进一步思考农业问题的深层原因。在 19 世纪，欧洲和北美的人们深受城市污染、大面积森林砍伐、马尔萨斯人口过剩危机以及土壤肥力衰竭的困扰。对农业土壤肥力衰竭的关注使人们逐渐获得有关土壤的科学认识。由于土壤肥力的普遍衰退，农作物产量的急剧下降，欧洲以及北美的资本主义国家穷尽一切手段改善土壤肥力，欧洲的农场主不惜花费巨大的人力物力挖掘战后埋藏的尸骨以弥补土壤中流失的养分，同时从秘鲁进口的鸟粪逐渐增加。从 1841 年到 1847 年，短短 6 年间，利物浦从秘鲁进口的鸟粪从 1700 吨增长到 220000 吨。面对土壤危机的困扰，李比希受英国科学促进协会之托写了《化学在农业和生理学上的应用》一书，该书主要探讨了土壤中氮、磷、钾等微量元素在植物生长中的作用。英格兰农场主为了改善土壤肥力，与农学家 J. B. 劳斯联合研制发明了世界上第一种农业化肥，即过磷酸盐。但参照李比希的最小养分律，过磷酸盐的使用并未产生持久的效果。

李比希对土壤成分的科学分析进一步加强了人们对农业的危机感。欧美资本主义国家为了寻找鸟粪肥料以补充土壤养分，竟从战略高度对国外岛屿展开疯狂掠夺，"美国资本家在 1856 年至 1903 年间从全世界攫取了 94 个岛屿、岩礁和珊瑚礁，其中 66 个被美国国务院确认为美国的附属地"②。土壤养分带来的农业危机引起农场主、农业化学家以及经济学家的高度关注。纽约农场主创建了农业学会以推广更为理性的耕作方式。美国政治经济学家亨利·凯里在《国内外奴隶贸易》中谈到，英国的政治经济学家都没有意识到土地的债权

---

① 〔美〕约翰·贝拉米·福斯特：《马克思的生态学：唯物主义与自然》，刘仁胜、肖峰译，高等教育出版社，2006，第 106 页。

② 〔美〕约翰·贝拉米·福斯特：《马克思的生态学：唯物主义与自然》，刘仁胜、肖峰译，高等教育出版社，2006，第 168 页。

人身份。如果人们只是一味地向土地索取，而不返还、补偿土地中流失的微量元素，那么，土地将逼迫债务人交出所租的土地。凯里吸收借鉴了农学家乔治·韦林关于土壤营养流失的理论，韦林认为土壤营养成分的流失归因于粮食和纤维从农村到城市的单向长距离运输。受到韦林的启发，凯里后来一直强调土壤营养流失的主要原因是城乡分离。由于受城乡二元分离的影响，人们加大对土地的掠夺，切断了土壤、农产品的生产者和消费者之间的有机循环。这一理论引起了李比希对农业的进一步思考，在继承韦林和凯里理论的基础上，李比希认为土壤肥力衰竭的原因主要是广施化肥和农产品的远距离运输。在李比希看来，广施化肥不是改善土壤的良策，而是一种更隐蔽、更精心的掠夺方式。尽管短期内可以提高单位土地的农作物产量，但长期使用将致使土壤板结、肥力下降。同时李比希同凯里一样认为，谷物等粮食作物从农村运输到千里之外的城市，致使土壤中的养分不能通过排泄物及时归还土地，而人类和动物排泄物在城市中的滞留污染了城市河流，土地营养循环的有机渠道受阻。于是，李比希在对农村土壤成分分析的基础上提出以归还原则理论为基础的理性农业。这种农业制度不同于以往的掠夺性农业，这种理性的农业耕作方式试图收集城市人类和动物排泄物，不断补充土壤中流失的养分，以保持土壤的持久肥力。马克思在《资本论》有关大规模农业和地租理论的探讨中随处可见李比希的影响，进而围绕新陈代谢及其断裂概念展开对资本主义生态危机的深刻批判。尽管马克思立足新陈代谢及其断裂对资本主义自然生态危机和社会生态危机进行深刻的阐述，但"新陈代谢"一词并非马克思独创，而是马克思在吸取别人理论的基础上丰富了该理论的内涵。

三 新陈代谢思想的理论来源

"新陈代谢"一词最早出现在德国，用德语表达为"Stoffwechsel"，该词是由德国生理学家希格瓦特在1815年提出，新陈代谢最初主要是表示动植物有机体为了维持生命所进行的物质交换和生命循环。关于马克思新陈代谢概念的来源，有两种相异的观点。其一是西方马克思主义者施密特认为，马克思有关新陈代谢的概念继承了摩莱肖特的相关理论。摩莱肖特作为关注社会学问题倾向的生物学唯物主义者，其思想受到谢林的自然哲学和费尔巴哈唯物主义哲学的影响，费尔巴哈极力肯定摩莱肖特在哲学取得的成就，认为他实现了费尔巴哈年轻时候的"未来哲学"大纲。施密特认为，马克思借鉴了摩莱肖特在1857年所著《生命的循环》一书中有关新陈代谢的论述："人的排泄物培育植物，植物使空气变成坚实的构成要素并养育动物……这个物质交换名之为物质变换。"① 物质变换就像整个宇宙的灵魂，从无机物到有机物，从植物、动物到人类社会的所有过程都贯穿着普遍的物质变换。纷繁复杂的生命形式，变化多端的物质形态，都根源于永恒的物质变换。因此，施密特说："物质变换的理论是使今日之哲学绕着它转动的轴心。"② 尽管马克思追随摩莱肖特把新陈代谢看作人类社会发展进化的永恒法则，但他把马克思新陈代谢理论看作来源于摩莱肖特的观点是缺乏证明的。虽然马克思有可能受到摩莱肖特的影响，但实际上，相比摩莱肖特，马克思更易受到李比希的影响。因为，马克思在《资本论》中有关新陈代谢的用法更具有李比希的文风。

福斯特认为马克思的新陈代谢概念主要深受李比希的影响，马克思对李比希的成就给予高度赞扬，他认为李比希从自然科学方面对现代农业的分析超过历史上所有的经济学家。1842 德国农业化学家冯·李比希在《动物化学》中引用了新陈代谢过程，随后该概念不仅可以应用在细胞内，还可以应用在细胞间以及整个生命有机体范围。尽管李比希当时还没厘清新陈代谢这一概念与"生命力"概念的区别，但他已经在用生机论唯物主义替代生物化学的机械方法。1845 年德国科学家朱利叶斯·罗伯特·迈尔对李比希的这一分析进行了批判，迈尔作为能量守恒定律的发现者，在 1845 年自费出

---

① 〔德〕A. 施密特：《马克思的自然概念》，欧力同、吴仲昉译，商务印书馆，1988，第89页。

② 〔德〕A. 施密特：《马克思的自然概念》，欧力同、吴仲昉译，商务印书馆，1988，第89页。

版的《论有机体的运动以及它们与新陈代谢的关系——一篇有关自然科学的论文》中提出抛弃以生命力的形式理解新陈代谢的范式，而应从热力学的科学唯物主义来阐释，这与马克思在 19 世纪 60 年代用新陈代谢定义人类劳动和环境的关系是相一致的。此外，福斯特认为马克思是英国唯物主义者约翰·廷德尔的追随者，而廷德尔是李比希理论的支持者，所以马克思更应受到李比希的影响。再者，恩格斯在《反杜林论》《自然辩证法》中也论述了新陈代谢概念，并且对李比希在这方面的影响作出了客观的评价，作为马克思的亲密战友，他肯定会把李比希对新陈代谢理论的贡献与马克思进行分析讨论。所以，在福斯特看来，把马克思的新陈代谢概念看作从摩莱肖特那里吸取过来的理由是不充分的。

　　"新陈代谢"一词在马克思政治经济学理论中居于核心地位，马克思用新陈代谢概念来定义劳动，同时他关于商品交换、经济循环、物质变换理论也都是基于人与自然之间新陈代谢关系理解之上。在马克思那里新陈代谢具有双重意义：一是以劳动为中介的自然和社会之间的生态意义，二是"在资本主义条件下总是被异化地再生产出来的复杂的、动态的、相互依赖的需求和关系，以及由此而引起的人类自由问题"①，亦即社会意义上的新陈代谢概念。

四　新陈代谢思想的生态意蕴

　　"新陈代谢"是马克思生态学思想的重要范畴。据有学者统计，在马克思恩格斯的著作中，像在《资本论》、《反杜林论》和《自然辩证法》等作品中，新陈代谢的概念出现不少于 110 次。不过，在福斯特看来，尽管马克思在早期没有使用新陈代谢概念，但在对人与自然相互关系的哲学讨论中已经蕴含着新陈代谢的意蕴。关于人和自然的关系，马克思在《1844 年经济学哲学手稿》中论述道："人靠自然界生活。这就是说，自然界是人为了不致死亡而必须与之不断交往

---

① 〔美〕约翰·贝拉米·福斯特：《马克思的生态学：唯物主义与自然》，刘仁胜、肖峰译，高等教育出版社，2006，第 175 页。

的、人的身体。所谓人的肉体生活和精神生活同自然界相联系，也就等于说自然界同自身相联系，因为人是自然界的一部分。"① 虽然当时的这种表达还只是抽象的哲学语调，但为后期马克思从"新陈代谢"概念描述人与自然的关系打下了根基。

福斯特认为马克思最早是在对劳动的定义中来关注"新陈代谢"的概念，"新陈代谢"是他分析劳动过程的核心要素。马克思在《资本论》中写道："劳动首先是人和自然之间的过程，是人以自身的活动来引起、调整和控制人和自然之间的物质变换的过程。"② 可以看出，劳动是人和自然之间的物质、能力、信息等交换过程，是人以自身的自然力改变自然和自然以其自身的规律性约束、控制人的双向互动过程，这种过程贯穿于人类社会的始终，在此，马克思深刻揭示了劳动的本质。福斯特关注到马克思还曾在《1861—1863 年经济学手稿》中从新陈代谢的角度描述劳动过程，"实际劳动就是为了满足人的需要而占有自然因素，是促成人和自然间的物质变换的活动"③。这种活动是通过劳动过程对自然形态的改变来实现的，"使用价值世界只是由自然物质构成的，这些自然物质通过劳动改变了形态，也就是说，只有通过劳动才被占有"④。同时，福斯特还发现马克思用"新陈代谢"概念来描述共产主义社会中自由问题，在《资本论》第三卷中马克思说道："社会化的人，联合起来的生产者，将合理地调节他们和自然之间的物质变换，把它置于他们的共同控制之下，而不让它作为盲目的力量来统治自己；靠消耗最小的力量，在最无愧于和最适合于他们的人类本性的条件下来进行这种物质变换。"⑤ 共产主义社会是建立在人和自然之间合理性的双向互动中。同时，福斯特还发现马克思不仅在生产的自然过程中使用"新陈代谢"概念，同时还把这一概念引入商品流通领域，物质生产过程的中断也是新陈代谢

---

① 《马克思恩格斯全集》第 42 卷，人民出版社，1979，第 95 页。
② 《马克思恩格斯全集》第 23 卷，人民出版社，1972，第 201～202 页。
③ 《马克思恩格斯全集》第 47 卷，人民出版社，1979，第 39 页。
④ 《马克思恩格斯全集》第 47 卷，人民出版社，1979，第 39 页。
⑤ 《马克思恩格斯全集》第 25 卷（下），人民出版社，1974，第 926～927 页。

断裂的表达。福斯特认为马克思把经济循环与物质循环紧密联系，而物质循环又与人和自然的新陈代谢密切相关。马克思强调说，在这种物质变换的普遍性的背景下，资本主义经济中的正常的经济等价物的形式交换只不过是一种异化的表现而已。

福斯特通过对马克思著作中"新陈代谢"概念考察后，认为在他那里"新陈代谢"具有双层含义。"一是指自然和社会之间通过劳动（在他著作中这个词在通常背景下的用法）而进行的实际的新陈代谢相互作用；二是在广义上使用这个词，用来描述一系列已经形成的但在资本主义条件下总是被异化地在生产出来的复杂的、动态的、相互依赖的需求和关系，以及由此而引起的人类自由问题。"① 也就是说，不管是自然与社会的关系，还是人与人之间的社会关系，抑或是人的自由问题都是建立在人与自然之间的新陈代谢基础之上的。新陈代谢不但具有人与自然的生态意蕴，同时具有深刻的社会意义。

新陈代谢具有自然生态和社会生态的双重意义。新陈代谢的生态意义主要是它的自然内涵，主要包括自然界的新陈代谢、人自身的新陈代谢以及自然界和人类社会之间的新陈代谢。其中，自然界和人类自身的新陈代谢主要受物理、化学及生理规律的客观制约，具有不以人的意志为转移的特性。而自然界和人类社会之间的新陈代谢是建立在人类社会一般劳动过程的基础之上的物质、能量的交换，既有人类能动的特性，也受自然界农业化学规律的限制。而新陈代谢的社会内涵是指人类社会内部理性的产品交换、分配、消费以及人与自然的和谐。但是，新陈代谢的社会形态由于受到社会生产方式的制约而打上了社会形态的印迹。在资本主义社会，资本家通过资本这个永久的发动机，不断吸取由劳动者创造的剩余价值，使用价值和交换价值的错乱颠倒使物质生产过程中的正常代谢关系被切断。资本家对劳动者剩余价值的占有，再次作为新的资本投入无限的生产过程，加速撕裂着资本与劳动、经济与自然之间代谢的关系。随着生产力与生产关系

---

① 〔美〕约翰·贝拉米·福斯特：《马克思的生态学：唯物主义与自然》，刘仁胜、肖峰译，高等教育出版社，2006，第175页。

"二者之间的矛盾和对立扩大和加深"①, 人与自然、人与人之间的危机即将到来。

第二节　新陈代谢的断裂及其生态后果

福斯特认为马克思关于自然和社会的生态唯物主义思想集中体现在"新陈代谢断裂"理论的相关论述中。他在对马克思生态学思想进行深度挖掘时，围绕资本与劳动的对立关系深刻揭示资本主义生产方式的反生态本性。在对资本逻辑与生态危机关系的梳理中，批判西方学者依靠自然资本化、技术革命、道德革命拯救自然环境的不足与困境，积极探寻生态危机的解救之路。

一　资本逻辑与新陈代谢的断裂

福斯特认为马克思关于自然与社会的新陈代谢断裂思想集中体现在《资本论》中，正是资本主义大工业和大农业的联合造成了人与土地之间新陈代谢的断裂，城乡二元分立的关系使人与自然矛盾更加凸显。放眼世界，发达国家通过倾倒电子垃圾、掠夺自然资源等生态帝国主义行径致使全球生态环境恶化。深刻反思现代性的悖论，他认为以利润为目的、不断进行螺旋式上升的资本逻辑是致使人与自然新陈代谢断裂的经济根源。

（一）资本逻辑

1. 资本是一种特殊的社会关系

资本是一个历史范畴。在前资本主义时期，由于生产力落后，分工的不充分发展，人们的劳动产品除了满足自身的生存之外，几乎没有什么剩余。即使有少量剩余，在封建宗法的家长制下也主要用于维护统治阶级的利益，而不是用于交换。随着分工促使生产和交往的分离，商人阶级登上人类社会历史舞台。商人的出现加强了各个城市的交往，不同城市之间以及同一城市内部都有了更加精细的分工，"不

---

① 《马克思恩格斯全集》第 25 卷（下），人民出版社，1974，第 999 页。

同城市之间的分工的直接结果就是工场手工业的产生"①。工场手工业得以成立的必要前提是切断劳动者和土地、生产工具的天然联系。人类劳动同生产资料和劳动工具的解体，不是田园牧歌的自然分离，而是用血与泪的残酷手段强制进行的。马克思在《资本论》中通过资本积累的典型代表——英国羊吃人的圈地运动，生动而深刻地揭示了资本家发财致富的原初之道。更具讽刺意味的是精通经济学之道的萨特伦德公爵夫人通过"清扫"运动，在短短的六年时间内把15000人陆续驱逐和消灭，烧毁他们的村庄，占有他们的田地。马克思对此评论道："对直接生产者的剥夺，是用最残酷无情的野蛮手段，在最下流、最龌龊、最卑鄙和最可恶的贪欲的驱使下完成的。"② 原始的残酷剥夺手段一方面加速了农业和资本的联合，另一方面也为工业的发展提供了除了自身的劳动力之外一无所有的无产阶级。所有这一切都是借助资本的无形魔力前行。关于资本的血腥本质，马克思一针见血地指出："资本来到世间，从头到脚，每个毛孔都滴着血和肮脏的东西。"③

　　资本是人类经济活动中最基本的核心要素。在资本主义社会，资本是充满魔力的"普照之光""特殊的以太"，一切经济活动都是围绕资本而展开人、物、技术等各种要素的有效组合。依据不同标准可对资本做不同的划分，从价值增殖的角度，资本可划分为不变资本和可变资本；依据资本在循环过程中的具体形式，可划分为货币资本、生产资本和商品资本；依据资本的价值周转方式，可划分为固定资本与流动资本；从宏观的视角来看，可划分为社会总资本和单个资本；而根据资本在人类历史中演变的形式可划分为商业资本、产业资本和虚拟资本。但不管资本以何种形式存在，其本质都是追求价值增殖。马克思曾在《资本论》中对资本的本性做出经典性分析，他说："一旦有适当的利润，资本就胆大起来。如果有10%的利润，它就保证

---

① 《马克思恩格斯选集》第1卷，人民出版社，1995，第108页。
② 《马克思恩格斯选集》第2卷，人民出版社，1995，第268页。
③ 《马克思恩格斯选集》第2卷，人民出版社，1995，第266页。

到处被使用；有 20% 的利润，它就活跃起来；有 50% 的利润，它就铤而走险；为了 100% 的利润，它就敢践踏一切人间法律；有 300% 的利润，它就敢犯任何罪行，甚至冒绞首的危险。如果动乱和纷争能带来利润，它就会鼓励动乱和纷争。走私和贩卖奴隶就是证明。"①

资本的本性在于获得增殖，目的是攫取最大化的剩余价值。资本在商品流通中不是简单地执行货币的交换职能，资本是为卖而买。资本追逐的不是具体商品的特殊使用价值，它满眼、满脑关注的都是货币的回流和增殖。在 G—W—G' 的循环过程中，该活动的两极是同质的货币，但这个活动不是无意义的、周而复始的简单循环。其中的奥秘存在于回流的货币远远大于投入的货币，尽管两极的货币没有质的差别，但存在着量的不同，正是这种量的变化催促着整个流通活动往复循环。最初预付的货币经过商品的交换，回流到预付者手里发生了价值量的变化，也就是货币通过流通过程增加了自己的价值量，这个增加的价值量（即剩余价值）等于回流货币减去最初的预付价值。如果货币不能实现从 G—G' 的循环，那么该活动就会中断。剩余价值的存在决定了该过程的无限性，资本运动不是为了获得商品的使用价值，每次为卖而买的剩余价值都会作为新的资本再次投入循环运动，资本的贪欲决定了该运动是周而复始、无限循环的过程。资本家作为资本的人格化存在，他希冀整个活动不断持续的唯一而又直接的目的则是实现利润的膨胀、无休止的价值增殖。根据利润的逻辑学原理，资本为了实现积累，赚更多的钱甚至不惜以破坏自然为代价，他们给出的理由是，建设是为了赚钱，而破坏是为了赚更多的钱。以利润为导向的资本逻辑被看作资本主义社会中铁的定律。

2. 资本逻辑

资本逻辑诞生于物化劳动。物质生产劳动是马克思唯物史观的核心概念，正是立足物化劳动，马克思对资本主义生产造成人、自然和社会关系的割裂展开深刻批判。人与自然的关系形成于物化劳动过程。在人与自然的物质变换中作为社会人的抽象劳动通过个体人的具

---

① 《马克思恩格斯全集》第 23 卷，人民出版社，1972，第 829 页。

体劳动来实现。当产品投入市场进行物质交换时，劳动的二重性转化为商品的二重性。商品的价值是劳动力抽象劳动的凝结，使用价值是具体劳动的物化。但商品不是资本主义生产的最终目的，它必须实现从商品到资本这个惊险的跳跃，否则，不是资本而是资本家将会摔得粉身碎骨。随着剩余价值转化为资本，商品的二重性进一步转化为资本的二重性。一方面，从本质上看，资本作为剩余劳动价值，体现了人与人之间的社会关系；另一方面，从外在表现形式看，它是作为生产要素的使用价值，体现了人与自然的关系。资本的二重性使人与人的社会关系被物化了。资本家占有生产资料从而占有劳动者本身，劳动力只有与生产资料结合才能从事物质生产活动，在资本主义社会中，劳动力只有出卖自身才能实现与生产资料的有机结合。劳动者在生产过程中创造了远远大于自身的价值，除去维持基本生活的最低工资外，其剩余价值被资本家无偿占有，正是剩余价值的无限魅力使得资本不惜冒绞首的风险，穷尽一切手段汲取人的自然力、自然的自然力和劳动的自然力，从而破坏了人与自然的和谐关系。但不可否认，资本在追求自我增殖的过程中，也创造了物质财富，加速了全球化和现代化的生成与发展，创建了现代意义上的物质文明和精神文明。

作为生产要素的资本驱动资本主义走上工业化发展道路，推动了生产力的极大发展。资本在创造资产阶级社会的同时，也"产生了资本的伟大的文明作用"①。对于资本的创造性，马克思描述为，资产阶级打破了束缚人们的封建宗法关系，大工业的发展开拓了世界市场，贸易自由打破了以往民族和国家的封闭状态，把一切民族和国家都纳入其文明轨道，同时"使一切国家的生产和消费都成为世界性的了"②。资产阶级在短短的不到一百年时间好像是施了魔法一样创造了巨大的生产力。同时，资本为了满足增殖的欲望，会想尽一切办法改进生产技术，不断地将科学技术转化为现实的生产力，这在客观上推动了生产力的发展。在现代社会，资本裹挟着科学技术把人类带

---

① 《马克思恩格斯全集》第 46 卷（上），人民出版社，1979，第 393 页。
② 《马克思恩格斯选集》第 1 卷，人民出版社，1995，第 276 页。

入大数据时代，人工智能的应用在很多领域实现了无人化生产，比如 ETC 的普及、机器人的采用。

资本逻辑推动了经济全球化，加速了工业化进程。作为生产关系的资本，企图通过物化劳动不断创生更多的剩余价值，在全球范围内不断拓展资本的盈利空间。正如马克思所说："不断扩大产品销路的需要，驱使资产阶级奔走于全球各地。它必须到处落户，到处开发，到处建立联系。"① 资本在世界范围的流动促进了全球化浪潮的形成，生产和消费、物质和精神日益打破国家的束缚，促进了国家的融合和交流。资本在全球化的流动和融合中，改变了世界面貌，促进了世界历史的生成。在资本主义社会中，资本作为驱动资本主义社会发展的核心要素，其运行逻辑决定了资本主义社会的发展道路和演进方向。资本追求价值增殖的本性是推动资本主义工业化发展的内在驱动力。没有资本逻辑的先行导航，技术发明就会缺乏动力，只有在资本逻辑的催促下，新技术的发明和应用才会驱使资本主义国家走上工业化道路。18 世纪蒸汽机的发明和应用就是资本逻辑驱动资本主义工业化进展的鲜活例证。

资本主义的发展动力来源于追求剩余价值的内在动力和市场竞争的外在压力。对剩余价值的迷恋是资本的本性。外部的竞争环境也倒逼着资本不断进行新产品的研发以及新工艺的应用，不断将科学技术应用于生产，将科技转化为实实在在的物质力量，这在满足资本对金钱追求同时，也促进了社会生产力的发展。马克思在《资本论》中曾对资本的文明一面给予高度评价："资本的文明面之一是，它榨取剩余劳动的方式和条件，同以前的奴隶制、农奴制等形式相比，都更有利于生产力的发展，有利于社会关系的发展，有利于更高级的新形态的各种要素的创造。"②

资本是一个复杂的矛盾体，它既有推动社会发展的进步性，同时也具有阻碍社会发展的破坏性。因为资本家对剩余价值的贪欲是通过

---

① 《马克思恩格斯选集》第 1 卷，人民出版社，1995，第 276 页。
② 《马克思恩格斯全集》第 25 卷（下），人民出版社，1974，第 925～926 页。

资本增殖的无限性来实现的。在资本逻辑的演绎中，因为资本仅仅把自然界当作手段，"因此资本强行实施毁掉地球的策略。全球的生态危机日益加剧，这是快速全球化的资本主义经济的不可控制的破坏性的结果，资本无法无天，只知道无限制地进行指数式扩张"①。资本面对利润的诱惑，无法停止前进的脚步。通过扩大再生产、新技术的研制开发，裹挟着科技、自然资源、劳动力等生产要素一起奔向利润最大化的终点。殊不知，这种在生产上只争朝夕、急功近利的短视行为，造成了能源枯竭、环境污染、气候变暖、土地沙化、水资源短缺等一系列生态问题。人与自然、社会与自然之间的鸿沟日趋加大，这将给人类及其子孙未来的生存发展带来难以预料的生存危机。

（二）新陈代谢断裂

福斯特认为"新陈代谢断裂"理论是马克思对资本主义生产方式反生态性批判的思想汇集。马克思的生态世界观也是在"新陈代谢断裂"理论的建构中渐次展开的，"新陈代谢断裂"是马克思对资本主义生态批判的核心概念。他认为马克思有关人与自然代谢断裂的思想同样来源于李比希。在第二次农业革命的背景下，李比希看到土壤中的氮、磷、钾等微量元素以食物和纤维的方式从农村运往城市，这种"更精致的掠夺方式"致使排泄物不能回流转化为土地所需的营养元素，造成了土地肥力的流失及其下降。与此形成鲜明对比的是城市污染的加剧，他用"新陈代谢断裂"来描述这一农业土壤肥力衰竭的问题。

福斯特从城乡、工业和农业的分裂中论述马克思的"新陈代谢断裂"思想。重点不是对土壤肥力的衰竭描述，而是城市的污染问题。马克思认为城乡的对立主要是食物和纤维无法还给土壤，造成了城市环境的污染和排污系统负担的加剧。昔日清澈的泰晤士河变成了藏污纳垢的粪水池，几百万人粪便的堆积严重污染了泰晤士河。对于这个问题，恩格斯曾建议使人口在全国平均分布来弥补城乡之间的裂

---

① 〔美〕约翰·贝拉米·福斯特：《资本主义与生态环境的破坏》，董金玉译，《国外理论动态》2008 年第 6 期。

缝。关于大工业与大农业问题，马克思认为在大规模资本主义农业的条件下农业的可持续发展是不可能出现的，因为资本主义制度与合理的农业是相互对立、难以兼容的关系。同时和自由农场主相比，大规模农业对土地的破坏性较大。恩格斯说指出，在北美洲"南部的大地主用他们的奴隶和掠夺性的耕作制度耗尽了地力，以致在这些土地上只能生长云杉"①。而资本主义大工业的建立，使得大工业和大农业二者合谋共同压榨自然界的自然力，自然仅仅只是资本增殖的一个工具性手段。科技进步带来资本的全球化和市场化，而为满足资本不断增殖的目的把人与自然都异化为单向度存在物。

福斯特认为马克思的新陈代谢断裂还具有全球性的生态视野。殖民国家通过侵占殖民地的领土、资源，造成了殖民地国家土壤循环的中断。自然资源的单向流动带来了中心国与边缘国在经济、政治、生态等方面发展差距拉大的荒诞现象，全球性生态系统发生严重的代谢断裂。"所有的殖民地国家眼看着他们的领土、资源和土壤被掠夺，用于支持殖民地国家的工业化"②，这是全球新陈代谢断裂的一个重要表现。资本的全球扩张，不但造成了国内两极分化，也使国际秩序失衡，尤其是在富国与穷国之间创造了一条不可逾越的鸿沟。为了实现资本的可持续积累，发达资本主义国家利用不合理的国际政治经济秩序通过生态殖民主义掠夺不发达国家的自然资源、转移污染、倾倒废料，对发展中国家和世界范围内的穷人欠下了一笔"生态债"。随着资本在全球范围的流动，生态问题不再局限于某个国度或地区，不发达国家同样面临严峻的环境危机，生态问题已经突变为全球人类共同面临的时代难题。

在资本主义制度下，"资本与增殖几乎是同义词，可以说资本就是增殖"③。由于资本内生的增殖本性，它穷尽一切手段满足利润的

---

① 〔美〕约翰·贝拉米·福斯特：《马克思的生态学：唯物主义与自然》，刘仁胜、肖峰译，高等教育出版社，2006，第 184 页。

② 〔美〕约翰·贝拉米·福斯特：《马克思的生态学：唯物主义与自然》，刘仁胜、肖峰译，高等教育出版社，2006，第 182 页。

③ 陈学明：《资本逻辑与生态危机》，《中国社会科学》2012 年第 11 期。

贪欲，自然力、劳动力都被卷入资本逻辑，踏轮磨坊的生产方式切断了人与自然、城市与乡村、农业与商业之间正常的代谢过程。也就是说，新陈代谢断裂的本质是资本主义生产方式打破了人与自然的原初和谐状态，创生了异化的自然、异化的人以及异化的人类社会。

二　新陈代谢断裂的生态后果

在资本主义制度下，资本是人和自然、社会和自然之间的发生新陈代谢断裂的始作俑者。资本斩断了人和自然之间的可持续关系，自然褪去了感性的光辉而异化为单纯的工具性存在。资本在本质上不是物，而是一种关系。这种关系不但表现在人与自然的关系上，还体现为人与人的关系。资本家作为人格化的资本而存在，在生产过程中执行着资本意志，最大化地榨取工人的劳动价值。同时资本还穷尽一切手段，使人的存在淹没在货币化的世界里。人迷失在用商品编织的物化世界中，异化为非人化的物性存在。

（一）自然异化为资本增殖的工具性存在

资本对自然的统治，使自然丧失了伦理、道德、美学上的存在意义，异化为单纯的工具性存在。在前资本主义社会，自然是神圣的存在物，人们敬畏自然、崇拜自然，想接近自然、了解自然但又惧怕自然。在对自然界进行开发和利用之前总是先行举行一些仪式以安慰自己的灵魂。但是，自资本成为资本主义社会的时代建制以来，资本篡夺了自然的神圣地位而成为时代的领头羊。自然异化为资本增殖的工具性存在，自然的价值和意义不是服务于全人类的长远利益，能为资本创造多少经济效益成为衡量自然存在价值的唯一理由。人们似乎忘记了自然的审美、科研等价值形式，自然对人类的多重价值被异化为单向度的增殖价值。

人对自然的过分掠夺破坏了自然资源的可持续性。在资本主义条件下，资本家对增殖的无限追求撕裂了人与土地之间的新陈代谢关系。农业资本家关注的只是土地的产出，土地能带来多少利润。尽管他们也会采取相关措施对土地进行养护，其目的是获得更多的经济效益，但资本主义生产方式依然造就了土地的不可持续性，因为农业的发展进步不是依靠劳动者技术的提高,"在一定时期内提高土地肥力的任何进步,同时也是破坏土地肥力持久源泉的进步"①。资本不但撕裂了人与土地之间的可持续性关系,同时也破坏了人类世代生存所需的其他自然资源,造成了森林、矿产等自然资源的枯竭,"这些自然条件所能提供的东西往往随着由社会条件决定的生产率的提高而相应地减少"②。资本在统治自然时忘乎所以、得意忘形,根本无视自然界本身的新陈代谢规律。自然作为人的无机身体被淹没在机器化大工业中。当现代性发展到一定阶段,资本便走向了反面,成为引发生态危机的元凶。而此时的自然也绝非沉默的羔羊。当自然向人类宣战时,资本逻辑与生态环境的对抗性矛盾就爆发了。

(二)人身陷资本增殖的旋涡危机

资本撕开了人与人之间的温情面纱,人臣服于资本增殖的逻辑,拜倒在资本利益的石榴裙下。资本主义社会把人从封建宗法的世界里解放出来,但整个社会却简单分裂为资产阶级与无产阶级的对立。资产阶级打破了封建等级制,但又给人类带上了无形的利益镣铐。资本只关注剩余价值的多少,而对工人的生产和生活条件则是充耳不闻。马克思在揭露剩余价值生产的秘密时,对"温和的监狱"做出了深刻的剖析。他认为,工人在高温、极寒、充满碎屑、机器轰鸣的环境中从事生产,人的听觉、视觉、触觉、感觉得不到应有的保护,密集的空间无情地吞噬着工人的身心健康。生产条件的极端艰苦摧残和折磨着工人的肉体,工人用血与汗筑造每个劳动产品,而资本家体会不到"他每天吃的面包中含有一定量的人汗,并且混杂着脓血、蜘蛛网、死蟑螂和发霉的德国酵母,更不用提明矾、砂粒以及其他可口的矿物质了"③。资本主义用工人的血肉之躯建造了看似繁华的物化世界,与此形成鲜明对比的则是工人的极度贫困化。因此,资本主义患上了资本越发达,工人越贫困的怪病。

---

① 《马克思恩格斯全集》第 23 卷,人民出版社,1972,第 552~553 页。
② 《马克思恩格斯全集》第 25 卷(上),人民出版社,1974,第 289 页。
③ 《马克思恩格斯文集》第 5 卷,人民出版社,2009,第 289 页。

在资本主义社会中，人和物之间是一种颠倒的主奴关系。人创造了物，而物反过来却支配人。马克思在《1844年经济学哲学手稿》在对异化劳动的分析中就指出，劳动产品反过来成为压迫人、奴役的工具。人通过劳动把自己的本质力量对象化为物品，但在资本主义制度下，劳动者却对自己的劳动产品顶礼膜拜。马克思曾对商品拜物教做出经典分析，商品的真正秘密在于物物交换的社会关系。商品交换"把生产者同总劳动的社会关系反映成存在于生产者之外的物与物之间的社会关系。由于这种转换，劳动产品成了商品，成了可感觉而又超感觉的物或社会的物……在商品世界里，人手的产物也是这样。我把这叫做拜物教"①。作为人手产物的商品取得了社会支配权，人与人之间的关系被看作"物与物之间的社会关系"，人们在这种颠倒的关系中看不清事物的本质，商品被赋予魔力而被神圣化。随着资本形态的变化，商品拜物教流变为货币拜物教、金融拜物教，但资本追逐利润的本性却并未改变。

尽管商品是资本主义经济运行的基本要素，但商品不是生产的目的，商品只是资本增殖过程中的一个环节。商品还要实现从商品到货币的惊险一跳，才能完成自己的使命。资本主义通过商品的生产、分配、交换和消费环节不断实现资本积累，通过把积累的货币投入再生产和扩大再生产，从而实现资本生生不息的运动，为资本家带来源源不断的财富。而劳动者真实的物质和精神文化需要，不过是资本运动的附属品，资本家像患了远视一样看不到眼前的劳动者的生存状况。马克思对目的和手段的颠倒曾写道："作为手段出现的货币在什么程度上成为真正的力量和唯一的目的，那使我成为本质并使我占有异己的对象性本质的手段在什么程度上成为目的本身。"②当资本脱离了商品的具体形式而表现为货币时，货币成为主宰社会的力量和财富的象征，从而成为各种社会力量角逐的对象。对货币的占有成为资本主义生产的唯一目的。

---

① 《马克思恩格斯文集》第5卷，人民出版社，2009，第89~90页。
② 《马克思恩格斯文集》第1卷，人民出版社，2009，第232页。

"资本是资产阶级社会的支配一切的经济权力。"① 资本对社会的统治权体现于在劳动力市场上对劳动者的自然力（劳动力）的购买与占有、在生产过程中对劳动者拥有的自然力（劳动力）的支配以及对劳动者在物化劳动中所生产的劳动产品的占有，最终是对劳动者所创造的剩余价值的占有。资本追逐剩余价值的内在本性蕴含着自身的发展困境，如何缓解工人和资本家之间的矛盾？如何消解工人发展与解放的自我意识？如何在国内国际竞争中立于不败之地，从而获得更多的超额剩余价值？资本为了满足对利润的追求，不但要在经济领域居于支配地位，同时还要为资本增殖营造相应的思想文化舆论背景，在政治上层建筑和思想文化阵地具有支配地位。正是在资本的牵引下，资本主义建立了一套服务于资本增殖的政治法律制度以及维护资产阶级利益的意识形态和思想学说。在资产阶级糖衣炮弹的袭击下，工人逐步丧失了自我革命意识，而甘愿沦为资本增殖的附庸。

总的来说，资本在资本主义制度下的非理性造成自然与人之间新陈代谢的断裂是客观必然的。资本对利润的渴望和追求注定了商品生产的目的不是服务于人的真实的、全面的、自然的需要，而是抛弃使用价值一味地追求交换价值，这必然导致对自然资源无节制的贪婪和占有，从而造成自然资源的枯竭和人与自然之间的新陈代谢断裂。资本主义生产不但破坏了自然界的自然力，同时也带来了人的生存与发展危机。因为，在资本统摄下的资本主义生产不但造成了自然力的枯竭，也同时破坏了劳动力资源，"资本主义生产发展了社会生产过程的技术和结合，只是由于它同时破坏了一切财富的源泉——土地和工人"②。工人被裹挟在资本增殖的逻辑轨道中，作为非主体性存在的个体而沦落为资本家生产利润的工具，好像每一个人都是资本增殖的奴隶。同时，工人在改造自然的过程中生产了琳琅满目的商品，可这些劳动成果却成为统治和压迫工人主体性发挥的"异己力量"。在资本统摄下，中立的科学技术嬗变为资本增殖的助推器，科学技术成为

---

① 《马克思恩格斯选集》第 2 卷，人民出版社，1995，第 25 页。
② 《马克思恩格斯全集》第 23 卷，人民出版社，1972，第 553～554 页。

资本对自然压榨的帮凶，人凭借科技之风把越来越多的自然资源纳入资本增殖的欲望之道，而不顾自然规律和生态平衡，结果是把人类推向了严重的经济和生态危机。

今天，新陈代谢断裂表明地球上的生态系统遭到了极大的破坏。所谓的阶层分化、贫富差距拉大、淡水资源短缺、气候变暖、物种锐减、雾霾加剧等一系列显性问题的根源，其实是资本的无限积累。福斯特在《星球危机》一文中更加强调生态危机的根源，他指出"环境问题的根源在于我们的社会经济制度，尤其是资本积累的态势"①。资本只知道进行无限制的指数式扩张而不顾自然界的承载限度，一方面创造了看似繁华的物质世界，另一方面也给自然和人类打开了通向地狱的大门。

第三节 资本逻辑批判与消除生态危机的路径

面对日益严峻的生态困境，国内外学者纷纷立足不同的理论视角，探寻解救地球危机的生态学路径。有学者提出通过市场给予自然资源以合理的定价来规制人们的行为，以此化解人与自然的冲突；更有学者希冀借助科学技术之魔杖解决生态危机。而被冠名为"最有影响的生态学马克思主义理论家"的北美学者福斯特指出，任何幻想不触动资本主义制度的生态药方都不过是掩盖资本增殖的权宜之计，要扭转人与自然之间的对立关系，修复被资本逻辑践踏的代谢裂缝，就要扬弃资本逻辑，变革当下的资本主义制度。

一 自然资本化的欺骗性

在环境治理策略上，环境经济学家继承新古典经济学的市场经济理论。他们认为目前的环境现状是把自然看作上帝免费馈赠的礼物、没有把自然纳入市场体系所致。如果把自然纳入市场经济体系，就能

---

① 〔美〕约翰·贝拉米·福斯特、布莱特·克拉克：《星球危机》，张永红译，《国外理论动态》2013 年第 5 期。

通过给自然合理定价来完善市场体系，以此化解人与自然的冲突。为此环境经济学家提出"三步走"策略：首先将环境从生态系统中分离出来，转化为某种特定的商品和服务；然后通过把这些特定的商品和服务纳入相应的供求曲线对其进行价格评估；最后通过设置各种市场机制和政策工具以调整现有市场价格或完善市场体系，从而达到预想中环境保护水平。

将自然简化为商品并纳入市场体系是不是就可以重建人与自然和谐美好的家园？环境污染、气候变暖、水资源短缺等所有的生态问题都可以迎刃而解？新古典经济学看似创建了天衣无缝、无懈可击的环境预案，殊不知这种理想的环境治理方案蕴含着不能自圆其说的矛盾。

第一，罗德戴尔悖论再现。新古典环境经济学家认为环境污染是传统市场失败的例证，为此他们提出通过把自然纳入市场经济轨道，发挥市场解决污染和资源枯竭的法力。但在福斯特看来，这不过是搭台演绎如何实现公共财富向私人财富的华丽转变。罗德戴尔勋爵詹姆斯·梅特兰在《公共财富的本质和起源的研究》一书中，曾对公共财富和私人财富做出比较深刻的阐释。他认为阳光、空气、水等公共资源的主要属性是使用价值，而私人财富不仅具有使用价值，最重要的是还具有稀缺性。正是稀缺性赋予物品以交换价值并成为私人财富增加的必要条件，私人财富与交换价值是同义语，私人财富和公共财富是对立关系。因为随着私人财富的增加，公共财富却会萎缩。资本家深谙发财之道，他们穷尽所有手段企图把一切公共财富置换成私人财富，他们把水中的鱼、天上的鸟、土地以及地上的植物等都纳入资产负债表，从而使其成为资本家发财致富的工具。就像马克思所描述的那样："对自然界的独立规律的理论认识本身不过表现为狡猾，其目的是使自然界（不管是作为消费品，还是作为生产资料）服从于人的需要。"① 资产阶级把自然从人类社会中异化出去时并没有把自然生态当作真正的公共财富，他们不过是把自然作为免费的赠品给予

① 《马克思恩格斯全集》第46卷（上），人民出版社，1979，第393页。

相应的货币定价，在私人财富膨胀的同时酿造了公地悲剧的生态危机。资本主义希望假借美好的修辞去粉饰自然，给自然资本化披上合法化外衣，从而心安理得地出售自然，满足自身对资本积累的无限欲望。福斯特却认为，环境经济学家企图通过把自然资本化来解决环境问题的策略，不过是自编自导的一场乌托邦神话而已。

第二，经济简化论下对自然内在价值的僭越。在新古典环境经济学家看来，自然不但具有使用价值还具有经济价值，而市场深谙如何对自然资源进行合理配置，这就意味着自然可以作为商品进入市场买卖。福斯特指出按照市场—商品原则构建整个生态系统，对自然的内在价值做成本收益分析，比如对空气质量或美好环境进行定价，试图对不可度量的东西加以度量，这种做法美其名曰是为了保护环境，却更像是强龙地头以保护环境为由而勒令上缴的保护费。

在福斯特看来，新古典环境经济学之所以对自然定价，是因为他们不明白内在价值不同于市场价值。"因为普通话语中的价值概念，通常是指类似尊严的东西而不是价格。"① 普通人对于价值的定义一般是立足于效用角度，其实也就是物对人的有用性，此即"使用价值"。而从市场角度来分析，价值还具有与他物进行交换的能力，此即"交换价值"的意蕴。对于价值，马克思认为其来源于无差别的人类劳动，而与土地等自然要素没有关联。对此，马克思曾论述道："在生产一种使用价值、一种物质产品例如小麦时，土地是起着生产因素的作用的。但它和小麦价值的生产无关。"② 而使用价值不同于价值，使用价值来源于自然物质和劳动的结合。所以，自然不能被分割为若干商品，也不能通过市场体系给予价格评估。因为，货币不是一切价值的衡量者，不是衡量万物的标尺。在福斯特看来，企图通过价格实现对自然内在价值的僭越，是无法扭转自然环境面临的灾难性局面的。

---

① 〔美〕约翰·贝拉米·福斯特：《生态危机与资本主义》，耿建新、宋兴无译，上海译文出版社，2006，第 24 页。

② 《马克思恩格斯全集》第 25 卷（下），人民出版社，1974，第 922 页。

第三，经济简化论下生态问题的短期缓解与最终恶化的矛盾。由于资本主义商品经济只是一味追求价值增殖，它在增殖的征途中试图把一切都征服过来。尽管短期内自然商品化可以缓解人与自然的冲突，但从人类整体利益与长远利益来看，这种杀鸡取卵、竭泽而渔的做法蕴含的更大的危机。资本主义在发财致富的道路上对人们的生活条件和生产条件置之不理，结果是进一步加剧人与自然的紧张关系。福斯特认为，对于鸣禽类面临灭绝的问题，人类不是没有将其纳入市场体系，即使通过完善的市场体系抬高鸣禽类的价格，但这对于该物种的灭绝和环境污染依然无济于事。在森林系统中也存在着类似的悲剧。森林早已被纳入市场运转体系，并被给予明码标价，但结果却是保护生态的天然屏障惨遭破坏。在经济效益的蹂躏下，原始森林面积加速缩减。资产阶级为了使利益能够绵绵不断、源远流长，通过化肥助长培育了人工林，但人工林在生命多样性方面却不能与原始森林同日而语。因此，"将森林转化为商品导致了森林的退化（亦即极端简化），结果使生物界的范围日趋减少而不是日益扩大"[1]。

其实，福斯特在对自然资本化的剖析中还深藏着生态帝国主义的批判。新古典环境经济学家倡导自然资本化的理念，赋予发达资本主义国家对周边国家掠夺的合法性。世界市场的开拓为资本和劳务的自由流动搭建了平台，曾经依靠武力的殖民掠夺逐渐退出历史舞台。今天，帝国主义国家通过资本的全球化、垄断化、金融化、市场化加速从周边国家掠夺财富。在中心国家繁华映衬下，边缘地区愈加贫穷、落后。在全球化背景下，这种盲目追求一国私利的行为，"如果不采取措施遏制其发展趋势的话，最终会导致生态圈在人类发展的时间过程中吸收、补充和恢复的主要能力不堪重负"[2]。同时，发达资本主义国家还倡导向第三世界倾倒有毒垃圾废料，让他们吃下污染，这必将形成一个凌驾于生态之上的新殖民主义。

---

① 〔美〕约翰·贝拉米·福斯特：《生态危机与资本主义》，耿建新、宋兴无译，上海译文出版社，2006，第 26 页。

② 〔美〕约翰·贝拉米·福斯特：《生态危机与资本主义》，耿建新、宋兴无译，上海译文出版社，2006，第 79 页。

福斯特戳穿了新古典环境经济学家不能自圆其说的自然资本化的乌托邦性质。既然借助于市场体系不能使自然资本化成为解决环境问题的最佳途径，那么是不是可以通过技术进步创造人与自然关系的神奇奇迹呢？福斯特站在新的理论高地，对技术在化解生态危机中作用做出了比较客观的评价。

二　技术革命的虚妄性

当学者们围绕日益严重的生态危机集思广益、建言献策时，技术是一个不容忽视的重要因素。针对技术在人类社会中的作用，学者们褒贬不一。有学者认为技术是人类文明的杀手，是生态危机的罪魁祸首，技术成为束缚人类前进的工具和枷锁，理应为今日的生态问题买单。因此，只有对技术进行全盘否定才能停止对自然的破坏。在马尔库塞看来，科学技术异化为生态危机的根源。随着科学技术的进步，人类创造的社会财富愈益丰富，而同时对人类和自然的奴役程度也前所未有地加深，技术成为人类统治自然的一个工具性存在。阿伦特在《人的境况》中探讨自然界异化根源时指出，科学技术在帮助人类打破自然的枷锁时，却切断了"让人属于自然母亲怀抱的最后纽带"[1]。弗·卡普拉认为科技是污染空气、水的凶手，还有尚未被人们认识的更深层次的问题都根源于科技，可以说，科技是毁灭人类赖以生存的生态系统的罪魁祸首。人类创造了科学技术，但科技与人性相分离，反而成为压制、报复人类的异己性力量，人类异化为科学技术的奴隶。

与学界认为科学技术是生态危机的根源的观点相对，有些学者从实用主义角度出发，比较乐观地认为科学技术是解决生态危机的神秘撒手锏，科学技术的魔杖具有驱除所有人与自然问题的魔力。马尔库塞在指认科学技术破坏性力量时，又指出可以通过解放科学技术实现自然的解放。他主张通过科学技术变革，发展新型、实用技术解决生态问题。赫尔曼·卡恩认为，技术对环境的破坏是暂时的，随着科学

---

[1]　〔美〕汉娜·阿伦特：《人的境况》，王寅丽译，上海人民出版社，2009，第2页。

技术的进步，科技异化现象将会被克服。换句话说，生态危机可以通过科技进步加以改善。这种把人类进步的所有力量寄托于科学技术的理性主义发展观把科技看作解决人与自然问题的唯一合法工具，认为科技之光是驱散世界迷雾的力量，而没有意识到科学技术的局限性，人类知识相对于浩繁的宇宙只是沧海一粟，人类无法穷尽自然的奥秘。如果人类执着于科学技术的单线性思维模式，缺乏对自然的谦卑和敬畏心态，藐视自然的生态力量，那么人类将陷入自我毁灭的万丈深渊。

在福斯特看来，对于技术与环境的关系，应跳出撇开具体的生产关系和社会制度而孤立地谈论技术的形而上学思维模式。同时，他认为一方面我们不能对技术顶礼膜拜，另一方面也不能将其妖魔化，而应该深刻认识到技术本身是中立的，并无好坏之分。技术之所以成为资本破坏环境的帮凶，是由其所属的生产方式和社会制度所决定的。在资本主义制度下，生产的目的不是满足广大人民真实的物质需要，技术被异化为资本增殖的手段，从而导致了科学技术的工具理性与价值理性发生断裂。目的与手段的倒置，使合理性进一步演化为非理性，就像保罗·巴兰和保罗·斯威齐所说："目的的不合理性，否定了手段的一切进步。合理性本身变成了不合理的。"① 因此，在资本主义制度下，技术并没有把人从资本的奴役下解放出来，反而因科学技术的非理性使用导致生态危机的爆发。

针对环境问题日益成为影响资本主义发财致富的绊脚石这一问题，西方发达资本主义国家打出了"非物质化"的王牌。所谓"非物质化"就是在不影响经济增长的前提下，资本主义通过技术研发提高自然资源的利用效率，政府为技术创新和市场经济提供文化政策支持，从而使企业能减少向环境中排放废水、废气、废料等污染物，以此来与破坏环境的传统经济增长模式脱钩，创建环境保护与经济增长的双赢互利局面。同时，科技的进步还能创造无污染的生态产品以

---

① 〔美〕保罗·巴兰、保罗·斯威齐：《垄断资本》，南开大学政治经济学系译，商务印书馆，1977，第342页。

解决资源的有限性问题，并通过推广像太阳能、核能等新能源技术实现污染的零排放，最终消除生态危机。福斯特通过矿物燃料的剖析戳穿了资本主义所宣扬的"非物质化"谎言。

福斯特清楚地洞悉了科学技术是资本主义推广"非物质化"手段的幕后操手。资本主义国家幻想依靠科技进步提高能源利用率或推广使用危害性较小的替代型技术，以此减缓对自然环境的负面影响，引导技术向良性发展，这样既不影响资本主义国家机器的运转，又能解决环境问题。因此，"技术的魔杖"最受资本主义国家青睐。但他们却忽视了技术的进步非但没有缓解环境问题，反而成了生态危机加重的凶手。福斯特通过对资本积累下材料应用和生产技术的剖析，揭露了技术改变环境的虚妄性。发达资本主义国家认为可以通过技术进步降低单位汽车耗油量，或转向无污染的清洁能源，从而减少大气中二氧化碳的排放。但是，大规模高速公路网的建设，快速高效的火车、高铁等交通运输工具的研发，尽管具有快速、节能等一系列优势，但道路上奔驰的汽车数量并未减少。因为资本主义深知汽车工业是牵涉到玻璃、橡胶、钢铁、石油、高速公路以及房地产等一系列行业的工业联合体，如果汽车行业发展受限，就会影响到石油行业，这是资本主义经济发展的中枢神经。如果汽车行业受挫，那么整个经济领域将会引发多米诺骨牌现象。

对于技术进步和环境污染的悖论，早在 1865 年，英国新古典经济学家威廉·斯坦利·杰文斯在对煤炭问题的分析中已经涉及。按照通常的理解，随着煤炭利用效率的提高，煤炭消费量应趋于下降。但事实却与之相反，因为随着能源利用率的提高，对煤炭的需求量也会增加，从事煤炭经营的商业利润随之增长，这将会进一步扩大再生产。新技术的出现往往非但没有遏制环境的恶化，反倒成为环境污染、资源枯竭的帮凶。但杰文斯主要是在静态的立场上展开对此现象的分析，并未深入资本积累和经济增长的深层领域。

在资本主义社会中之所以出现"杰文斯悖论"，根源在于资本主义是一种追求资本积累和财富增长的制度。获取剩余价值是资本主义生产的动力，使用价值不过是获取资本积累的媒介工具，"交换价值"被置于神龛的地位，资本家对之顶礼膜拜。就像亚当·斯密等主流经济学家认为的，"资本主义是一种直接追求财富而间接追求人类需求的制度"①。但资本主义不是对所有的技术都一律采取扼杀态度，资本主义也需要促进开发那些为资本带来巨大利润的新能源和新技术，但前提是不能触及其经济增长这根红线。假如新的技术能有效地抑制自然资源的耗费和生态环境的破坏，但其运用有可能影响资本增殖，成为资本追求利润的拦路虎，也会遭到资本主义国家的扼杀和封锁。这是因为技术的运用必须服从于"资本逻辑"，即服务于追求利润，满足资本增殖的本性。因此，福斯特认为，只要不改变技术服务于资本增殖的目的，效率的增加只能意味着对自然资源的进一步掠夺，不可能成为人们摆脱生态困境的万全之策。

西方社会在新自由主义主导下希冀完善市场体系，把一切都纳入市场供求关系，像其他商品一样在竞争中给予合理定价，殊不知，市场经济从"不考虑社会或生态成本。这种方案的主要问题在于它对人类和地球间的掠夺关系"②。西方资本主义市场经济倡导理性、自由、平等、竞争的价值理念，在对理性经济人假设的前提下建立了一套完美的经济发展模型。福斯特认为，依据该模型建立的资本主义制度误把人类的自由建立在物质财富数量增长之上，这种片面的增长方式导致了人与自然关系的不可逆性。资本主义还曾天真地认为，经济发展是医治资本主义一切弊病的灵丹妙药，但事实证明，经济增长才是加剧社会病态的原因。那么，怎么缓和人与自然之间的紧张关系？人们是不是可以通过变革人与自然之间的伦理关系，发挥道德力量的无形作用，使人们携手自然走向和谐殿堂？

三 道德革命的软弱性

福斯特认为，当政府意识到环境问题是事关子孙后代长远利益的

---

① 〔美〕约翰·贝拉米·福斯特：《生态危机与资本主义》，耿建新、宋兴无译，上海译文出版社，2006，第90页。
② 〔美〕约·贝·福斯特：《生态革命：与地球和平相处》，刘仁胜、李晶、董慧译，人民出版社，2015，第257页。

千秋伟业时，在环境治理、推进人与自然关系和谐上面已经迈出了坚实的一步。但由于在文化理念上把经济价值置于对地球的伦理责任之上，政府在环境治理上举步维艰、步履蹒跚。

在人类发展的历史长河中，人类与自然关系的走势反映在文化长廊上。人类生存于特定的自然区域，特殊的地理环境形成了风格迥异的地域文化、风土人情。原始森林里人们依靠打猎、采集为生，沿海地带的人们通过出海捕鱼得以繁衍生存，而草原的地理环境决定了放牧、狩猎的生活方式。马克思曾说，任何意识都不过是被意识到的存在。依据一定的生态系统，人形成了依赖自然、仰仗自然的生态系统文化，把自然看作满足人类生存需要的母体。随着人类征服自然和改造自然能力的增强，人们挣脱了自然生态系统的限制，物质生活来源不再局限于单纯的地理环境。贡赋社会的出现意味着人们利用多种生态系统资源的生物圈文化出现。不过这种文化从一开始就具有"超越任何单一生态系统控制的特征"①。尽管生物圈文化经历了早期的繁荣，但文明是建立在有限的自然承载力之上的，其结果导致了玛雅文化的消失和罗马帝国的灭亡。资本主义发家致富起源于原始积累，通过武力人为地切断人与自然的天然联系。在掠夺式思维模式下，人类借助武力、战争、不平等贸易等手段在更大范围的生物圈内开展对自然资源的强取豪夺。自然不再被视为人类生命有机体的一部分，而是满足人类需要的资源库和倾倒废物的垃圾场。这种把经济增长视为神话的价值观，在资本扩张的征途中横扫一切阻碍其增殖的价值理念，包括道德伦理。人把地球作为人类居所的天然感情被践踏，人成为控制自然的流浪者。

从经济价值角度对土地的滥用，引起了有关环保专家的关注。利奥波德呼吁通过道德革命建立人与自然之间的伦理关系。他提倡将道德伦理扩大到土地、水、动物、植物等自然界领域，使自然资源得以保护并实现永续存在，也就是扭转以往只是从经济利益角度

---

① 〔美〕约翰·贝拉米·福斯特：《生态危机与资本主义》，耿建新、宋兴无译，上海译文出版社，2006，第78页。

出发，把自然视为追逐私人财富商品的思维模式，从命运共同体的角度爱戴自然、尊重自然、保护自然、利用自然。但是，福斯特指出，虽然利奥波德指出自然商品化的经济发展模式忽视了对土地的伦理关怀，可这种单纯从价值角度的"道德革命"忽视了隐藏其后的"更高的不道德"。在资本成为社会建制的主导元素下，金钱是驱动所有自然资源的魔鬼。使用价值被交换价值绑架，一切都蜕变为可用货币衡量的交换价值，而一切又都掩盖在所谓的等价交换形式下。外在形式被包装得如此缜密完美，以至于厚颜无耻地追求财富看上去没有任何纰漏。例如，土地作为可以买卖的商品涌入房地产市场，这使人与土地之间的关系也蜕变为可以用货币衡量的经济关系。殊不知，马克思早在《资本论》中已经剖析了土地等自然资源价格的来源。土地等自然资源只具有使用价值，土地的价格来源于其所有权分割和索取的超额剩余价值。在福斯特看来，许多有志之士呼吁通过道德改革抒写人与自然的新篇章，其软弱性在于忽视了更不道德的资本主义生产方式。

福斯特认为，随着全球经济文化交流的融合，危机也被贴上了全球化的标签。生态意识的日趋统一，生态多样性的沦丧，引起了环保主义者对生态问题的关注。他们主要是基于以下因素展开对生态问题的批判。首先，资本主义经济急功近利的短视行为忽略了自然资源建设的长期性和可持续性。资本主义经济追求的是财富扩张，他们希望利润能像雪球一样越滚越大，更期待短期投资能带来利润最大化。例如，在投资煤炭、石油等矿产资源时，投资商一般期望在 10～15 年内实现回报，而这远远短于该资源至少需要 50～100 年的生态保护期。其次，经济简化论带来了人们居所感的丧失。全球化背景下，资本增殖的触角渗透世界各地。一方面，发达国家利用科技、资本上的优势，不断加大对欠发达国家资源的掠夺，使外围成为中心地带发展的资源库和垃圾场。另一方面，不发达国家在竞争中处于劣势地位，为了促进本国经济的发展，不惜放松对资源、能源消耗和污染成本外部化的限制，结果给本国的经济和生态带来了双重危机。经济全球化加速了人与自然的分割，生态差异性和多样性日趋丧失。这就像阿诺德·汤因比对衰落文明所评判的那样，如果文明丧失了差异和多样性，而被贴上统一和标准化的标签，那么这样的文明正在日趋没落。同样，如果全球化使生物圈文化丧失生态差异和多样性，那么支撑整个人类发展的地球将面临危险。

为了保护生物圈文化、促进生态文化多样性的发展，福斯特认为需要发动一场将生态价值与文化融为一体的"生态革命"，这场革命将推翻资本主义"踏轮磨坊的生产方式"。环境的真正敌人不是人类，而是特定的经济制度及其文化。只有通过变革技术所服务的社会制度、营造人与自然和谐相处的文化氛围、倡导保护环境的文化价值理念，"我们才能够为拯救地球而进行的真正意义上的道德革命寻找到充分的共同基础"①。

四　资本逻辑的扬弃与社会变革

自然是养育人类的母亲，人对自然不应是单向度的索取与掠夺，人应归还从土壤中索取的要素，更应尊重自然的内在价值。人不是万物的中心，自然也不是宇宙的霸主。但工业文明的发展改变了以往人们对自然的敬畏之情，自然臣服于资本，成为资本主义财富积累的奴仆。因此，生态问题的解决还应从资本逻辑的根源寻觅答案。

不同于传统经济学家把资源匮乏和生态环境恶化排除在经济发展领域之外，或认为即使存在生态问题，也不是什么大不了的事情，而完全可以通过市场这只"看不见"的手自行克服。福斯特认为，在有限的自然资源空间内追求无限的经济增长其本身就是一个矛盾。资本主义生产的首要目的是追求利润增长，经济活动开展的核心是赚取尽可能多的剩余价值，很少关注这种盲目的经济扩张会给环境带来什么灾难。在大多数经济学家看来，经济系统是自我独立的系统，而不是隶属于生物圈的子系统。有的依据"弱势可持续性假设"理论认为煤炭、森林及其他自然资源等自然资本的损失可以从资本价值的增

---

① 〔美〕约翰·贝拉米·福斯特：《生态危机与资本主义》，耿建新、宋兴无译，上海译文出版社，2006，第43页。

长中得以弥补。有些自然资本主义的倡导者认为经济增长与环境污染并无干系，在背离热力学基本定律的情况下提倡采用新技术减少原材料的投入及降低能源消耗。资本家为了缓解危机，幻想在不触动经济体制的前提下消灭生态危机，无论是通过自然成本外化于或是内化于经济的方法，或是所谓的技术革新，其实都掩盖不了资本增殖的本性。对于经济发展给环境带来的危害，就像斯蒂芬·施耐德所说，在关于自然环境的问题上最了解环境的人往往是比较悲观和忧心忡忡的。所以，福斯特看到，在有限的资源环境条件下，人类并不是想要什么就有什么。踏轮磨坊的生产方式像一只巨大的松鼠笼子笼罩着所有的自然资源，每个人、每种资源都是这个踏轮上的一个部件。在利润的导引下，这种生产方式为了获取更多的剩余价值，在资本有机构成上主要依赖能源密集型和资本密集型技术，以减少劳动力成本。随着机器运转速度的加快，能源和资源的消耗也就越大，同时向自然中排放的污染物也就越多，环境恶化也日趋严重。气候变暖、淡水资源短缺、生物多样性锐减等多种问题彼此交织，地球面临像核毁灭一样的生态危机。

面对资本主义生产方式带来的日益严重的生态危机，福斯特认为，仅仅借助于生产、销售、技术增长等手段根本无法医治地球罹患重症的身躯。资本主义天生的扩张本性会阻碍一切限制经济增长的措施。因为实现经济增长、追求剩余价值是资本主义生产的目的。正如默里·布克金对资本主义的评判，经济增长是资本主义制度的生命线，资本对利润的需求就像人对空气的依赖，资本无限积累的本性"使资本主义'变绿'、使其'生态化'的尝试注定会失败"①。因此，在福斯特看来，只有通过社会和生态革命才能挽救濒危的地球。但生态革命不同于以往的社会革命，因为它具有以下特点。

生态革命与社会革命具有同源性。福斯特认为，在资本成为统治一切的社会力量时，资本家和工人阶级都沦落为金钱的奴隶。资产阶

---

① 〔美〕约翰·贝拉米·福斯特、布莱特·克拉克：《星球危机》，张永红译，《国外理论动态》2013 年第 5 期。

级头顶着"利益"二字，为了满足金钱最大化的私欲，把自然资源、劳动力都卷入"踏轮磨坊的生产方式"，每种资源都随着资本逻辑的循环而做无休止的运动。资本家采用新的科学技术，从表面上看机器代替人，工人自由支配的闲暇时间不断增加，工人好像是从资本奴役下获得了解放。但真正的奥秘在于，资本有机构成的提高大大提高了劳动生产率。机器的生产能力远远高于工人的手工操作，能在更大程度上满足资本家追求剩余价值的贪欲。但工人又陷入虚假消费的异化境地。因为，一个完整的生产环节包括生产、分配、交换和消费。如果其中任何一环出现纰漏，那就意味着资本逻辑循环的中断，资本受阻，资产阶级利益中断。资本家为了顺利实现从生产—消费—资本—生产的运转，想方设法刺激工人的消费欲望。他们通过明星代言、广告媒体等舆论手段来引导工人的消费走向，工人追求的不是真正意义上人的价值，他们每日关注的就是如何消费才能成为引领时尚的弄潮儿，而这恰恰落入资本家刺激消费的圈套。结果，不但资本家被利益束缚，工人也沦落为物质的奴隶。

在资本主义社会里，利润是资本家的生命线和驱动力。为了实现利润最大化，资本家在追求自身经济利益最大化时，无暇顾及资本增殖对自然的破坏，"资本的增殖是建立在无止境地利用自然资源和无止境地向自然界投放垃圾的基础之上的"①。资本主义对大量自然资源的开发和使用是"单向式"过程。因为在资本视域内，只关注自然资源的开发、利用以及将废物排放到自然，至于资源的有限性和承载力则不予考虑。也就是说，只要能实现资本增殖，哪怕此举之后洪水滔天。这种自我摧残的生产模式造成了自然的遍体鳞伤，结果造成了资本与生态的对立，致使自然生态系统有机循环发生断裂。因此，在福斯特看来，导致全球性生态危机爆发的幕后凶手是资本主义体制。任何幻想不触动资本主义体制而根除生态危机的想法都是枉然的。只有发动革命，推翻资本主义制度，变革资本主义生产方式，才能彻底化解资本与自然之间的危机。就像福斯特所指：

---

① 陈学明：《资本逻辑与生态危机》，《中国社会科学》2012 年第 11 期。

"只有通过社会和生态革命才能解决所有面临的这些问题。"① 联合起来的人们重新调整人类与自然之间的代谢关系，使与人类健康息息相关的全球生态系统得以维护和再生，以符合人类世代生态利益链的需要。由此可见，福斯特从生态学视角主张对资本主义制度实行"根本性的社会变革"，以此实现人与地球之间全新的、共同的、可持续的新陈代谢，与马克思从阶级角度探寻人类社会的发展道路有异曲同工之妙。在福斯特看来，环境保护运动和社会运动是实现生态革命的一体两翼，只有社会变革才能消除生态危机，实现人与自然的真正解放。

福斯特认为，阶级斗争仍然是生态变革的路径选择。福斯特通过剖析美国西太平洋沿岸原生林面临的危机，揭示了生态危机与阶级斗争密不可分。西北原生林对生态多样性有着人工林无法替代的作用，但原生林从 20 世纪 80 年代以来遭到了严重的砍伐。为了缓解经济下行趋势，政府放开对原生林的保护，环保主义者采取各种极端措施试图制止原生林的消失。在金字塔顶端的少数人将原生林视为发财致富的手段，而这与环保主义者保护森林的立场相冲突，结果一场生态与阶级斗争的生态革命拉开序幕。原生林的缩小破坏了斑点鸮等濒危动物的栖息地，也剥夺了林业工人的就业机会。环保主义者联合法律和法院相关力量，为保护濒危物种的消失而做出种种努力。但木材企业商们却想方设法离间工人和环保主义者之间的关系，本来有些环保主义者就对工人的生存状况漠不关心，而企业商更多通过赞助环保主义者的宣传讲座，进一步激化工人和环保主义者之间的矛盾。统治者想尽各种办法拉开环保者和工人之间的距离，甚至人为制造二者的矛盾。布什政府采用分化策略，瓦解环保组织和工人力量的联合，从而减少了资本利益的障碍。资本和政府相互勾结与环保主义者展开力量抗衡，单一的环保组织力量在环境保护上显得形单力薄。因此，福斯特认为，生态问题的解决路径仍是阶级斗争，不依靠阶级发动生态运

---

① 〔美〕约翰·贝拉米·福斯特：《生态危机与资本主义》，耿建新、宋兴无译，上海译文出版社，2006，第 72 页。

动，环境问题只能转移却得不到有效根治。

因此，要解决资本与自然的冲突，就必须依靠阶级力量。由于资本主义社会是为拥有更多财富的统治阶级而服务的，"它保护一个等级社会的所有特权和标志"①。生态环境的破坏是少数资本家为了实现财富增长对自然的剥夺，生态革命必然会触及处于社会顶层的统治阶级的物质利益，所以他们是变革中的被动力量。真正能够担当起生态革命重任的，就只能是社会底层力量。在福斯特思想中，不同社会阶层对生态革命的热情根源于他们的经济状况。在垄断竞争资本主义中，垄断阶级控制了商品的原料来源、市场进入、商品流通的各个环节，又通过媒体广告无形中操控着消费导向。生产者关注的不是人民的肉体饥饿和精神需求，唯一的动力来源于资本主义利润的增长，这就注定了他们不可能成为革命的领导力量。要打破垄断资本与国家力量的勾结、实现人与自然的双重解放就要依靠阶级运动与生态运动的联合，实现经济发展与生态保护双向共赢。

要实现人与自然的和谐相处，必须坚持以人为本实现生态正义。福斯特反对片面关注生态利益而无视人类利益尤其是穷人利益的各种环境运动，认为"生态与社会公平是不可分割的"②。生态运动在关注生态危机根源、探索人和自然的关系问题上经历了由浅生态运动向深生态运动的发展变化。浅生态学秉持人类中心主义价值理念，认为自然资源是用之不尽、耗之不竭的。在根除生态危机的策略上，他们提出的疗法是用技术缓解污染程度，或是通过制定法律法规限制环境污染，甚至是把污染工业从发达国家外迁至发展中国家。这种策略"是一种头疼医头、脚痛医脚的'管末控制'模式"③，只关注生态危机的近期效应，没有追思生态问题背后的深层次原因。浅层生态学者

---

① 〔英〕戴维·佩珀：《生态社会主义：从深生态学到社会正义》，刘颖译，山东大学出版社，2005，第129页。

② 〔美〕约翰·贝拉米·福斯特：《生态危机与资本主义》，耿建新、宋兴无译，上海译文出版社，2006，第84页。

③ 黄英娜、叶平：《20世纪末西方生态现代化思想述评》，《国外社会科学》2001年第4期。

戴着有色眼镜只把发达国家金字塔顶端的人看作真正人类利益的拥有者，这种狭隘的人类中心主义忽视了自然界和穷人的利益。深层生态学重塑自然价值，立足生态中心主义矫正浅层生态学的生态理念。他们认为生态危机的根源是人类对自然的工具性理解，在倡导自然具有内在价值的基础上，宣扬自然与人类是和平共处的有机体思想。但是，由于深生态学过分关注生态平衡，在缓解人与自然之间的生态冲突时，有的学者提出通过抑制人口增长来减少对自然的威胁。殊不知，发达国家和发展中国家在经济发展上的不同步也意味着它们在承担生态责任时责任有别。据统计，"发达国家人口只占世界人口的16%，却制造了全球34%的垃圾"[1]，发达国家在废物制造和垃圾产量上远远大于发展中国家。广大发展中国家不但深受发达国家的生态帝国主义侵略，还面临经济发展的困境。为了消除贫困，不发达国家的经济仍要发展，不过这种发展不是对自然的肆意掠夺，而是在坚持以人为本、可持续的发展理念下，追求自然的适度开发。

福斯特以人为本的发展理念中，把穷人的发展需求放在首要位置。在他看来，真正意义上的发展"必须以人为本，特别是要优先考虑穷人而不是利润和生产"[2]。福斯特所关心的穷人不只局限于工人、失业者、妇女、少数族裔等，而且还包括不发达国家的人们。在福斯特看来，倡导以人为本的绿色发展理念，视野应扩大至全球范围。"由于人类活动在规模上不断挑战自然，使以往只对局部地区造成环境危机的行为也已成为全球性问题。"[3] 资本主义为了满足资本积累的私欲，通过全球化掠夺自然资源、倾倒有毒有害垃圾废物等帝国主义行径，把不发达国家既当作资源宝库，又当作垃圾场。后果是将整个世界都纳入资本增殖的快车道，给整个地球上的人类带来灾难

① 谷梦溪编辑《退回"洋垃圾"！多国打响"环境保卫战"》，http://www. chinanews. com/kong/2019/07－23/8903939. shtml。
② 〔美〕约翰·贝拉米·福斯特：《生态危机与资本主义》，耿建新、宋兴无译，上海译文出版社，2006，第75页。
③ 〔美〕约翰·贝拉米·福斯特：《生态危机与资本主义》，耿建新、宋兴无译，上海译文出版社，2006，第60页。

性的后果。因此，在缓解资本与自然之间的危机时，必须制止资本主义国家毫无节制的开发模式，把挽救生态危机与反对资本主义斗争结合起来。只有这样，我们才能真正提升自然与人类社会的地位，制止个人贪婪，扭转生态环境进一步恶化的局面。

福斯特在对马克思"新陈代谢及其断裂"思想的挖掘中，意识到当今社会人与自然、社会与自然之间新陈代谢断裂的根源在于资本主义制度。因此，要缓解人与自然、社会与自然的对立关系，任何幻想在资本主义母体内，通过所谓的"技术魔棒""自然资本化"以及道德伦理的变革来拯救自然的想法都不过是资本粉饰其贪婪性的权宜之计。在福斯特看来，唯有发动生态革命，扬弃资本逻辑，从制度根源与资本主义实行彻底的决裂，才能实现人与自然的握手言和。但是，福斯特作为北美左翼政治经济学派的重要学者之一，其思想没有完全拘泥于自然生态领域，其理论视角随着时代主题的变化而发展。尤其是 2008 年金融危机以来，当金融化、虚拟经济、经济停滞、阶层分化、贫富差距拉大等成为时代的主要问题时，福斯特的理论触角主要聚焦于人与人的社会生态思想。

第四章　从新陈代谢断裂到社会分裂：
福斯特"人—人"的
社会生态思想

在福斯特看来，人与自然关系掩盖着人与人的关系，也就是说人与人的关系是通过人与自然关系的形式来表达的。生态危机的根源在于资本围绕利润做永不停息的逻辑运转，资本逻辑创造了物质帝国大厦，也带来了生态和社会危机。尤其是 20 世纪 80 年代以来，在新自由主义主导下，资本主义为促使资本在全球范围内自由流动而狂扫一切阻碍因素，比如采取降低环保标准、削减工资、减少国家福利的开支、税收改革、取消对穷人的生活补助、对第三世界的负债国家进行更加严格的控制等措施，以此确保经济的持续增长。但是，与初衷相反，"从总体上看，这些并没有导致在世界体系范围内的经济增长，而是持续的衰退"①。尤其是金融帝国的顷刻倒塌反而带来了金融危机、经济停滞、阶层分化、贫富差距拉大等一系列社会问题。福斯特作为著名的左翼社会学者之一，始终把"把脉时代动向、关注社会问题"作为己任。他认为当今人类社会陷入生态和经济的双重危机，"这些危机都根源于资本积累的过程"②。正是资本主义对资本积累的无止境追求造成了人与自然新陈代谢断裂的生态危机和人与人关系断裂的社会危机。福斯特围绕自然生态与社会生态双重危机对资本主义展开全面分析，他的社会生态思想以"以美国为主要研究对象，对资本主

---

① 〔美〕约翰·贝拉米·福斯特：《社会主义的复兴》，庄俊举译，《当代世界与社会主义》2006 年第 1 期。

② 〔美〕约翰·贝拉米·福斯特、布莱特·克拉克：《星球危机》，张永红译，《国外理论动态》2013 年第 5 期。

义新的发展现象——资本主义金融化进行了研究"①。通过对新自由主义、金融化、全球化、市场化等进行分析，福斯特认为金融危机阴霾并未散去，资本主义经济面临长期增长乏力的困境。而要超越金融化对人类的宰制，只有摆脱扬弃金融资本逻辑，超越资本主义制度。

第一节　金融危机的爆发与垄断金融资本主义

资本自身内蕴的增殖本性，决定了资本主义并不是一个安分守己的社会制度。在追求利润的道路上，资本一刻也不敢停止前进的脚步，只有持续不断地扩大自身规模，才能为资本立于不败之地补充新鲜的血液和力量。资本追求剩余价值是通过竞争实现的。随着资本集聚和集中的加强，资本主义迈入垄断资本主义阶段。由于大量实体经济潜在剩余的堆积，资本主义为拓宽利润增殖渠道，为虚拟经济的膨胀提供了契机。在一定程度上，虚拟经济的兴起刺激了经济的短暂繁荣，但实体经济与虚拟经济严重的比例失调，造成了生产部门的空心化和经济金融化等问题，使资本主义饱受无休止的经济停滞困扰。

一　金融危机：资本主义经济危机的新形式

（一）经济危机的发展演变

1. "经济危机"有无论

人类生活在一个充满风险的社会，各种不稳定因素时刻威胁着人类的生存。"危机"是人们对于各种危害和风险认识的结果。危机一词源于希腊文"krimein"，其含义是区别、筛选和决断，表示病情发展到了生死攸关的转折点，或表示社会发展到了不得不对人和物的重要性进行权衡取舍的紧要时刻。最早对危机进行论述的是美国心理学家卡普兰，他把危机理解为危机状态。卡普兰之后，学者纷纷探讨危机的定义，查尔斯·赫尔曼认为危机是主体在有限的时间内，主体的

---

① 贾学军：《停滞背景下的资本主义金融化——福斯特对资本主义金融危机的探讨》，《天府新论》2010 年第 4 期。

根本目标受到威胁而超出主体预料范围的情况。尤里埃尔·罗森塔尔将危机定义为，在一定的时间内，当一个社会系统的基本价值和行为准则架构受到严重威胁时，必须对此做出关键性决策的事件。但纵观学者对危机的分析，他们主要围绕危机的紧急性、危害性和突发性进行阐发。因为危机的发生往往是在短暂的时间内，人很难防备，所以一般具有很大的破坏性。

学界不但探讨了危机，还对危机进行了分类。根据引发危机的原因划分为自然灾害和人为灾害两种类型；依据危机影响的时空境域把危机分为国际危机、区域危机、国家危机和组织危机；根据危机发生的领域把危机划分为政治危机、经济危机、价值危机和社会危机。①立足不同的视角，可以把危机划分为不同类型。本书接下来主要从经济领域来探讨垄断金融资本主义时期经济危机的表现、危害及其与金融资本的关系。

资本天生的本性是追逐更多的剩余价值，资本要增殖就要不断扩大生产规模，开发新的利润生产空间。资本害怕没有利润，没有利润支撑的资本将会窒息。于是，资本"到处落户，到处开发，到处建立联系"②，寻找进一步增殖的空间。资本所到之处，既创造了丰硕的物质财富，也带来了种种灾难和危机。因为资本的目的不是财富的创造，而是剩余价值的生产。将更多的剩余价值转化为资本，以此实现财富的无限膨胀，这是资本运动的动力之源。马克思从物质生产过程中指出了资本主义制度的危害性。因为资本主义完全颠倒了生产和消费的关系，它不以人类的消费为目的，反倒关注生产过程的无限扩张。由于生产关系发展滞后于高度发达的生产力，过剩生产与有效需求之间的链条发生断裂，从而爆发经济危机。

在萨伊看来，供给和需求之间不存在矛盾，因为供给会自动创造需求。萨伊在简单商品经济模型里演绎经济无危机论。在他看来货币只是商品交换的媒介，货币只存在于物物交换的一个瞬间。人们通过

---

① 沙勇忠：《公共危机信息管理》，中国社会科学出版社，2014，第15页。
② 《马克思恩格斯选集》第1卷，人民出版社，1995，第276页。

交换追求的是商品的使用价值而不是剩余价值，在交易时总是用一种货物获取另一种货物。萨伊认为只要愚昧的政府不对经济进行干涉，经济自身会实现良好的运转。但是，萨伊只从流通领域而不是生产领域去分析问题，根本无缘经济危机论。和萨伊相比，李嘉图则看到在具体的个别的商品领域中存在商品过剩，但他否认市场上大量商品生产过剩的经济危机现象。而新自由主义经济学在继承古典经济学理论的基础上，依然将古典经济学信奉的自由放任的市场经济理论奉为圭臬。他们认为自由放任的市场经济会自动调节供给和需求之间的矛盾，经济发展会自动保持均衡态势。假若出现失衡现象，那也只是暂时的，可以通过经济供给自动调节而达到新的平衡。新自由主义无视时代的发展和社会条件的变化，仍然迷信"萨伊定律"，执着地认为供给是解决经济失衡的灵丹妙药，片面强调增加供给对经济增长的意义，这注定了该理论不能解释19世纪后期以来的频繁爆发的周期性经济危机。

一些经济学家并不否认资本主义经济中的危机现象，由于分析视角不同，他们认为引发经济危机的原因也不尽相同。古典政治经济学家西斯蒙第从消费不足的角度论证了资本主义必定发生经济危机。他认为消费不足主要由以下因素引起：一是自由竞争导致大量的小生产者破产，从而降低国民消费能力；二是收入分配不公严重削弱了底层人的消费能力；三是资本增殖的欲望限制了富人的消费欲望，从而造成了产品普遍过剩引发生产萎缩、工人失业、经济低迷等危机。而以弗里德曼为代表的货币学派认为，经济危机产生的根源是货币供给和需求的失衡，但把危机仅看作发生在流通领域中的经济现象，并试图通过单一货币政策来解救经济危机。这种"只见树不见林"的方案，由于看不到问题的本质，结果是治标不治本。针对20世纪30年代美国经济危机引发的大萧条，凯恩斯依据三个基本心理规律提出了著名的有效需求不足理论，需求不足包括投资和消费领域，并提出了挽救经济危机的方针政策。尽管在实际操作中对缓解资本主义的经济危机起到一定的积极作用，但是，由于没有触及本质因素，凯恩斯主义在20世纪70年代以后发生的"滞涨"危机面前束手无策。

自 1825 年英国爆发第一次资本主义经济危机以来，周期性的经济危机一直是资本主义发展过程中无法克服的痼疾。随着资本主义发展阶段的变化，经济危机也呈现出不同的表现形式。"二战"前资本主义经济危机主要是表现在生产领域，而随着自由资本主义步入垄断资本主义阶段，尤其是金融化成为现代资本主义经济发展的主要工具时，经济危机的爆发主要表现在金融领域。

2. 经济危机的表现形式

马克思一生致力于对资本主义的批判分析，经济领域是其主要理论阵地。他通过对劳动、商品、资本、货币、剩余价值等概念的分析，阐发了经济危机理论。在马克思看来，经济危机是资本追逐利润过程中无法避免的病痛。因为马克思生活在工业资本主义时期，所以他对经济危机的探讨主要集中于实体经济领域。经济危机是指资本为了满足利润的私欲，片面扩大经济规模而造成周期性生产过剩的危机。危机主要表现为工人购买力下降、产品积压、滞销、生产萎缩、工厂倒闭、通货膨胀、经济萧条，整个社会普遍陷入发展困境。在资本主义制度下，经济危机发生的原因并非物质产品绝对充足，而是产品相对于工人有限的购买能力显得过剩。资本来到世间的使命就是增殖，为了最大限度地攫取剩余价值。资本家采用先进技术提高劳动生产率，通过绝对剩余价值和相对剩余价值的形式不断压榨工人所创造的价值，工人仅能到得维持劳动力基本生活的报酬。资本家无偿占有的工人创造的剩余价值不是直接用于个人消费，而是作为资本再次投入生产过程，成为进一步赚取利润的新工具，这样使得剩余价值的生产与其实现之间出现裂隙，造成供求失衡。在资本主义社会，技术在某种意义上说是造成经济危机的帮凶。恩格斯对此描述道，蒸汽机的发明应用提高了劳动生产力，相同的时间内创造更多的劳动商品，这意味着更多财富的积累，结果导致"大批资本家投身于工业，生产很快就超过了消费。结果，生产出来的商品卖不出去，所谓商业危机就到来了"①。通货膨胀、经济萧条、工人失业、需求力不足，这些

---

① 《马克思恩格斯选集》第 1 卷，人民出版社，1995，第 236 页。

都是经济危机的外在表现，其实质则是"生产过剩的瘟疫"①。在马克思看来，不管经济危机的外在表现如何不同，其根源是资本主义社会的基本矛盾，即生产的社会化与资本的私人所有制之间不可调和的矛盾。

　　资本在利润的牵引下，不断拓展自己的增殖空间和利润渠道。随着经济全球化和资本金融化的发展，资本在实体经济领域遇到增殖瓶颈，不断开拓出保险、证券、债券等虚拟经济增殖工具。与此同时，生产过剩的概念也得到进一步拓展。也就是说，生产过剩不但包括商品生产过剩和资本生产过剩，还包括货币过剩、金融过剩、债务过剩等金融商品和金融衍生品的过剩。随着实体经济利润率的下滑，资本主要依靠金融创新和扩张使财富在短时间内迅速膨胀。为了缓解供需之间的矛盾，各大金融机构通过降低利息、分期付款、信用卡购物等金融工具，刺激广大中低收入居民提前透支消费，即"花明天的钱圆今天的梦"。本来没有实际消费能力的居民，在金融信贷的诱骗下成为各类债务市场的猎物。但是，当透支消费债务大于预期偿还能力时，金融链条就会断裂，社会购买力紧缩，从而爆发金融危机。

　　金融危机不同于传统的经济危机。美国金融学家戈德史密斯对金融危机的定义是："金融危机是全部或大部分金融指标——短期利率、资产（证券、房地产、土地）价格、商业破产数和金融机构倒闭数——的急剧、短暂和超周期的恶化。"②尽管债券、股票、期货等金融工具可以使居民在短期内暴富，但也可能在瞬间制造灾难，并迅速殃及整个经济领域。一般来说，金融危机不同于经济危机，经济危机由商品相对过剩堆积引发，而金融危机主要始于金融资产的膨胀。股票、债券、保险、信贷等金融资产之间存在着错综复杂的相互交织关系，任何一个环节出现问题，都会引起整个支付链条发

---

① 《马克思恩格斯选集》第 1 卷，人民出版社，1995，第 278 页。
② 〔英〕约翰·伊特韦尔、〔美〕默里·米尔盖特、彼得·纽曼：《新帕尔格雷夫经济学大辞典》，经济科学出版社，1996，第 362 页。

生断裂，导致公司和个人账面财富的大幅缩水。本来整个社会的消费能力都依赖泡沫的刺激，底层人民的消费资金主要来源于银行借贷。任何金融产品发生危机都会传导至银行业务，切断人民的费用渠道，导致投资和消费能力大幅度下降，实体经济领域企业减产或停工倒闭，过去被商品生产过剩掩盖的现象得到充分暴露，整个社会经济陷入深渊。金融危机也就是马克思在《资本论》中所说的第二种危机，这种危机是一种特殊的货币危机。金融危机有可能会单独爆发，也有可能与生态危机、社会危机相互交织，但随着金融化成为资本主义经济的主导力量，金融危机越来越成为资本主义社会危机的主要表达方式。

截至目前，2007 年美国次贷危机引发的金融危机是人类有史以来最严重的一次危机。福斯特对 2008 年金融危机的评论是："以发达资本主义国家为核心的世界经济正在经历自大萧条以来最严重的经济危机。自 20 世纪 30 年代以来在美国和其他发达资本主义国家从来没有见过的巨大金融危机正在导致世界经济增长的下降，正在指向可能的世界萧条。"① 此次危机始于美国并迅速向全球蔓延，其冲击力和破坏性超过历史上任何一次危机，各国为之震撼。面对金融危机给经济、政治、社会乃至思想文化意识带来的震荡，国内外学者纷纷使出"洪荒之力"，力图从不同的视角剖析危机的成因，希冀能帮助人们早日摆脱金融危机的梦魇。

福斯特从历史的角度梳理了金融危机爆发的必然性。"二战"后，美国迎来了经济复苏的大好时光，这主要得益于外在投资、销售努力、政府的民用支出和军事支出增加等外在手段的刺激。其实，在战争期间，美国作为战略物资供应国已经开始接受大量的军事订单。这一方面使美国摆脱了"大萧条"时期的阴霾，为美国经济剩余提供出口途径；另一方面，订单的增加缓解了就业压力，战略物资的生产为美国经济的发展迎来了新的曙光。据统计，"1941 年 1 月美国的出口已经高达 3.25 亿美元，到当年的 8 月则达到 4.6 亿美元"，"到

---

① 俞可平：《全球金融危机与马克思主义》，重庆出版社，2012，第 107 页。

1945 年 8 月，根据《租借法案》，美国向同盟国提供了 500 亿美元的战争物资（扣除提供的实物，净资金是 420 亿）"。[①] 1945 年"二战"结束后，欧洲和日本经济在战争中元气大伤，而美国却从战争中敛聚大量财富，战后迅速投入经济发展中，在全球经济中脱颖而出，一跃成为全球制造业的龙头老大，当时全球制造业 60% 以上来自美国。美国经济之所以迎来发展的高峰期，主要得益于"军工复合体"和"促销活动"两大战略机制的采用。艾森豪威尔将军曾在一份备忘录里倡导民用科学家、工程师、行业、大学应和军事密切结合，一切发展应以服务于军事需要为标准。军事支出成为拉动美国经济发展的主要杠杆，美苏之间的军备竞赛激励着美国技术研发，技术进步带动科研行业、民用事业的发展，军事开支成为吸收美国经济剩余的有力渠道。吸收经济剩余的另一个成功机制则是"促销活动"。整个市场上充斥着过度包装、易于过时的消费品，居民的消费倾向越来越依赖广告媒体，发达的广告业务成为刺激美国经济的主要力量。"广告费用从 1929 年的 30 亿美元增加到 1957 年的 100 亿美元，再到 1962 年的 120 亿美元。"[②] 广告业的发展缓解了就业压力，增加了社会需求，推动着美国经济的短暂繁荣。然而，这些机制对经济的刺激不是一劳永逸的，到 20 世纪 70 年代，美国经济再次进入"铅灰时代"。

20 世纪 70 年代后，随着经济发展有利条件的衰弱，实体经济无法吸纳巨大的经济剩余。私人非住宅固定投资值占 GDP 比重连续下滑，实体经济步履蹒跚，越来越多的经济剩余缺乏有利可图的投资机会而无法进入资本流通通道，但金融创新阻止了情况的进一步恶化。马格多夫和斯威齐将此现象描述为，经济停滞没有向纵深发展，主要是剩余资本流向了经济的金融上层建筑领域，这间接地促进了实体经济的发展，也催生资本积累的金融化。随着金融机构相继推出保险、

---

① 〔美〕乔纳森·休斯、路易斯·P. 凯恩：《美国经济史》，邸晓燕、邢露等译，北京大学出版社，2011，第 537 页。

② 〔美〕约翰·B. 福斯特、罗伯特·W. 麦切斯尼：《监控式资本主义：垄断金融资本、军工复合体和数字时代》，刘顺、胡涵锦译，《世界社会科学》2015 年第 1 期。

期货、期权债券、股票、对冲基金等金融工具，为消化大量的经济剩余提供了一个重要渠道。金融产业等非生产部门的发展，吸纳了一部分从业人员，既缓解了就业压力，也可以使人民在金融投机活动中以低价买入高价卖出的形式从中赚取价格差额，给神秘的财富数字增添迷幻魔力。金融的发展倒逼着经济的前行，但也孕育着危机的风险。福斯特从金融化角度指出了危机发生的原因，他说，在"过去40多年来资本主义经济的特征从以生产为重心逐渐转移到了以金融为重心而产生的危机"①。金融部门最初是服务于实体经济的发展，它通过把社会闲散资本汇集为社会资本，为企业的发展提供资金便利。但金融化力量的膨胀显然已经越俎代庖，金融逻辑超越了实体经济的规制，而不再是实体经济发展的有益补充和助手。

在福斯特看来，垄断资本金融化是当代资本主义的核心特征。70年代后，金融化在资本主义经济中占据主导地位。由于资本在实体经济领域投资积极性受挫，垄断资产阶级把越来越多的剩余注入金融领域，通过金融领域的投机不断推动"财富效应"雪球似的增长，由此形成了一个"以资本主义经济的生产力基础之上的相对自主的金融上层建筑的形式出现的"②。GDP的增长、经济的发展越来越依赖于一个接一个金融泡沫的刺激，金融力量的蓬勃发展推动着资本主义进入一个新时代，即垄断金融资本主义阶段。"我们在过去的四分之一世纪见证的是垄断资本主义演化成为一个更加普遍和全球化的垄断金融资本体系，这是当今发达的资本主义经济体的经济制度的核心，它是经济不稳定的关键原因和当今新帝国主义的基础。"③ 在金融资本的裹挟下，资本主义进入了垄断金融资本时期，这是帝国主义在新时代的集中表现。

① 〔美〕约翰·贝拉米·福斯特：《资本的金融化与危机》，吴娓译，《马克思主义与现实》2008年第4期。

② 〔美〕约翰·B.福斯特、罗伯特·麦克切斯尼：《垄断金融资本、积累悖论与新自由主义本质》，武锡申译，《国外理论动态》2010年第1期。

③ 〔美〕约翰·贝拉米·福斯特、罗伯特·麦克切斯尼、贾米尔·约恩纳：《21世纪资本主义的垄断和竞争（上）》，金建译，《国外理论动态》2011年第9期。

二 垄断金融资本主义：资本主义的垄断金融资本时期

当金融资本成为支撑资本主义经济发展的动力源泉时，经济危机也越来越以金融危机的形式凸显出来。随着经济活动中心从实体经济向金融部门的转变，福斯特对当前资本主义的发展阶段和主要特征做了进一步探讨。他认为新自由主义、全球化和金融化是当代社会的主要特征，新自由主义的实质就是金融化力量在全球的迅速扩张。尽管金融化是推动当今资本主义经济发展的主要动力，但福斯特并不认为金融化使资本主义超越了垄断阶段，从而使资本主义本质发生嬗变而进入一个全新的阶段。他说："金融化导致了资本主义经济体制的深刻变化，但由于生产中的积累这一根本问题不变，资本主义尚未进入全新的发展阶段。"① 即 "垄断金融资本时期"仍隶属资本主义阶段，只不过是以新的形式再现资本主义基本矛盾。

资本主义是一个不安分的社会制度，追求更多的剩余价值始终是资本前行的动力。自从资本主义诞生以来，资本积累一直是其发展的主要动力。在福斯特看来，纵观资本积累历史，资本主义的发展经历了重商主义、自由竞争资本主义和垄断资本主义三个阶段。在 16 ~ 18 世纪的工场手工业时期，生产力不发达，资本积累主要是在工业、农业和采矿业领域，通过延长工作日的方法追求绝对剩余价值的生产。随着机器大工业的发展，资本主义迈入自由竞争阶段。科技革命带来了生产力的跳跃式发展，高额的利润成为资本在市场上进行价格较量的原动力，企业之间你死我活的价格竞争演绎着市场的兴衰成败史。随着资本日益聚集在少数超级富豪手中，跨国巨型公司成为市场活动主体，寡头公司之间不再进行鱼死网破的价格竞争，而是通过价格协同共同主宰市场价格。垄断力量以前所未有的趋势得以成长，垄断取代竞争成为资本主义的基本特征。

垄断深植于资本主义发展的内在 DNA 之中，它是竞争的逻辑结

---

① 〔美〕约翰·贝拉米·福斯特：《资本主义的金融化》，王年咏、陈嘉丽译，《国外理论动态》2007 年第 7 期。

果。资本积累是资本主义安身立命的基本规律，剩余价值又是资本积累的前提，只有将更多的剩余价值投入生产过程才能为资本家创造更多的财富。在早期资本主义阶段，资本积累一般是通过扩大生产规模来实现的。因为在假定其他条件不变的前提下，只有生产规模的扩大才能为提高劳动生产率创造条件，降低商品成本，在价格竞争中战胜较小的资本，从而实现资本积聚。也就是马克思在《资本论》中描述的："较小的资本挤到那些大工业还只是零散地或不完全地占领的生产领域中去。"① 通过竞争，一些资本打败其他资本，并把零碎的资本吸引到自己手里，重新实现资本力量的组合，将资本聚合起来扩大生产规模。当资本主义发展到 19 世纪末 20 世纪初时，随着生产集中的加剧，无数的小型企业由于生产成本高、利润低而淹没在竞争的海洋中，垄断成为大势所趋。垄断取代竞争统领社会经济、政治领域，资本主义驶向垄断资本统治时代。

自从垄断成为资本主义的基本特征以来，资本主义的发展经历了从私人垄断到国家垄断再到国际垄断金融资本的演进过程。信用制度和垄断一样脱胎于资本积累，信用事业既是社会闲散资金的聚合地，又是股份制企业发展的蓄水池。正是在信用制度基础上，股份制大公司之间通常以卡特尔、辛迪加、托拉斯等形式实现生产集中和垄断。20 世纪 30 年代经济萧条飓风的骤袭，迫使垄断资本寻求国家政权的庇护。凯恩斯主义倡导国家通过财政和信贷方式干预生产，运用国家政权对社会生产和分配进行监管，有力地缓和了生产与交换的矛盾，垄断资本与国家政权的强强联合为战后经济发展的"黄金期"奠定了制度基础。但是，国家干预束缚了企业的活动空间，20 世纪 70 年代的经济滞胀印证了凯恩斯主义的失败。为了扭转生产过剩与通货膨胀并存的"滞胀"局面，新自由主义取代凯恩斯主义而登上历史舞台。新自由主义借助全球化浪潮，资本利用跨国公司作为载体，信息革命赋予金融资本更大的流动性和灵活性，使其触角超越地域时空界限，伸向全球各个角落，"今天的地球上几乎没有一个角落资本活动

---

① 《马克思恩格斯文集》第 5 卷，人民出版社，2009，第 722 页。

不曾渗透到"①。但全球化是一把双刃剑，商品、贸易、生产的全球化为不发达国家经济的发展提供了契机，同时也带来了发展隐患。因为，西方国家借助全球化通道把不发达国家纳入资本风险地带，世界经济的任何风吹草动都会波及全球金融系统，东南亚金融危机就是最好例证。20世纪90年代以来，金融业成为资本获取利润的新宠。金融业本身并不创造价值，而是通过一系列金融泡沫的膨胀缔造"经济的繁华"，就像威廉·K.塔布金融资本循环的描述所说："仅用货币本身就能制造出货币来，而无须实际生产的介入。"② 金融资本较之产业资本具有更大的灵活性、流动性，逐渐占据主导地位。美国金融部门所获利润逐年上升，在短短30年间，金融部门所获利润在非金融部门中所占比例由20%上升到70%左右，"圈钱"成为资本积累的主要手段。

　　福斯特认为，在垄断金融资本主义阶段，金融危机和经济停滞进入无休止的恶性循环。信息革命推动着资本主义生产能力的跳跃式发展，巨大的经济剩余因缺少盈利性投资渠道而引发通货膨胀。从20世纪70年代开始，资本主义经济呈现逐步下降趋势。"美国的经济增长在20世纪70年代低于60年代，80年代和90年代低于70年代，2000～2009年低于20世纪80年代和90年代。"③ 经济增长下滑只是资本主义经济这枚硬币的一面，而另一面则是资本积累的金融化。实体经济领域投资机会受到挤压，而金融机构通过金融、保险、对冲基金等金融衍生品的投机买卖，用货币创造货币，相对实体经济建构了庞大的金融上层建筑。但金融膨胀并非抑制经济停滞的灵丹妙药，"资本主义经济停滞吹起金融泡沫，金融泡沫放大了经济停滞的恶果"④。当短暂的金融刺激退潮，经济再度陷入更深的停

---

① 〔美〕阿里夫·德里克：《世界体系分析和全球资本主义——对现代化理论的一种检讨》，俞可平译，《战略与管理》1993年。

② 〔美〕威廉·K.塔布：《当代世界资本主义体系面临四大危机》，唐科译，《国外理论动态》2009年第6期。

③ 〔美〕约翰·贝拉米·福斯特：《论垄断金融资本》，陈弘译，《海派经济学》2010年第31辑。

④ 〔美〕约翰·贝拉米·福斯特：《论垄断金融资本》，陈弘译，《海派经济学》2010年第31辑。

滞深渊。掌握垄断金融资本的权贵们为了把损失降到最低，又会发起新一轮金融刺激，如此往复循环，资本主义经济身陷"停滞—金融化陷阱"。

那么，当资本主义发展到垄断金融资本阶段，是否对资本主义发展阶段实现了质的超越？抑或是仍然隶属于垄断资本阶段？在福斯特看来，在经济停滞和金融危机的外在形式下，掩藏着资本主义基本矛盾的暗流涌动。生产的社会化与生产资料私有制之间的基本矛盾仍未解决，垄断金融资本并未在本质上超越资本主义发展阶段。进入 21世纪，新自由主义极力宣扬垄断的"不在场"性，试图掩盖资本主义经济的窘境。福斯特认为："垄断在 21 世纪的开头几十年一直在前所未有地得到加强。"① 但经济学中对垄断的定义并非狭义上的概念。在日常生活中，人们把"垄断"等同于"唯一"。谈起垄断自然而然联想到只有一个买方或卖方市场，而这样的市场由于缺乏现实的土壤，仅存在于人们的想象之中。经济学中的垄断侧重于"影响力"，也就是说公司强大到能够在商品定价、产量、市场准入等领域限制其他竞争对手的进入。随着经济全球化的发展，这种垄断"影响力"渗透国内外企业。当今，活跃在资本国际舞台上的各大企业，都是打个哈欠都能给整个全球经济带来金融海啸的垄断金融资本。

金融资本没有改变资本积累的本质属性，在其发展阶段仍处于资本主义阶段。经济剩余缺乏有效的吸收渠道，致使很多潜在经济剩余无法进入流通渠道，经济停滞成为资本主义的正常状态。当实体经济增殖空间不断压缩的情况下，资产阶级在新自由主义主导下，采取放松金融监管、创新金融工具的新政策，资本主义再度创造了繁华的景象。金融化成为金融资本捞金的新工具，成为对抗经济停滞的新法宝。但金融资本超越实体经济、金融逻辑对实体经济的支配和奴役，反而使整个经济恢复无望，最终陷入了似乎永无止境的经济停滞和进入膨胀的循环中。

---

① 〔美〕约翰·贝拉米·福斯特、罗伯特·麦克切斯尼、贾米尔·约恩纳：《21 世纪资本主义的垄断和竞争（上）》，金建译，《国外理论动态》2011 年第 9 期。

第二节　垄断金融逻辑与社会生态的恶化

当资本主义发展到垄断阶段，巨型企业为维护"命运共同体"而排除了盲目的价格竞争，社会生产能力相对过剩，经济停滞与通货膨胀成为资本主义无法根除的病魔。无休止的资本积累是资本主义生生不息的动力源泉，也是滋生病痛的万恶之源。为了支撑摇摇欲坠的资本主义大厦，在新自由主义的主导下，资本积累披上金融化的外衣，通过创建名目繁多的衍生品建造了货币创造货币的金融化海市蜃楼。但垄断金融资本绕过实体经济，结果造成了长期经济停滞、阶层收入过大、贫富分化严重等一系列社会问题，社会生态严重恶化。

一　无休止的经济停滞与资本积累的金融化

在福斯特看来，从自由竞争发展到垄断金融资本主义，实体资本积累逐步让位于垄断金融资本，经济发展越来越依赖于金融化刺激。但与金融化相伴而生的则是长期经济增长趋缓，滞胀成为垄断资本主义的常态。为了克服资本积累带来的弊端，新自由主义以经济循环金融化作为灵丹妙药，结果使资本主义身陷"停滞—金融化陷阱"。

（一）经济滞胀——垄断资本主义的常态

在以自由竞争为核心的资本主义发展时期，有利的历史因素抑制了经济停滞现象的诞生。在自由竞争时期，资本积累主要集中于工厂、交通运输和通信等第一部类，竞争是市场关系的主要表达形式。市场活动的经济单位几乎都是盲目生产的小商号，每个商号都内生有自由竞争的使命。由于缺乏对市场的有效预期，"价格战"成为竞争的主要形式。如果某种商品供不应求，存在较大的利润空间，则会点燃众多小商号的投资热情，使其一窝蜂似的投资该领域。结果导致供过于求、市场饱和，企业利润降低，致使部分企业投资转向甚至破产倒闭，而没有出现因企业共谋垄断市场的现象，也就避免了资本集中和生产过剩。价格竞争成为导引整个经济活动的风向标。随着价格的起伏，市场在经济繁荣和萧条中循环波动。

19 世纪末 20 世纪初，历史的车轮驶向垄断资本主义时期，经济剩余成为困扰资本主义发展的主要因素。"资本饱和——生产能力过剩和生产过剩的问题——成为一个永远存在的威胁。"① 巨型公司取代小商号一跃成为市场活动主体，寡头公司——也就是熊彼特在《资本主义、社会主义与民主》中所论述的"集中垄断"公司，或理性的、利润最大化的寡头，成为主导市场沉浮的垄断力量。这时公司之间不再进行你死我活的价格之战，而是通过心照不宣的协同方式确定商品的市场价格。因为自由竞争容易促使企业滑向自我毁灭的危险，这是每个垄断寡头都深知的市场法则。在寡头公司主导下，第一部类和第二部类的生产能力都得到极大释放，整个社会面临的不再是剩余的生产，而是如何吸收过剩的经济剩余，换句话说，也就是普遍低下的有效需求成为制约经济发展的瓶颈。

20 世纪初，整个世界处在风云变幻的时代。两次世界大战给人类带来了深重的灾难，1929 年爆发了具有毁灭性的世界性经济危机，这次危机因其持续时间之长、涉及人数之广使人类陷入史上的黑暗时代。当时美国的情形是"1929 年大危机之后，经济开始了长期衰退，悲凉年复一年"，"9000 家银行倒闭了。失业上升到了劳动力的 1/4；成千上万的人找不到工作"，"在 1929～1932 年间，制造业产量下降了一半。铁路客运车辆的产量从 1929 年的 2202 单位下降到了 1932 年的 7 个单位；汽车产量下降了 75%（从 450 万辆下降到 110 万辆）"。② 为了抑制经济下滑，政府不再充当经济发展的守夜人，而是通过实施积极的财政政策和货币政策全面干预经济发展。罗斯福在总统竞选时始终秉持着"税收、税收、税收。支出、支出、支出。竞选、竞选、竞选"③ 的理念，人们把摆脱萧条的厚望寄托在他的新政

---

① 〔美〕约翰·B. 福斯特、罗伯特·麦克切斯尼：《垄断金融资本、积累悖论与新自由主义本质》，武锡申译，《国外理论动态》2010 年第 1 期。

② 〔美〕乔纳森·休斯、路易斯·P. 凯恩：《美国经济史》，邸晓燕、邢露等译，北京大学出版社，2011，第 490 页。

③ 〔美〕乔纳森·休斯、路易斯·P. 凯恩：《美国经济史》，邸晓燕、邢露等译，北京大学出版社，2011，第 515 页。

上。罗斯福上台后在金融领域进行大刀阔斧的改革，为限制黄金出口制定了《紧急银行法案》，通过紧急证券法把华尔街的操纵者掌控在联邦贸易委员会的管理之下。同时，联邦政府成立紧急就业委员会，为庞大的失业弱势群体提供救济。在凯恩斯主义理论的应用下，国家通过价格管制、配给和物资调拨等一系列措施全面干预经济，为经济发展提供动力，创造了20世纪50年代美国人丁兴旺、安居乐业的富足盛世。政府干预经济扭转了世界大战和资本主义大转型所带来的经济萧条。

尽管第二次世界大战后，借助于战时积攒的消费热情、第二次工业化浪潮、军工体开支、广告销售等因素的推动，美国出现了短暂的"黄金时期"，但并未根除资本主义的内在危机。资本追求技术进步、投资生产领域不是为了满足人们的真正需求，人们的消费只是垄断资本获取剩余价值的一个媒介。当资本投入实体经济所获利润微薄或无利可图时，这时企业就会缩小投资规模，结果造成大量工厂和设备的闲置。而且，随着技术日益转化为生产力，工人遭遇更严重的生存危机。工资的增长与社会生产力的发展成反比，资本家发财致富的秘密是建立在压榨工人劳动、降低工人工资的残酷现实之上。而以工资为基础的居民消费能力相对社会生产力发展十分滞后，结果大量经济剩余搁浅实体经济。再加上巨型公司之间不再聚焦于单纯的价格竞争，竞争转向采用先进的科学技术降低成本，进一步加剧了经济剩余产出与吸收的矛盾。因此，在垄断资本主义条件下，垄断寡头在确保利润最大化的前提下纷纷削减投资生产能力，挤压投资空间，生产能力相对过剩，经济趋于缓慢增长甚至停滞。

由于外部刺激的局限性，20世纪70年代以后，资本主义陷入以"滞胀"为特征的经济危机之中。预期投资收益率的降低，使得资本投资实体经济的积极性受挫。再加上整个社会缺乏具有划时代意义的科技创新，比如蒸汽机、铁路、汽车等来点燃促进经济发展的新动力。就像卡莱茨基在《经济动力理论》中阐述的，资本主义经济并非天然的勇往直前，只有特定的因素才能推动其前进。当外界的刺激因素缺乏时，资本主义经济体系会陷入发展的泥淖。在20世纪70年代以后，世界经济发展缓慢，整个发展趋势走下坡路。金融化力量的崛起，使整个投资领域发生了转向，大量的剩余不是投入传统的制造业、运输业和工厂等领域，而是投向金融、保险等为实体经济发展聚集储蓄资本的部门。金融业的发展最初是为实体经济提供资金支持。但金融部门的膨胀脱离了最初的发展轨道，与实体经济背道而驰，结果酿成了金融危机的频繁爆发。为了驱逐金融危机的阴霾，垄断资本不断借助于金融工具挽救经济危机。在金融化的刺激下资本主义找到了发家致富的新门路，但是"金融化不能改变生产领域的停滞，并且还会以某些方式使其恶化；而在根深蒂固的经济停滞趋势面前，资本主义又只能继续推动金融化"①。可见，滞胀是资本主义无法根除的弊病。

"滞胀"一词最早出现在英国政治人物伊恩·麦克劳德（Iain Macleod）在 1965 年国会的演说中，该词意指通货膨胀和经济发展停滞。2011 年美国经济学会会长罗伯特·E. 霍尔用"低迷"表达了停滞的内涵，认为低迷就是由于经济紧缩带来的从失业到就业恢复的一段时间。可见，霍尔主要侧重用失业来定义停滞。保罗·克鲁格曼认为停滞不是负增长，而是长期经济低速、缓慢增长，并时常伴随危机的发生。斯威齐认为垄断资本主义时期，经济剩余理论取代了马克思在自由竞争时期提出的"利润率下降趋势"理论，由于投资和消费的局限性使得资本无法进入生产循环，寻找投资出路的经济剩余日益增多，实体经济领域大量经济剩余的累积成为阻碍经济循环的栓塞。福斯特继承了斯威齐对停滞的探讨。他进一步认为，停滞是垄断资本主义的正常状态。不过福斯特认为，尽管滞胀是垄断资本主义的正常状态，但停滞并不意味着经济停止不前。因为当经济陷入困境时，大资本家把金融化作为对抗经济停滞的重要法宝，他们通过银行救市等一系列措施挽救资本主义病弱的身躯。在金融化的刺激下，垄断资本主义颤巍巍地行进，而这又进一步加深了停滞

---

① 〔美〕约翰·贝拉米·福斯特：《论垄断金融资本》，陈弘译，《海派经济学》2010 年第 31 辑。

趋势。因此，在垄断金融资本主义中，金融化和经济停滞是一种双向共生关系。

（二）经济金融化修复陷阱

金融化是垄断资本家应对经济停滞的重要杠杆。凯文·菲利普斯在《傲慢的资本》一书中把"金融化"理解为实体经济与金融部门的分离，金融成为凌驾于实体经济之上的力量。戈拉德·A. 爱泼斯坦认为，所谓"金融化"是指金融在经济运行活动中地位不断提升。斯威齐把金融化和经济停滞看作一体两面。由于投资和消费不足以吸收大量的经济剩余，货币资本在金融领域找到了促进经济增长的肥沃土壤。同时，斯威齐还对垄断资本主义的发展趋势作了预测，即经济增长率下降、垄断跨国公司的发展壮大以及资本积累的金融化。福斯特作为左派政治经济学的一员，在继承斯威齐理论思想的基础上将对垄断资本主义的剖析向纵深处进一步推进。在他看来，"金融化可以定义为经济重心从生产转到了金融"[①]。金融化是经济活动从传统的工业生产转向金融投机、从实体经济转向虚拟化的金融领域的过程，企图通过发展金融、保险、债券、期货等金融衍生品，实现垄断资本的持续积累。

在福斯特看来，金融化改变了经济的结构和运行模式。金融化渗透在社会经济生活的各个领域，出现了"金融—工业联合体"现象。不但金融业大量发展，大量的工业企业也通过建立自己的金融子公司参与金融化业务，这样企业由原来的股东持股人转变为融资单位，公司决策权也由股东经理层转向金融机构。金融机构是财富资产的放大器，通过一系列金融衍生品的投机买卖使财富得以放大，从而间接创造需求动力以推动 GDP 的增长。例如，富人从事股票、房地产交易获得投机利润，把数字化的财富作为首付再次投入房地产买卖中，促进了水泥、钢材、建筑领域和房地产买卖业务的发展。福斯特认为，金融化的膨胀抑制了实体经济萎缩带来的负面效应，同时也把资本主

---

① 〔美〕约翰·贝拉米·福斯特：《论垄断金融资本》，陈弘译，《海派经济学》2010 年第 31 辑。

义推向垄断金融资本主义新阶段，新自由主义是该阶段的指导思想。

随着 20 世纪 70 年代中期经济的衰微，凯恩斯主义也走进了死胡同。垄断资本为了避免大萧条场景的再次重演，纷纷呼吁新自由主义登台。凯恩斯在正视资本主义经济危机时，认为传统古典经济学的均衡理论不足以解释大萧条带来的经济凋敝、失业严重景象，提出国家可以通过理性干预的方式自行创设需求动力以此化解经济危机。但凯恩斯主义主要是从宏观领域论述经济危机的，由于缺乏微观视角，其在面对经济停滞与通货膨胀时显得束手无策，从而使经济再次陷入危机。而此时市场的主导力量是垄断公司。为了确保资本利益最大化、缓解滞胀带来的负面效应、重启经济发展新动力，以反对政府对经济过度干预为核心主张的新自由主义登上历史舞台。新自由主义不像凯恩斯那样希望食利阶层消亡，而是力图维护垄断资本利益，主张把自由归还市场，通过市场而不是国家的宏观调控解决危机。当经济危机再现时，金融化则成为修复经济的理想手段。尽管金融化在一定程度上可以缓解经济压力，但其中潜藏着更大的风险。因为虚拟经济绕过实体经济，它的价格波动不受产业资本的约束，市场价格与它所代表的价值严重背离。当金融化过度膨胀，随之也会发生金融泡沫破裂，这会通过信贷、房地产、证券等传导至整个经济领域，给经济发展带来更大的灾难。

福斯特认为，在垄断金融资本主义时代，滞胀与金融化是一种共生关系。金融资本的诞生最初主要是服务于实体经济的发展。但随着金融资本游离并成为凌驾于实体经济之上的垄断力量，金融化越来越成为抑制经济停滞的有效力量。再加上金融产品天然具有较强的流通性、变现性，人们更倾向于将资本注入金融机构，于是金融投机带来的利润成为 GDP 增长的主要来源。"金融利润以火箭般的速度增长，从 1995 年到 2007 年中，膨胀了 300% 多。"[①] 新自由主义天真地认为资本主义是一种不受限制的自我发展体制，每一次滞胀都可以通过经

① 〔美〕约翰·B. 福斯特、罗伯特·麦克切斯尼：《垄断金融资本、积累悖论与新自由主义本质》，武锡申译，《国外理论动态》2010 年第 1 期。

济金融化疗伤，而不知金融化的无限膨胀掩盖着摧毁自身的危险因子。经济会随着金融化兴衰而发生跌宕起伏的变化，随着金融泡沫的破裂，经济社会也会发生多米诺骨牌现象，经济将再次陷入停滞、居民普遍处于失业状态。当金融市场不能自行恢复运转时，为了避免金融上层建筑的崩溃，政府总是作为最后买单人，通过政府救市，向市场注入资金，重启金融化之路。此时的资本主义经济体制就像是一个瘾君子，为了给经济剩余寻找出路，只有借助于金融工具的扩张，而随着金融泡沫的破裂，整个经济再次陷入停滞—金融化陷阱。

当福斯特从经济停滞、金融衍生品的泛滥等视角对一系列经济问题进行追踪后，他一针见血地指出资本积累在垄断金融资本阶段披上了金融化的外衣，但其增殖的本性并未改变，资本积累仍是一切问题的根源，"经济停滞的根本原因在于垄断金融资本下的积累模式。这个模式才是真正的问题所在，而非金融化，或现今的金融化危机"①。

二　金融资本积累悖论与社会代谢断裂

"经济停滞—金融化陷阱"理论是福斯特对金融危机时代深刻反思的产物。福斯特亲身经历资本主义发展黄金时期和金融危机时代，他的所见所闻使其理论关注点主要聚焦于垄断资本，围绕垄断资本对资本主义的剖析是对马克思主义理论的有益补充。因为马克思生活在工业资本主义迅猛发展时期，当时占据主导地位的是产业资本之间的自由竞争，资本积累主要依靠实体经济的发展，信用只是支持实体经济发展的辅助形式，并未成为统领经济发展的主要形式。而在垄断资本主义时期，尽管像军事支出、广告促销等特定因素能暂时支撑资本主义经济的发展，但随着资本主义经济体制的日趋"成熟"，短暂的投资契机不断消失。由于实体经济未来投资收益不理想，大量经济剩余无法找到新的投资空间，经济发展只有依靠金融化的反复刺激才能蹒跚前行。资本积累摆脱了实体经济的羁绊，披上金融化的外衣，金

---

① 徐迈：《〈金融大危机：成因与后果〉（引言）的翻译实践报告》，硕士学位论文，东南大学，2016，第33页。

融化成为抵消经济停滞的主要力量。资本积累以金融化的方式不断膨胀，从"货币到货币"的财富增长模式演变为"最纯粹最巨大的赌博欺诈制度"。

虽然金融化成为经济发展的主要推动力，但金融自身也具有脆弱性和不稳定性。金融化是一把双刃剑。一方面，膨胀的金融部门通过想象中的财富效应刺激了消费需求，暂时缓解了经济停滞带来的萧条景象，为经济的发展注入新的动力；另一方面，赌博经济助长了金融投机的泛滥，为债务通缩和经济萧条埋下隐患。明斯基曾针对资本积累的外部融资方式导致资本主义制度出现不稳定的现象提出了"金融不稳定性假设"。该假设从资本主义经济体系的内部去探求其所固有的不稳定性和经济周期波动所产生的根源和机制。在明斯基看来，以信用为基础的金融机构天生具有内在的不稳定性，市场机制是根治银行等金融机构弊端的主要力量，而通过政府行政干预则难以消除金融脆弱性。尽管明斯基意识到了经济结构的不稳定性，也关注到了经济领域中的停滞现象，但他认为停滞只是暂时的经济现象，而不是斯威齐所论述的停滞状态。

随着资本主义黄金时代的一去不复返，金融化成为经济发展的主要力量。金融膨胀所显现出的不稳定性成为垄断资本学派透视资本主义的重要窗口。马格多夫和斯威齐指出，资本积累过程自身存在着无法纠正的缺陷，"坦率面对这样的可能性，更确切地说，是将其置于分析的中心——积累过程的破坏，这一经济增长的核心问题可能是内在于市场体制本身的，无法自我纠正"[①]。他们从资本过度积累引起经济过剩的现象出发展开对垄断资本主义的研究，指出有效需求不足滋生了经济停滞，即所谓的"斯威齐常态"。福斯特洞察到停滞和金融化的共生性关系。金融化是资本主义吸收经济剩余的主要途径，是经济停滞趋势的外在表现，金融逻辑的发展根源于垄断资本。福斯特提出"垄断金融资本"概念，并基于资本积累思维范式发展了垄断

---

① 〔美〕约翰·B. 福斯特、罗伯特·W. 迈克切斯尼：《结构凯恩斯主义对国际金融危机解释的局限性》，王静、许建康译，《国外理论动态》2010 年第 10 期。

资本主义理论。他认为资本积累不再是单一的传统产业积累，而是采取金融资本与产业资本的双重形式。

资本积累的重心从生产转向金融领域。实体经济不能为经济剩余提供出路，金融化成为资本主义疏通经济发展通道的主要手段。越来越多的资本聚集在金融领域，膨胀的金融上层建筑催生了庞大的信贷业务。但信贷业务的数量扩张与质量提升不是同步的。在金融帝国膨胀之时，却发生了信贷债务质量的下降，资本主义经济不断遭受经济危机的困扰。"自 1970 年以来，至少发生了 15 起大的金融崩溃事件，其中最近发生的是：1998 年长期资本管理公司的崩溃；2000 年新经济的破灭；2007~2009 年的金融大危机。"① 由于垄断资本与权力的勾结，危机损害的主要是借贷者和投资者的利益，而当权者可以通过金融救市把损失降至最低，阶层之间的收入剪刀差越来越大，社会不平等现状更加严重。

（一）工人阶级状况恶化

福斯特作为资深的左翼社会学者，深知阶级分析方法是解剖社会问题的重要钥匙。阶级分析法历来是学者分析社会问题的一个重要视角。马克思曾说："至今一切社会的历史都是阶级斗争的历史。自由民和奴隶、贵族和平民、领主和农奴、行会师傅和帮工。"② 福斯特敏锐地意识到，在金融危机这场黑色风暴中，垄断资本通过反复的金融化来维护自身利益最大化，工人失业、未就业、不充分就业现象普遍恶化，工人工资趋于下降，但工人的消费能力却在债务的刺激下呈现了反常的增长趋势。

有学者用"利润挤压论"来解释发生在美国的金融大危机。所谓"利润挤压论"就是把充分就业时的工资增长看作引爆经济危机的重要原因。像美国学者瑞福德·博迪与詹姆斯·克罗蒂为了增加"利润挤压论"的说服力，他们把历史的镜头拉回凯恩斯主义时期。

---

① 〔美〕约翰·B. 福斯特、罗伯特·麦克切斯尼：《垄断金融资本、积累悖论与新自由主义本质》，武锡申译，《国外理论动态》2010 年第 1 期。

② 《马克思恩格斯选集》第 1 卷，人民出版社，1995，第 272 页。

在他们看来，工资上涨、劳动力成本的增加会挤压企业的利润空间，当依靠政府投资充分实现工人就业、整个社会呈现一派繁荣景象时，同时也意味着经济发展到了巅峰，而伴随工资的不断增加整个经济将走向断崖。资产阶级维护利润最大化的本能促使他们转向前凯恩斯主义的紧缩观，即倡导供给自动创造需求的萨伊定律。垄断资本试图通过削弱工会力量、增加失业人数以降低工资对利润的挤压，并通过放松金融监管为赌博经济开创大好局面。但左翼经济分析师却坚决反对利润挤压论。米哈尔·卡莱茨基认为，因为垄断资本掌握着产品的定价权，所以工资的增加不会挤压利润，资本家担心的是工人议价能力的增长会影响到食利者的利益。为了维护政治稳定，他们总是在充分就业和缩紧预算之间寻找平衡。而保罗·斯威齐和哈里·马格多夫则认为原因不是充分就业对利润的冲击，相反是资本相对劳工过于强大。因为在垄断资本主义制度下，投资和消费不足以吸收实际和潜在的经济剩余，结果是经济停滞、产能过剩、失业率居高不下。在福斯特看来，垄断资本故意夸大工资增长对利润增长空间的挤压，显然是小题大做，目的不过是转移工人视线，维护自身利益。

随着美国黄金发展期的结束，工人处境不断恶化，尤其是未就业、失业现象严重。其实，早在 1947 年通过的《塔夫脱·哈特利法案》就为工人阶级的困境埋下了隐患，该法案的主要条款是各州有权制定"劳动权利"法律，禁止工会保障条款。该法案总体上是为了维护资方的利益，把资本对劳工的矛盾推向了一个新的发展阶段。20 世纪 70 年代初，再次点燃阶级战争的是刘易斯·鲍威尔，他站在富人的立场，鼓吹发起对工人、左翼学术团体和自由主义媒体的攻击。后来，威廉·E. 西蒙也主张对工人进行攻击。代表工人阶级利益的工会组织不断受到削弱。就业岗位日趋萎缩，"从 20 世纪七八十年代的约 2% 下降到 2002～2012 年的不足 0.3%"[①]。工人实际就业状况堪忧，越来越多的年轻劳动力无缘就业市场，"2013 年男性青年的

---

① 〔美〕弗雷德·马格多夫、约翰·贝拉米·福斯特：《美国工人阶级的困境》，王建礼、郭会杰译，《当代世界与社会主义》2015 年第 3 期。

实际失业率上升到44%，女性青年的实际失业率上升到46%"[1]。在实际就业中从事兼职和临时工的人口比例居高不下。由于没有相关的法律保护，临时工的权益得不到保障，他们租住在廉价的出租屋内，为了生存不惜贱卖自己的灵魂和肉体。"他们坐在轮舱里、行李箱中间、牛奶箱上以及油漆桶上。一些女工抱怨她们不得已坐在陌生人的大腿上。一些工人被迫躺在地板上，其他工人的脚便踩在他们身上"[2]，工人处境苦不堪言。

工人的就业状况决定了工资收入的低下，其自身却成为庞大的消费主力军。工人工资上涨滞缓，以工资为基础的收入在 GDP 中所占份额猛跌，与此形成鲜明对比的是整个社会的消费能力却突飞猛进。以工资为基础的消费是拉动经济发展的主要动力，而在工资普遍停滞增长的情况下，美国个人消费占 GDP 的比例从 1994 年的67%上升到2004 年的70%，是什么魔力催生了消费力量的上涨？福斯特认为，家庭消费的力量提升主要来源于借贷业务的增长。低利率推动了借贷业务的繁荣，"全部私人债务（家庭和商业的）从 1970 年相当于美国 GDP 的110%上升到2007 年相当于美国 GDP 的293%"[3]。居民为维持以往的生活水准，通过住房抵押贷款为消费寻找资金来源，以住房为担保的抵押贷款抵消了股市泡沫带来的萧条，成为刺激经济增长的主要动力，但家庭债务泡沫会因为高房价的下跌或降息而被刺破。而信用卡、汽车分期付款、学生贷款等掠夺式贷款更增加了中等收入家庭的债务负担。越来越多的债务对于工人阶级来说不是雪中送炭，而是雪上加霜，庞大的家庭债务泡沫可能导致贫富差距的进一步扩大。

（二）贫富差距加大

福斯特认为，"美国经济的悲剧并不仅仅由于过度消费一项，而

---

① 〔美〕弗雷德·马格多夫、约翰·贝拉米·福斯特：《美国工人阶级的困境》，王建礼、郭会杰译，《当代世界与社会主义》2015 年第 3 期。

② 〔美〕弗雷德·马格多夫、约翰·贝拉米·福斯特：《美国工人阶级的困境》，王建礼、郭会杰译，《当代世界与社会主义》2015 年第 3 期。

③ 〔美〕约翰·B. 福斯特、罗伯特·麦克切斯尼：《垄断金融资本、积累悖论与新自由主义本质》，武锡申译，《国外理论动态》2010 年第 1 期。

且因为少数人以牺牲大多数人为代价残酷地追逐财富"①。处于世界体系顶端的往往是掌握金融资本的资本家，他们和寡头政治权力相勾结，借助于金融化力量不断聚集财富。金字塔顶端的富人可以通过金融杠杆不断敛财，即使金融泡沫破裂仍有国家作为最后的债务人来抵挡风雨。而工人和实体经济一样完全成为金融投机旋涡中的一个泡沫，随着信用危机的断裂，工人日益贫困化。财富越来越集中于金字塔顶端人士，而广大底层人民财富不断萎缩。"1%最富裕家庭的税后收入占全国收入分配的比重，从 1979 年的 8% 上升为 2001 年的 14%。2006 年 9 月，美国前 60 位富豪拥有的财富价值约 6300 亿美元，较上年增长近 10%。"②

随着经济的发展，社会两极分化严重。从表面看，工人是自由的劳动者，而实质上，他们除了能自由出卖自己的劳动力外一无所有。随着机器化、智能化的发展，工人并未实现真正的解放。机器替代工人，好像使现代工人可支配的自由时间不断延长，工人从资本的束缚中解脱出来。而实际情况是，机器的应用节约了劳动力成本，可以为资本家赚取更多的利润。工人劳动时间的缩短是以牺牲工资为代价，他们的离职并非心甘情愿。"2000～2007 年，美国经济的生产力增长率是 2.2%，而小时工资中位数的增长率则为 -0.1%，工资和薪酬支出占 GDP 的百分比从 1970 年的大约 53% 急剧下降为 2005 年的大约 46%。"③ 工人获得收入的渠道是非常狭窄的，除了工资只有依赖资产阶级开发的债务，而与此形成鲜明对比的则是资本家广阔的收入途径，除了开发金融衍生品，还可以通过世袭获得巨额财产。《华尔街杂志》曾论述道："父母的收入优势至少有 45%（在美国）被传递给了子女，也许会达到 60% 之多。如果做更高的估计，那么重要的

① 〔美〕约翰·贝拉米·福斯特：《美国家庭债务泡沫》，王姝译，《国外理论动态》2006 年第 11 期。
② 〔美〕约翰·贝拉米·福斯特：《资本主义的金融化》，王年咏、陈嘉丽译，《国外理论动态》2007 年第 7 期。
③ 〔美〕约翰·B.福斯特、罗伯特·麦克切斯尼：《垄断金融资本、积累悖论与新自由主义本质》，武锡申译，《国外理论动态》2010 年第 1 期，第 8 页。

不仅仅是你父母拥有多少——甚至你高祖的财富在今天也可能给你带来显著的优势。"① 当投资和消费路径受阻，资本转向金融投机领域开拓新的积累天地，金融衍生品渗透普通民众日常生活，垄断金融资本控制了生产、流通、交换和消费的各个环节，收入和财富不断聚集在垄断资本手中。

福斯特对垄断资本的研究没有局限于单一的美国，而是从全球视域的角度继续追踪垄断资本的逻辑演绎。20 世纪 80 年代以来，垄断资本日益集中到美国、西欧和日本三巨头。垄断资本的共同利益把它们的力量整合在一起，提升了帝国主义对不发达国家的掠夺能力。帝国主义的经济全球化是以跨国公司为载体的，原本应该在发达国家生产的制造业和服务业被外包出去，而总部则一般设置在发达国家，并且发达国家掌握着核心技术，通过垄断通信、金融、科技、专利等权力左右南方国家的经济发展，在海外建立分支机构寻找廉价的原料和劳动力，从而降低生产成本、提高利润空间。因为不发达国家往往积蓄着过剩的劳动后备军，尤其像中国和印度这样规模庞大的人口大国。低工资的优势吸引着全球工作从北向南的大迁移，通过全球劳动力套利为国际垄断资本创造了巨额利润，而不发达国家却陷入中等收入陷阱。离岸分包为新型经济体的经济发展提供了契机，比如中国从1978 年以来，经济规模不断翻番，经济增长突飞猛进。同时分包也把第三世界国家纳入服务垄断金融资本的利润扩张轨道，发达国家经济的发展不断依赖亚洲和其他南方"供养经济体"喂养。垄断金融资本通过国际货币基金组织、世界银行等组织团体侵蚀贫穷国家，利用不平等的贸易政策扩大南北经济剪刀差，中心与边缘的鸿沟越来越大。"全世界最富裕地区与最贫穷地区的经济差距由 13∶1 变成了 19∶1。"②

西方主流媒体为了掩盖垄断金融资本造成的穷国与富国之间巨大

---

① 苑洁主编《后社会主义》，中央编译出版社，2007，第 252 页。
② 〔美〕约翰·贝拉米·福斯特：《垄断资本主义理论：论马克思主义政治经济学》，范国华译，《国外理论动态》2014 年第 11 期。

的鸿沟，用"仁慈"来美化帝国主义。他们打着新自由主义的幌子，在全世界推行所谓的民主、人权和自由等"普世价值"理念，在打开别国门户的同时，也把其他国家纳入金融资本增殖逻辑。

第三节　垄断金融逻辑批判与社会生态平衡的重建

一　对新自由主义社会方案的质疑

20世纪70年代，随着资本主义进入"滞胀"时期，资本主义经济出现了通货膨胀、经济停滞和高失业并存的局面，凯恩斯主义受到质疑。而以主张私有化、全球化和自由市场化为核心的新自由主义登上历史舞台。新自由主义代表了垄断金融资本在政治经济上的利益诉求。但2008年始于美国并向全球蔓延的金融危机，意味着"新自由主义"已经是穷途末路，日益走向终结。新自由主义在经济危机时临危受命，它的救市药方又在危机的不断复发中逐渐失效。福斯特以垄断金融资本为切入点，深入剖析了新自由主义的社会方案，断然指出新自由主义不是传统自由主义的复活，而是大资本、大金融等资产阶级修复金融危机、维护自身利益最大化的权宜之计。

（一）新自由主义的救市良方

始于2008年9月雷曼兄弟银行破产的金融大海啸，迅速波及全球多个国家和地区。很多人多年积累的财富一夜蒸发，实体经济发展空间不断萎缩，全球经济身陷停滞—金融化陷阱。在分析和阐发这场危机的原因时，对新自由主义的反思是一个绕不开的话题。

1. 新自由主义起源

自由一直是人们梦寐以求的理想价值。对自由的探讨最早可以追溯到古希腊哲学。雅典人把自由理解为依据自己的意志和兴趣可以任意行事。而苏格拉底和柏拉图通过反思，提出"美德即知识""人皆求善"，对自由做进一步的规制。在黑暗的中世纪，人类的思想被上帝所禁锢，自由成为一个雷池禁地。文艺复兴和宗教改革打破了基督

教的统治地位，自由再次成为许多思想家和哲学家的研究对象。洛克
认为人生而自由，人们在自然状态下享受着天赋自由，他说："那是
一种完备无缺的自由状态，他们在自然法的范围内，按照他们认为合
适的办法，决定他们的行动和处理他们的财产和人身。"① 卢梭认为：
"人天生是自由的，但是，也无处不在枷锁当中。那些自认为是别人
的主人的人，实际上是比其他人更加彻底的奴隶。"② 但在封建阶级
统领下，自由并未成为一种主流思想意识。

　　随着资产阶级革命的胜利，自由主义逐渐成为一种被广泛接受的
社会政治观念。随着工业资本取代商业资本，重商主义经济学说成为
资本主义发展的障碍。资本主义经济体制的建立，需要在意识形态领
域产生新的学说为其服务，古典自由主义政治经济学成为资产阶级意
识形态的集中表达。古典自由主义否定君权神授、反对政府对经济的
干预，主张使市场从政府的管制中脱嵌出来，倡导把自由归还市场和
个人的价值理念。在他们看来，参与市场的主体是理性经济人，不受
管制的自由市场能够有效调节资源配置，而政府不过是社会和法律规
则的"守夜人"。古典自由主义通过限制政府权力，从而保护个人自
由和私有财产权。实际上是为了巩固资产阶级的统治地位，为资产阶
级的发展扫除一切障碍，具有一定的历史进步意义。

　　随着资本主义历次危机的爆发，自由主义思想也不断得以更新。
1973 年，中东阿拉伯国家通过减产、提价、切断运输途径等手段提
高石油价格，以此打击以色列以及支持以色列的国家，结果造成国际
油价上涨，最终引发了战后最大的一次经济危机。这次危机对美国等
主要依靠石油资源的西方大国给予了沉重打击，致使美国等工业资本
主义国家生产力增长放缓。由于西欧和日本经济力量的崛起，大量商
品涌入美国，美国的贸易逆差不断扩大，黄金储备大幅减少。而由于
没有充足的黄金做后盾，美元的国际地位受到冲击。而布雷顿森林体

---

① 〔英〕洛克：《政府论》（下篇），叶启芳、瞿菊农译，商务印书馆，1996，第
5 页。
② 〔法〕让·雅克·卢梭：《社会契约论》，徐强译，中国社会科学出版社，
2009，第 3 页。

系解体后，与黄金脱钩的美元像一匹脱缰的野马，美国任意滥发纸币把资本主义的发展推向新的"滞胀阶段"。如何摆脱这一困境，是各国学者面临的问题之一。而以古典自由主义理论为基础的新自由主义为迷途中的资本主义经济送来了一缕阳光。

新自由主义是一个复杂的、颇受争议的思想体系。新自由主义对应英文 New liberalism 和 Neo-liberalism 两个术语。一般认为，新自由主义（New liberalism）具有左翼倾向，因为它所理解的自由主要是从积极意义上倡导政府参与调节和管理经济。而与之相对的 Neo-liberalism 则主张减少政府对经济的干预，倡导"小政府"或"去政府"理论。而本书谈论的新自由主义，主要是指形成于 20 世纪七八十年代的政治经济哲学，华盛顿共识则是其经典表达，其核心要义是私有化、自由市场和全球一体化。

在福斯特看来，新自由主义最初起源于 20 世纪 20 年代早期。奥地利社会学家路德维希·冯·米塞斯在他的马克思主义批判著作《民族、国家和经济》和《社会主义：经济和社会学分析》两本书中对自由主义进行了阐述，这被看作新自由主义的思想基础。米塞斯当时受雇于维也纳的商会，他坚持认为必须通过翻新旧自由主义的方式战胜社会主义。他将社会主义等同于破坏主义，坚持认为垄断和资本主义的自由竞争是一致的，捍卫了无限的不平等，并主张消费者通过购买来行使"民主"，这就好像政治上的投票一样。他强烈谴责劳工立法、强制性社会保险、工会、失业保险、社会化（或国有化）、税收和通货膨胀，这些是他为自由主义进行翻新的敌人。米塞斯的自由主义思想不断遭遇马克思主义学者的批判。奥地利马克思主义者麦克斯·阿勒德创造了"新自由主义"一词，指明米塞斯试图通过一种新的市场拜物教观念来重塑衰落的自由主义。鲍尔和穆塞尔等学者也曾把米塞斯看作垄断资本的代言人、为资本服务的忠实奴仆。1923年，才华横溢的奥地利马克思主义学者鲍尔对米塞斯的新自由主义意识形态进行了批判。1924 年，德国马克思主义者艾尔弗雷德·穆塞尔在德国著名的社会主义理论杂志《死亡哲学》上写了一篇关于米塞斯的长篇评论，题目为"新自由主义"。阿勒德、鲍威尔、穆塞尔依据大量马克思对资本主义的分析理论，批判米塞斯所谓的"不受管制的资本主义是唯一理性的、合法的经济制度"，"社会主义等同于破坏"的思想。随后，在1926年，原法西斯经济学家奥赛马尔·斯潘批判了米塞斯自由主义思想是企图返回古典自由主义的极端版本，并将其经济理论的类型称为"新自由主义趋势"。1927年，米塞斯还在《自由主义》一书中认为旧自由主义主要关注平等，而新自由主义只认可机会平等，使新自由主义首次得到人们的关注。米塞斯信奉市场竞争原则，他所提倡的新自由主义思想只不过是流动资本的新学说。新自由主义从米塞斯的笔下诞生。

但在20世纪20年代，由于金融监管部门的放松，金融欺诈盛行，结果爆发了史上有名的"大萧条"。卡尔·波兰尼在《大转型》一书中，论述道：新自由主义把社会关系嵌入自由的市场经济中，以利润为目的的市场经济前景不容乐观，凯恩斯主义的上台为资本主义的发展带来了大转型。从1930年到20世纪60年代，大萧条和第二次世界大战后，新自由主义意识形态逐渐弱化，资本主义在凯恩斯主义的保驾护航下经历了一个黄金发展时期。经济增长、工人福利等都得到大幅度提高，这一时段的资本主义被称为"凯恩斯时代"。资本主义国家在军事支出、战后欧洲和日本重建、销售努力和汽车工业发展众多因素的推动下，经济获得迅速增长。

但随着管制资本主义的弊端日益凸显，资本主义体系的结构性危机不断暴露，"滞胀"是当时经济危机的突出表现。这时，凯恩斯主义通过扩大支出挽救资本主义的企图宣告失败，这为一直处于边缘地位的新自由主义提供了发展契机，以哈耶克和弗里德曼为代表的新自由主义思潮重新登上历史舞台。新自由主义目的是捍卫垄断资本及其阶级利益，他们被描绘成自由市场竞争和创业精神的代表。新自由主义是寡头垄断的政治经济学，尽管经济停滞不前，他们手中的财富仍能借助于金融化、全球化和数字技术的革命，实现财富的积累。相比实体经济，金融化抵消了经济停滞造成的影响，成为亿万富翁财富增长的新渠道。全球化不仅是新市场的开拓者，也意味着中心国对边缘国劳动力的剥削和资源的掠夺，最终导致了全球生态恶化和不平等加剧。数字技术为新的全球化监视资本主义提供了基础，通过销售努力①来买卖人口信息，从而导致了巨大的信息技术垄断。

新自由主义把一切都纳入自由市场网络体系，教育、卫生、交通、住房、土地、监狱、保险、养老金等都被商品化。在垄断资本主义时代，"没有做不到，只有想不到"。深埋地下的矿石燃料已经作为金融资产计入公司账簿，资本积累逐渐从生产和使用价值的现实中消失，整个社会和人类星球都陷入紧急状态。

金融化过程设法在某种程度上抵消经济停滞的趋势，但结果却造成了金融危机的周期性爆发。然而，金融危机本身导致了更严重的金融资本集中和集权化，少数富人财富的积累继续加速。在这种情况下，新自由主义越来越依赖于金融资本逻辑。在福斯特看来，金融危机并没有给新自由主义本身带来严峻的危机，反而给它带来了进一步的推动力，反映出新自由主义已经成为垄断金融资本体系意识形态的表达。

2. 新自由主义——垄断金融资本意识形态的核心

新自由主义是垄断金融资本意识形态的集中表达，它反映了扩张的垄断金融资本在理论上的诉求。大卫·哈维认为新自由主义是一项阶级工程。大卫·科茨说："新自由主义不仅代表了金融资本的利益，而且还代表在国家调控的社会积累结构的危机时期和特殊历史条件下变得相对统一的资产阶级的利益。"②

新自由主义重塑了国家与市场的关系。福斯特认为，新自由主义的主要目标是"将国家嵌入资本主义市场关系之中"③，国家的职能被精简为只剩下维护资本主义再生产。新自由主义信奉"市场万能论"，认为通过金融市场的自我调整能够解决经济危机，政府主要是

---

① 参见〔美〕保罗·巴兰、保罗·斯威齐《垄断资本》，南开大学政治经济学系译，商务印书馆，1977。
② 〔美〕大卫·科茨：《金融化与新自由主义》，孙来斌、李轶译，《国外理论动态》2011年第11期。
③ 〔美〕约翰·贝拉米·福斯特：《绝对资本主义：新自由主义规划与马克思—波兰尼—福柯的批判》，王爽、车艳秋译，《国外理论动态》2019年第8期。

为资本的自我流动创造条件，国家从属于市场。"新自由主义的利维坦是遵循单一市场逻辑、职能愈发单一的国家。"[1] 新自由主义颠覆了传统的经济基础决定上层建筑的关系，国家反而成为遵从市场逻辑的新的利维坦。国家主要服务于资本和金融市场，保护大银行和大企业的利益，国家的作用不单单是亚当·斯密所主张的保护财产，而是福柯在其作品《生命政治的诞生》中精辟解释的那样，要积极建构市场对生活的全方位主宰，是"国家接受市场监管，而不是市场接受国家监管"[2]，国家的职责是推动市场对人类生活全方位的渗透。

新自由主义哲学的核心就是保护垄断企业资本，捍卫统治阶级的王朝，代表了自由的市场竞争和企业家精神。新自由主义的私有化、自由市场和全球一体化政策就是为资产阶级福祉提供理论支撑。英国撒切尔夫人的"供给侧"改革是新自由主义为保护资产阶级私有财产的经典佳话。"二战"后，英国经济发展缓慢，经济地位不断下降。尤其是20世纪70年代后，"英国病"越发严重，政府为扭转经济形势，采用凯恩斯主义在需求侧刺激经济，但整个经济没有任何起色，反倒身陷长达10年的"滞胀"期。1979年，身为保守党的撒切尔夫人击败工党，成功入主唐宁街。俗话说"新官上任三把火"，撒切尔夫人为医治"英国病"开出的药方是"私有化改革"。她将私有化看作扭转英国经济颓势的重要政策，鼓励私人办学、发展私人诊所、推行住房私有化改革，大力倡导企业家精神。另外推行减税、放松政府对市场的监管，为市场的自由发挥创造条件。撒切尔夫人推行的供给侧改革最终为英国经济发展带来了春天。与此相呼应的还有美国总统里根基于"沃尔克休克法"所实行的新自由主义改革。他们二人被视为闪耀在新自由主义经济学的璀璨双星。由于资本积累基本矛盾没有改变，资本主义自从20世纪70年代以来就进入了长波下行阶段，危机像幽灵一般存在于资本主义体制内。垄断资本为保护自身

---

[1] 〔美〕约翰·贝拉米·福斯特：《绝对资本主义：新自由主义规划与马克思—波兰尼—福柯的批判》，王爽、车艳秋译，《国外理论动态》2019年第8期。

[2] 〔美〕约翰·贝拉米·福斯特：《绝对资本主义：新自由主义规划与马克思—波兰尼—福柯的批判》，王爽、车艳秋译，《国外理论动态》2019年第8期。

利益，通过大力开发金融衍生品、实施注资救市、放松金融监管和货币宽松政策等手段，借助金融工具创新为资本积累进一步拓展新的空间。这是新自由主义为掩盖垄断金融资本积累的本质而进行的外在翻新，结果却给全球经济发展带来了严重灾难。新自由主义也并非医治经济停滞的灵丹妙药。

（二）新自由主义并非古典自由主义的复活

尽管新自由主义和古典自由主义都属于自由主义，并且新自由主义源于古典自由主义，但新自由主义并非古典自由主义的复活，这主要基于二者的理论宗旨、影响程度而言。

古典自由主义产生于自由竞争资本主义阶段，是革命的资产阶级在反对中世纪重商主义的斗争中所形成的资产阶级利益意识形态。古典自由主义认为追求自身利益最大化的理性经济人，通过市场这只"看不见的手"可以实现资源的自由流通。因为"他受着一只看不见的手的指导，去尽力达到一个并非他本意想要达到的目的"①，即实现供需之间的平衡。政府只是为经济提供服务的"守夜人"，经济的发展无须政府的干预。因为市场自身会通过价格、供求、竞争等规律自动实现资源的优化配置。因此，在古典自由主义看来，最理想的政府就是对经济管得最少的政府。而新自由主义产生于垄断资本主义阶段，它以反凯恩斯主义的革命姿态登上历史舞台。当时资本主义固有的各种矛盾激化，垄断资本阶级希望借助新自由主义维护自身利益最大化。美国自20世纪30年代的大萧条以来，凯恩斯主义一直被垄断资本奉为国家建设的圭臬。但到20世纪六七十年代，资本主义结束发展的黄金时期，凯恩斯主义继续实行扩张的财政政策，导致财政收支出现缺口并不断加大。国家为了填补巨大的财政赤字大量发行货币，结果造成通货膨胀，进一步加剧了经济、社会领域的各种矛盾。为了医治资本主义的滞胀弊病，新自由主义倡导放松金融监管、削减工人福利、压缩财政支出、减少企业税赋等措施。新自由主义继承了

---

① 〔英〕亚当·斯密：《亚当·斯密全集》第3卷，郭大力、王亚南译，商务印书馆，2014，第30页。

古典自由主义理论，也迷恋市场的无限威力，但他们没有把政府看作旁观者，政府应以"球场裁判员"的身份积极参与市场活动。国家的职能异化为仅仅服务于金融资本的需求，新自由主义所制定的方针策略都是为了竭力维护垄断资产阶级利益。

古典自由主义代表整个新兴资产阶级利益，在挣脱封建主义束缚、摆脱国家主义干预中发挥了重要力量。作为一种经济发展模式从18、19世纪到20世纪30年代在欧美资本主义国家长期居于主导地位。新自由主义受命于身陷滞胀危机的垄断资本主义，素被推崇的凯恩斯主义失去法力，而主张在经济领域实行"自由化""市场化""全球化"政策的新自由主义不断赢得统治阶级的青睐。"撒切尔新政"和"里根经济学"为新自由主义开启了美好篇章。通过全球化，把一些污染严重的低端制造业迁移出本国，利用第三世界廉价的劳动力和自然资源提高利润率，为垄断资本进一步拓展了获利渠道。同时，不发达国家经济被纳入依赖宗主国的依附网络。新自由主义还通过金融创新不断拓宽了资本增殖空间。实体经济的萎缩使美国不断调整经济战略，以金融资本为主导的虚拟经济发展壮大，金融资本的扩张成为新自由主义政策的掘墓人。因为经济发展的主要动力主要来源于金融创新、国家债务、房产泡沫等，这种经济发展模式造成了贫富两极分化，金融泡沫中只有最富裕的1%的少数人享受到资本的恩惠，而普通劳动者愈加贫穷。2007年爆发于美国并席卷全球的金融危机使全球经济至今没有走出发展的阴霾，这进一步印证了新自由主义的失败。

二　"会诊"资本主义：垄断金融资本主义命运的大讨论

（一）资本主义"结构性危机"标志着新自由主义的终结

在福斯特看来，新自由主义是垄断资本意识形态的集中表达，垄断资本借助于全球化、自由化、市场化力量不断拓展资本增殖的空间和渠道。广大不发达国家被卷入资本增殖的网络体系，发达国家通过劳动力套利、生态殖民等手段掩盖帝国主义侵略行径，从这个意义上来看，新自由主义代表着绝对资本主义。这种绝对资本主义把市场精神渗透到经济、金融、教育、保险、通信、医疗和环境等各个领域，市场也是按照大企业、大金融阶级的利益制定游戏规则，价值规律不过是他们意志的市场化体现。由于绝对资本主义体系没有化解生产的社会化与生产资料私人所有制之间的矛盾，最终在金融领域点燃了资本主义全面性危机。这场危机的破坏程度、影响范围在历史上实为罕见。反思当前垄断资本主义制度下的金融危机，它给人类带来的破坏性主要体现在以下几点。

在新自由主义主导下，资本主义经济危机此起彼伏。1994 年 12 月 ~1995 年 3 月墨西哥爆发的金融危机，首次打破了新自由主义"完美"的神话。这次危机集中体现在比索汇价一落千丈和股票价格狂泻上。紧接着，1997 年 5 月在泰国、日本、韩国、印尼、菲律宾、马来西亚、新加坡以及我国台湾等亚洲国家和地区发生了金融海啸，再次暴露了新自由主义的内在弊端。1998 年在俄罗斯以及拉美国家爆发的金融危机，再次用铁打的事实验证了新自由主义理论政策的缺陷和不足。而 2007 年由美国次贷危机引发的全球金融危机，意味着新自由主义的衰败是一个不争的事实。新一轮危机是一场根源于新自由主义体制、根植于资本内在矛盾的结构性危机。实体经济与虚拟经济的倒置，私人资本追逐利润的本性造成金融资产的市场价格严重偏离基础价值，过度膨胀的金融泡沫在达到巅峰之后破裂，金融危机一触即发。

垄断资本阶级为了掩盖资本主义制度的弊病，通过各种手段转嫁危机，造成了国内政治局势的紧张，政治面临危机。在金融危机爆发后，垄断资本为清扫资本增殖通道企图通过紧缩政策将危机转嫁给工人阶级，这激发了工人的反抗情绪，各地爆发了工人运动和抗议行为。2008 年 12 月，希腊 15 岁青年亚历山大·格里戈罗普洛斯之死引发了整个社会的动乱和不安，深层次矛盾是人们不满政府新的养老金政策和福利改革。2009 ~2011 年冰岛爆发了抗议金融危机的厨具革命。平日主要围绕厨房的家庭主妇纷纷拿着锅碗瓢盆走上街头抗议银行家和金融政客的贪婪行为，最终摧毁当时的政府。2011 年 9 月，上千名示威者在美国纽约曼哈顿发起了名为"占领华尔街"的抗议活动。示威者在纽约证券交易所等华尔街金融机构外高喊"我们是

99%的人，不能再忍受那些1%的人的贪婪和腐败"①。"占领华尔街"运动主要是抗议美国的金融体制与监管模式，指责政府救助少数金融机构而使多数人陷入经济困境。此起彼伏的社会运动进一步暴露了西方国家"富豪政治""劣质民主"的弊端，对新自由主义主导下的精英政治和自由理念形成新的挑战。

垄断资本借助全球化力量，把低端制造业迁移至不发达国家进行危机转嫁，实现新自由主义在全球的资本积累，第三世界廉价的劳动力和自然资源成为垄断资本攫取剩余价值的基础，南北发展的剪刀差越来越大。西方国家用"自由""民主""市场化"等价值理念软武器炸开新的殖民领地，并打着国际援助的幌子将贫穷国家纳入资本循环体系。发达国家不但主宰着边缘国家的自然资源、劳动力和经济的控制权，还通过建立新的"金融机构"牢牢控制贫穷国家的外汇交易、金融的垄断权，"通过'债务陷阱'将欠发达国家'拉拢'进资本循环体系"②，为资本积累拓展新的增殖空间。发达国家借助于国际货币基金组织、世界银行、世界贸易组织等国际经济组织对不发达国家展开资源掠夺，最贫穷的国家成为剩余资本的"接收器"，很多国家因此陷入了"债务陷阱"。

在新自由主义主导下，垄断金融资本为满足资本积累不断超越自然承载空间，人与自然之间的矛盾更加凸显，生态危机普遍恶化。新自由主义深知消费对促进资本积累的神秘效用。为了寻找资本积累空间，他们鼓吹消费主义和享乐主义。但纵观资本主义近30年的变化，在消费力量增长的同时工人收入不升反降。据统计，若不考虑通货膨胀的影响，一个成年男人的收入相比30年前同样年龄的工资低了12%。垄断资本为了刺激人们的消费欲望，通过信用卡、抵押贷款等手段人为提高工人的购买能力，很多家庭举债消费，势必造成全球生态环境的恶化。最新研究表明，全球气温以前所未有的速度持续上

---

① 周琪、沈鹏：《"占领华尔街"运动再思考》，《世界经济与政治》2012年第9期。
② 陈硕颖：《透视希腊债务危机背后的资本主义体系危机》，《马克思主义研究》2010年第6期。

升，气候的这种变化所导致的不可预测的后果不可避免地使我们的恐惧逐渐增大。

今天的垄断资本主义正在毁灭人类生存的家园，收入和财富不均严重到无以复加的地步，世界各地工人的经济、社会与生态条件不断恶化，人类栖居的地球也陷入了危险境地，这一切都是由资本主义体系在全世界范围内的剥削、侵占、浪费和掠夺所导致。如果不改变当今的这些趋势，资本主义巨头将毁灭地球和人类自身。人类未来的出路在哪里？福斯特认为，只有通过一场自下而上的生态革命，才能建立一个真正平等、生产可持续发展的生态社会主义。

（二）构建生态社会主义

当今，资本主义身陷停滞—金融化陷阱，新自由主义通过金融化救市，结果与其初衷背道而驰，造成资本与劳动的严重对立。经济停滞、收入与财富不平等、生态危机等问题不断恶化，资本主义身陷崩溃边缘。因此，"我们需要的只是一个不同的社会，我们必须努力去建设这个社会"①。福斯特认为，只有走生态社会主义之路，才能促进社会与经济、人与自然的和谐发展，而依赖传统的社会民主主义仍无法彻底解决人类的生存危机。

1. 社会民主主义的衰落

"一战"后，欧洲社会民主党发生分离，形成两支不同的社会力量。一支是以卢森堡和列宁为思想领导的革命派系，一支是以伯恩施坦为代表的改良主义。在改良主义看来，资本主义的发展已经具备了克服危机的能力，工人阶级应放弃武装夺取政权的思想。而应通过发展工会力量、完善社会福利、维护工人阶级的利益，从而和平实现从资本主义向社会主义的过渡。为了与完全的社会主义相区别，改良主义通常被称为"社会民主主义"。改良主义的目标是不经过流血牺牲建立一个理性的资本主义，"一个更能禁得起社会主义核心价值观检

---

① 〔英〕比尔·布莱克沃尔：《资本主义危机和社会民主主义危机：对话约翰·贝拉米·福斯特》，韩红军译，《国外理论动态》2013 年第 11 期。

验的、而不是与这种制度的经济结构决裂的资本主义"①。社会民主主义的美好蓝图对西欧国家的社会民主党具有较强的吸引力。

但是，垄断金融资本主义时期，社会民主主义陷入进退两难境地。资本主义最近几十年的发展变化可以概括为新自由主义、全球化和金融化。金融化是三者中的主导力量，新自由主义全球化实质则是垄断金融资本在全球的扩张，金融化力量渗透全球各个角落。金融力量的崛起改变了传统的资本形态，金融资本取代产业资本成为资本积累的新形态。金融权力精英掌控着资本力量，他们不再是传统的工业资产阶级，主要依靠工业、商业、交通业等实体经济的发展追逐利润。金融权力精英发家致富的秘密蕴藏在金融资本的膨胀中，他们依靠手中的"法律证书"积累庞大的资产帝国。社会民主主义想在"乱世救市"，通过凯恩斯主义的财政扩张政策促进经济增长，在蛋糕做大的基础上进行再分配。但是，时代背景注定了社会民主主义策略的失败。因为凯恩斯策略是与金融界的利益背道而驰的。凯恩斯曾主张对资本主义中的食利阶层实行"安乐死"，而金融资本也希望对凯恩斯主义能实行"安乐死"。因此，垄断金融资本难以接受凯恩斯的扩张策略。

社会民主主义无力化解资本与劳动的冲突。第二次世界大战后，军事开支一向是以美国为首的发达资本主义国家促进经济增长的惯用策略。国家的军事开支投入远远超过民生支出，但庞大的军事开支并没有促进美国经济的增长。"实际上，美国军事支出高达 1 万亿美元，却没有增加政府的民生支出。根据官方的统计数据，美国用于军事上的开支与世界所有其他国家的总和一样多，然而这么做也没能刺激美国的经济增长。"② 国家对民生问题的轻视，致使劳动者的力量日益弱化，"强资本"与"弱劳动"是垄断资本主义孕育的怪胎。劳动力和资本的关系不像在垄断资本阶段可以相互协商，在垄断金融资本时期，劳动力被逼入绝境。"花今天的钱，圆明日的梦"成为垄断资产

① 苑洁主编《后社会主义》，中央编译出版社，2007，第 249 页。
② 〔英〕比尔·布莱克沃尔：《资本主义危机和社会民主主义危机：对话约翰·贝拉米·福斯特》，韩红军译，《国外理论动态》2013 年第 11 期。

阶级倡导的消费价值理念，劳动者普遍处于失业或半失业状态，但这并没有影响他们的购买欲望。因为，科技的进步催生了信用制度的日趋成熟，人们借助分期信贷、住房抵押贷款、信用卡透支等信用工具来支撑消费。劳动者陷入举债消费的深渊难以自拔，而垄断资本通过金融化不断创造虚假需求，从中掠取庞大的利润。这种"怪诞"的积累方式使得金融权力精英愈来愈强，而工业部门的劳动力处境越来越糟。在福斯特看来，社会民主主义源自社会主义运动，可以通过国际劳工联盟战略，重回真正的社会主义阵营。

2. 生态社会主义的复兴

垄断金融资本主义并未超越资本主义的发展阶段，对利润的追逐仍是垄断金融资本的本性。只要资本积累仍旧是社会经济活动的主导力量，那就注定这种生产方式只是人类历史过程的一个阶段，而并非永恒。"这种特有的限制证明了资本主义生产方式的局限性和它的仅仅历史的、过渡的性质；证明了它不是财富生产的绝对的生产方式，反而在一定阶段上同财富的进一步发展发生冲突。"① 以福斯特为代表的左派政治经济学派在对垄断金融资本进行透视的基础上，总不忘在结尾处呼叮用新的社会主义取代资本主义。

在福斯特看来，苏维埃制度的垮台并不意味着资本主义制度是人类社会的终结，社会主义作为资本主义的替代者仍闪烁着希望的光芒。苏联在帝国主义包围中建立了人类历史上的第一个社会主义国家，这给苦苦探索人类社会发展前途的有识之士带来了希望。"苏联的崛起是世界历史的一个转折点：一个大国推翻资本主义、创造社会主义社会的首要尝试。"② 紧随其后，中国革命于 1949 年取得胜利。整个 20 世纪，全球约有 1/3 的人口和土地摆脱了资本主义制度。社会主义制度有望成为星火燎原之势。但是，资本主义与社会主义之间的对抗从未中断，尤其是 1991 年苏维埃制度的失败，严重挫伤了人们探索社会主义制度的积极性，实现社会主义的梦想暂时搁浅。福斯

---

① 《马克思恩格斯全集》第 25 卷（上），人民出版社，1974，第 270 页。
② 苑洁主编《后社会主义》，中央编译出版社，2007，第 245 页。

特从内外两个角度剖析了苏维埃制度失败的原因。

从外在因素来看，苏联从建国之始就处于被孤立、打压的境地。"从一开始，来自外部的巨大而连续不断的军事压力就使苏联的全部发展受挫，并最终导致了它的灭亡。"[1] 早在革命时期，美国就通过支持白军挫伤苏联的革命锐气。"二战"后，美国等西方国家"妖魔化"苏联，他们实行冷战战略孤立打压苏联，冷战战略包括三个部分：①开展军备竞赛，拖垮苏联经济；②积极干预第三世界的政治经济，目的是使边缘服务于中心，资源源源不断地供奉美国；③经济封锁和军事打压退出该体系的国家。苏联在帝国主义的包围下，集中资源发展军事生产，经济发展步伐艰难，生态问题严重，苏联最终于 1991 年瓦解了。

苏联自身也存在着一些弊端。从本质上讲，社会主义应是一个更加平等的社会结构。在建国之初，苏联实行生产资料公有制，确保人民充分就业，提高社会福利，极大地点燃了人们对新制度的热情。但在斯大林领导时，官僚主义开始侵蚀社会主义制度。特权阶级可以通过教育和其他方式为子女谋取利益，僵化的官僚制为苏联制度的垮台埋下了隐患。

福斯特认为，从历史和逻辑上看，苏联的垮掉并不能证明社会主义的失败。资本主义的胜利也是在和封建主义的多次反复斗争中取得的，社会主义要战胜资本主义也不可能一帆风顺，苏联的失败只是人类社会主义探索过程中的一个环节。社会主义奉行平等与合作的理念，代表着人类发展的前进方向。再者，资本主义自身存在着无法治愈的痼疾，经济停滞、贫富差距过大、两极分化严重、生态危机、军事干预的帝国主义行径，使得"今天的资本主义世界体系陷入了文明面临全面危机的境遇"[2]，社会主义的复兴即将到来。

复兴的社会主义不是苏联传统社会主义的复兴，而是把平等与合作作为自己社会目标的生态社会主义。平等最重要的是经济平等，这

---

① 苑洁主编《后社会主义》，中央编译出版社，2007，第 248 页。
② 苑洁主编《后社会主义》，中央编译出版社，2007，第 254 页。

意味着以生产资料公有制取代私有制，根除阶级、消灭剥削。同时社会生产的目的不再是追求利润最大化，而是以人们的实际需要为落脚点和出发点。就像法国革命家巴贝夫所说："平等须以工人的能力和消费者的需求，而不是劳动强度和消费品的数量来衡量。"① 财富和资源不再集中于特权阶层，而应给予最需要的人。在生态社会主义中，"人人都必须能够获得自由存在的基本条件：清洁的空气和水、安全的食物、体面的住所、充分的医护、必要的交通工具，以及值得从事并且有意义的工作"②，从而实现马克思所预言的"各尽所能、按需分配""每个人的自由发展是其他人自由发展的条件"的共产主义社会。

福斯特的生态社会主义更加注重人与人、人与自然的和谐。新社会主义应充分吸收苏维埃制度的经验教训，阶级斗争应和对性别压迫、种族压迫和民族压迫的反抗结合起来，否则，消灭阶级压迫仍无法取得最终胜利。同时，应在各个领域充分发扬民主精神，社会主义民主不应局限于政治领域，而应"扩展到公共生活和私人生活的所有领域：工厂、收银台，还有办公室，甚至家里"③。再者，生态社会主义更加关注人类的可持续发展。资本主义大工业激化了人与自然的矛盾，把人类生存的家园推向崩溃的边缘，全球面临全球变暖、能源枯竭、淡水资源短缺、生物多样性骤减的威胁，"自6500万年前恐龙灭绝以来，物种灭绝的速率达到了最高点"④。地球已经哀号，假若不能唤醒沉醉于财富幻象中人们，人类社会和整个星球将面临不可抗拒的大灾难。生态社会主义把人与自然的关系置于重要战略地位。因为它深知，"除非社会主义是生态社会主义，否则它也难以取得任何真正的进展，因为任何其他的方式都会威胁人类以及我们与之共享地球的所有其他物种的福祉乃至生存"⑤。

① 苑洁主编《后社会主义》，中央编译出版社，2007，第243页。
② 苑洁主编《后社会主义》，中央编译出版社，2007，第255页。
③ 苑洁主编《后社会主义》，中央编译出版社，2007，第256页。
④ 苑洁主编《后社会主义》，中央编译出版社，2007，第253页。
⑤ 苑洁主编《后社会主义》，中央编译出版社，2007，第256页。

第五章　福斯特生态学马克思主义解释方案的理论贡献

在福斯特生态学思想的发展历程中，他始终立足实际，与时代同频共振，紧紧围绕自然生态和社会生态两大时代主题，苦苦探寻人类危机的根源。在对各种生态思潮的批判研究中，他认为应在哲学根基处重建人与自然的关系。当对新自由主义进行层层剖析后，他指认金融资本逻辑是资本逻辑在垄断资本主义的延展，危机的最终根源是建立在资本逻辑之上的资本主义制度。因此，他主张扬弃资本逻辑，发动社会革命建立生态社会主义。

第一节　生态学思潮历史延展中的新进展

福斯特对生态问题的研究没有落入以往学者的思维范式，在与西方社会思潮的碰撞中，他指出新自由主义借助于技术和市场来消除生态危机的做法仍旧停留在旧唯物主义思维范式。他指出对生态问题的真正解决应回到哲学根基处，在对马克思唯物主义溯源中再现人与自然的生态学思想。

一　从"技术—伦理"层面向哲学根基的溯源与回归

第二次世界大战后，在凯恩斯主义的主导下，西方国家经历了战后 25 年的黄金发展期。这一阶段在政府的干预下，资本主义社会呈现出就业充分、经济增长、国民福利提高的繁荣景象。学者立足不同的视角，对这一时期的资本主义给出不同冠名。阿格利塔从资本主义生产方式角度称为"福特主义"的资本主义，鲍德里亚立足消费角度称为"消费社会"的资本主义，哈维从资本的自由角度称为"镶嵌型自由主义"。在资本裹挟下人类俨然是自然界的主人，"控制自然""人定胜天"的豪情弥漫在资本主义各行各业中。随着人类对自然的敬畏之心烟消云散，各种生态问题层出不穷。针对生态危机的根源，学者们从技术、经济、市场等领域给出不同的解释方案。不管是站在人类中心角度，抑或是立足自然中心角度，充其量都只是丰富了人们对危机的认识，而没有指出问题的最终根源。"仅仅是对诸如人类征服自然和自然崇拜之间的对立这样古老的二元论的重新阐述。"①福斯特指出，生态危机的本质根源于哲学基础的危机，应重回马克思哲学根基再现其生态学力量才能导引陷入困境的生态危机找到出路。

福斯特的生态学思想是与绿色思潮互动耦合的产物。福斯特在重建马克思哲学思想之前，逐一剖析了"技术拜物教""市场万能说""人口过剩说"等关于现代生态危机根源的种种学说。在生态学思想领域，人们对于技术的看法各执一端，有学者认为技术是生态危机恶化之源；有的学者迷恋技术的魔力，认为技术是根治生态问题的灵丹妙药。福斯特认为，人与自然的关系背后是人与人的关系，人与人之间矛盾根源于经济利益的纷争。他一针见血地戳穿了技术解决生态问题的虚妄性。他在《资本主义与生态环境的破坏》中指出："因为技术总是不可避免地用于推进阶级战争和扩大经济规模，因此在理论上新的技术是不能解决问题的。"② 环境友好型技术可以降低单位 GDP 的能源消耗，但对技术的采用是一个牵涉到资产阶级追逐利润的政治问题。技术的应用"不仅仅是一个技术问题，也是一种社会和政治问题"③。所以，技术的进步并不能解决生态危机，这方面最典型的例证就是"杰文斯悖论"和现代交通运输系统。

针对资产阶级通过自然资本化彻底消灭生态危机的企图，福斯特

① 〔美〕约翰·贝拉米·福斯特：《马克思的生态学：唯物主义与自然》，刘仁胜、肖峰译，高等教育出版社，2006，第21页。
② 〔美〕约翰·贝拉米·福斯特：《资本主义与生态环境的破坏》，董金玉译，《国外理论动态》2008年第6期。
③ 〔美〕詹姆斯·奥康纳：《自然的理由：生态学马克思主义研究》，唐正东、臧佩洪译，南京大学出版社，2003，第332页。

通过"罗德戴尔悖论"批判其方法的虚妄性。资本主义把生态危机的原因归结为自然资源没有被完全纳入市场体系，他们不懂得财富与价值的真正区别，妄想通过市场化把人类生存必需的自然资源简化为商品，从而陷入"罗德戴尔悖论"。对此，福斯特指出："这里讽刺的是，典型的资本主义把任何危机的原因都归咎于影响资本扩张的障碍，而不是资本扩张本身。解决办法是扩大资本领域，把自然也作为理性的商品交换体系的一部分。"① 资产阶级打出"自然资本化"王牌的目的是维护自身利益最大化，资本对利润的追逐决定了它不可能化解人与自然的矛盾。

以"自然"为中心的生态中心主义认为，资本主义在"工具理性"的支配下对自然展开的疯狂掠夺是生态危机的根源，为改变自然的"悲惨境遇"，应树立自然的内在性价值。长期以来，人们把自身看作自然界唯一的价值主体，万物只具有满足人类需要的工具性意义，在大写"人"字的主导下，人类对自然展开了无情的掠夺和开发，结果是满目疮痍的自然成为人类生命的杀手。因此，生态中心主义反对经济增长、否定科技进步的价值，希望重新肯定自然界的主体性，赋予自然界同人一样的权利，主张人类活动应臣服自然界的内在规律。这种将道德伦理的范围扩展到自然界的生态伦理学，无视人类生存和发展的空间，更没有意识到我们谈论的"生态价值""生态伦理""环境道德"等概念都是从人的需要和角度提出的。

在福斯特看来，无论是站在人类视角看待生态问题，或是立足自然中心寻找生态药方，都没有切中生态问题的本质要害。他认为要解决生态危机不应囿于无意义的抽象概念之争，那样的争论无异于哲学上的唯心主义和唯灵论，对于化解生态危机并无裨益，应在唯物主义中寻找答案，从自然与人们现实的、物质生产关系中寻找出路。福斯特呼吁应抛弃"从天国降到人间"的思维范式，重新确立"从人间升到天国"思维模式。当今生态学问题的根本缺陷在于

---

① 〔美〕约翰·贝拉米·福斯特：《生态危机与资本主义》，耿建新、宋兴无译，上海译文出版社，2006，第28页。

唯物主义对待人与自然的关系。"其实，真正存在争论的问题是唯物主义对待自然和人类存在的方式的全部历史。"① 福斯特从生态学维度重新阐释马克思哲学，既为马克思的生态学思想正名，又丰富了生态学思想理论宝库，无愧于部分学者对其的高度评价，认为他是自20世纪60年代以来理论水平最高的生态学马克思主义者。

二　在"人—自然"关系的根基处切中问题的本质

福斯特认为，人类中心主义与生态中心主义长期争执不解的原因在于，他们在哲学根基上仍然滞留于人与自然的二元对立。为寻求生态问题的解决之道，他通过追溯马克思的思想历程，从马克思的物质实践观中找到解救生态危机的革命性力量。

（一）人与自然的二元对立——当代生态学本质困境

福斯特认为，生态中心主义与人类中心主义在自然和人类问题上各执一端，使人类与自然二者针锋相对，问题根源于哲学基础上的"二元论"。"这里永远存在的二元论观念往往妨碍了知识和有意义的实践的真正发展。实际上，这种观点中所体现出来的二分法往往使'人类与自然相对立'的观念长期存在，而在很多方面，这种观念正是上述问题的根源。"② 人类中心主义高扬人的主体性，把人看作万物存在与否的尺度。人是宇宙的中心，万物为"我"而在，其他生物的生死大权由我定夺。而生态中心主义谋求自然与人类的平等性，自然不是满足人类需要的工具性存在，自然和人享有同等的价值和尊严，社会的存在和发展应以自然为中心。

人类中心主义与生态中心主义对立的实质是"主客二元对立"的思维模式。人类中心主义为满足自身利益，高唱科技赞歌、为经济增长歌功颂德，把人看作衡量万物的尺度，大力宣扬人的主体性，自然只是满足人类生存和发展的客体存在。激进的生态中心主义者敌视

① 〔美〕约翰·贝拉米·福斯特：《马克思的生态学：唯物主义与自然》，刘仁胜、肖峰译，高等教育出版社，2006，第13页。
② 〔美〕约翰·贝拉米·福斯特：《马克思的生态学：唯物主义与自然》，刘仁胜、肖峰译，高等教育出版社，2006，第21页。

科学和技术。他们认为弗朗西斯·培根的科学革命为"支配自然"提供了理论支撑，现代生态危机是"支配自然""控制自然"的产物。生态中心主义者认为应"培育对自然内在价值的精神意识，甚至如有可能应当将自然置于人类之上"①。这种二元对立的思想根深蒂固。在古希腊哲学家中，普罗泰格拉提出的"人是万物的尺度，是存在者存在的尺度，也是不存在者不存在的尺度"②，可以看作人类中心主义最早的理论基调。亚里士多德进一步提出"人类目的论"的口号。文艺复兴时期，人从彼岸走向此岸，培根提出的"知识就是力量"的口号为人类主体性的释放注入强劲的动力，自然褪去了让人顶礼膜拜的神圣光环，反而成为"人类的异己对象加以利用、改造和征服，把知识的力量仅仅当作是施加于自然的物质力量"③。笛卡尔提出"我思故我在"的哲学命题，在他看来人类借助科学的力量可以战胜自然，由此他开创了近代哲学"主客二元对立"的思维模式。康德在《纯粹理性批判》中提出"人为自然立法"，在人和自然之间划了一条不可逾越的鸿沟。从此，主客二元对立的思维模式成为主导西方哲学的基本范式。

绿色理论家在主客二元对立的思维模式下，长期纠缠于人与自然孰优孰劣的问题，最终把自己逼入绝境。人类中心主义者与生态中心主义者人为地割裂开人与自然的关系来谈论所谓的生态问题，不管他们采取如何华丽的辞藻去粉饰自己的理论，终究逃脱不了"一种在圆圈内无休止地做圆周运动的倾向"。其最终结局则是"所有的分析又回到了起点，这对于解决真正的环境和社会问题起不到任何作用"④。福斯特在哲学根基处直击生态学运动的理论要害，这种发声在生态学领

① 陈学明：《寻找构建生态文明的理论依据——评 J. B. 福斯特对马克思的生态理论的内涵及当代价值的揭示》，《中国人民大学学报》2009 年第 5 期。
② 北京大学哲学系外国哲学史教研室编译《西方哲学原著选读》（上卷），商务印书馆，1997，第 54 页。
③ 赵敦华：《西方哲学简史》，北京大学出版社，2001，第 286 页。
④ 〔美〕约翰·贝拉米·福斯特：《马克思的生态学：唯物主义与自然》，刘仁胜、肖峰译，高等教育出版社，2006，第 21 页。

域是令人震撼的，就像卜祥记评价道："福斯特把生态学的困境归结为人与自然关系中的'二元论'困境，并要求在哲学的根基处重新思考人与自然的本质关系，这一见地乃是切中要害并发人深省的。"① 福斯特在反思人与自然之间的本质关系时，为生态困境寻找到一条崭新的路径。在他看来，马克思的"物质实践"观已经为人与自然的关系指明了出路。"我们应该通过行动，也就是说，通过我们的物质实践来改变我们同自然界的关系，并超越我们与自然界的异化。"②

（二）物质实践——超越人与自然关系异化的新路径

针对西方学者对马克思"反生态"或"非生态"思想的指责，福斯特明确指出根本原因是他们没有正确理解马克思唯物主义的生态内涵。在他看来，马克思主义之所以对解决生态危机具有极大的优势，是因为"其所依赖的社会理论属于唯物主义"③。他通过梳理马克思的唯物主义思想，认为在物质实践领域蕴含着人与自然关系和解的密码。"我们应该通过行动，也就是说，通过我们的物质实践来改变我们同自然界的关系，并超越我们与自然界的异化"——"创造出我们自己独特的人类—自然的关系"④。通过物质生产劳动可以超越人与自然的异化，这是马克思唯物主义哲学的革命性本质。

在福斯特看来，马克思对劳动过程的分析根植于"新陈代谢"这一范畴之中。"马克思利用新陈代谢概念来描述劳动中人和自然的关系，劳动首先是人和自然之间的过程，是人以自身的活动来引起、调整和控制人和自然之间的物质变换的过程。"⑤ "新陈代谢"

① 卜祥记：《福斯特生态学语境下的马克思哲学——〈马克思的生态学〉的旧唯物主义定向》，《哲学动态》2008年第5期。
② 〔美〕约翰·贝拉米·福斯特：《马克思的生态学：唯物主义与自然》，刘仁胜、肖峰译，高等教育出版社，2006，第6页。
③ 陈学明：《寻找构建生态文明的理论依据——评J. B. 福斯特对马克思的生态理论的内涵及当代价值的揭示》，《中国人民大学学报》2009年第5期。
④ 〔美〕约翰·贝拉米·福斯特：《马克思的生态学：唯物主义与自然》，刘仁胜、肖峰译，高等教育出版社，2006，第6页。
⑤ 〔美〕约翰·贝拉米·福斯特：《马克思的生态学：唯物主义与自然》，刘仁胜、肖峰译，高等教育出版社，2006，第174~175页。

作为人与自然界关系的连接点和枢轴，通过它可以重新诠释人与自然的关系。"马克思对人类和自然之间新陈代谢关系的许多讨论，都可以被看作建立在早期马克思试图更加直接地从哲学上解释人类和自然之间复杂的相互依赖关系的基础之上。"① 通过新陈代谢人与自然之间进行物质、能量、信息的交换，人与自然的关系可以通过人的物质生产活动得以疏导。在物质生产劳动中，人不再是高傲的主体，自然也不再是单纯的客体，主客二元的对立消融在物质生产实践中。

为了论证马克思的生态学与唯物主义之间的内在关联，福斯特借用罗伊·布哈斯卡对唯物主义的划分，即将唯物主义分为"本体论唯物主义"、"认识论唯物主义"和"实践唯物主义"。作为科学的世界观和方法论，马克思的实践唯物主义不但接受了"本体论唯物主义"，同时也接受了"认识论的唯物主义"。尽管西方马克思主义把马克思的唯物主义等同于实践唯物主义，忽略了本体论和认识论意义上的唯物主义，但事实上本体论和认识论的唯物主义从没有脱离马克思思想，"他将唯物主义转变成实践的唯物主义的过程中，从来没有放弃他对唯物主义自然观——属于本体论和认识论范畴的唯物主义——的总体责任"②。建立在唯物主义自然观和唯物主义历史观基础上的马克思主义理论蕴含着丰富的生态学洞见，深刻、系统的马克思主义世界观理应成为解决生态问题的理论指南。

为了阐释马克思唯物主义的生态学向度，彰显马克思哲学与生态学思想的内在一致性，福斯特决定重返马克思唯物主义的源头，在追溯马克思唯物主义思想的发展历程中，通过剖析马克思实践唯物主义是唯物主义自然观与唯物主义历史观的统一，试图说明马克思唯物主义与生态学思想的同构，推动了马克思生态学思想的前进步伐。

---

① 〔美〕约翰·贝拉米·福斯特：《马克思的生态学：唯物主义与自然》，刘仁胜、肖峰译，高等教育出版社，2006，第176页。
② 〔美〕约翰·贝拉米·福斯特：《马克思的生态学：唯物主义与自然》，刘仁胜、肖峰译，高等教育出版社，2006，第7页。

第二节　唯物主义思想生态学化历程中的新进展

一　马克思唯物主义思想生态学化的历史

对于马克思唯物主义思想是否具有生态学思维，西方大多数学者持怀疑态度。他们批判马克思唯物主义反生态倾向。"马克思的唯物主义据说已经导致他强调一种类似于'培根式的'支配自然和发展经济的思想，而不是维护生态价值。"① 福斯特指出，由于缺乏对马克思唯物主义思想的深刻认识，这些学者把生态危机与科学和唯物主义对立起来，结果把马克思视为反生态的思想家。而实际上，马克思主义作为革命的思想武器，其科学性恰恰来源于唯物主义，但这种唯物主义不同于卢卡奇、葛兰西、柯尔施等西方马克思主义学者的机械理解。

在阐释马克思唯物主义思想之前，福斯特首先对自己的思想作了一次清算。福斯特自我批判道，在写作《脆弱的星球：短暂的环境经济史》时，他还未能充分认识到马克思唯物主义思想对解决生态问题的重要性。这是由于他早年接受的哲学知识是以卢卡奇、柯尔施、葛兰西等"西方马克思主义"为指导的。这种马克思主义是黑格尔主义的马克思主义，他们把唯物主义简单理解为实践唯物主义，在反对实证主义的过程中完全丢失了科学的武器。"这种唯物主义涉及黑格尔的唯心主义以及费尔巴哈的唯物主义对黑格尔的挑战，但它却忽略了哲学和科学当中的范围更广阔的唯物主义的历史。"② 以卢卡奇为代表的西方马克思主义哲学理论已经深深融入福斯特的思维范式，阻碍了福斯特对马克思唯物主义的正确认识。后来，得益于在《每月评论》工作的一些同事的指点和影响，福斯特

---

① 〔美〕约翰·贝拉米·福斯特：《马克思的生态学：唯物主义与自然》，刘仁胜、肖峰译，高等教育出版社，2006，第12页。

② 〔美〕约翰·贝拉米·福斯特：《马克思的生态学：唯物主义与自然》，刘仁胜、肖峰译，高等教育出版社，2006，前言第Ⅲ页。

才逐渐意识到应回归马克思唯物主义，寻找生态学思想的哲学根基。

福斯特为了论证马克思唯物主义中蕴含的丰富生态学思想，把唯物主义思想源头追溯至伊壁鸠鲁。在福斯特看来，伊壁鸠鲁直观、朴素的唯物主义思想中包含生态学的智慧。这一点可以通过巴里·康芒纳生态四条"非正式规则"得以体现。康芒纳认为：①世上万物并非彼此孤立而是彼此联系的；②一切事物都有最终归属之地；③自然知晓最多；④"无"无以产生"有"。其中第一、二、四条均是伊壁鸠鲁哲学原则的生动体现。伊壁鸠鲁关于唯物主义和自由的思想极大地吸引了马克思。伊壁鸠鲁将神赶出自然界，认为原子是构成万物的基本单位。原子在自由落体运动中是充满偶然性和不确定性的。伊壁鸠鲁反对目的论和机械决定论的唯物主义思想像一烛亮光照亮了受黑格尔思想影响的青年马克思，使马克思在博士论文时期就开始思考唯物辩证法的问题，并在思辨形式外衣掩盖下走向唯物主义之路。不过，由于博士论文是一部过渡期的著作，马克思的唯物主义还没有完全摆脱的德国唯心主义哲学的影响。

在马克思唯物主义生态学思想的形成过程中，《1844 年经济学哲学手稿》是其"力图展示自然主义、人本主义和唯物主义一致性"的综合之作。在这部著作中，福斯特认为通过费尔巴哈，马克思彻底摆脱了黑格尔唯心主义。马克思不像黑格尔那样把自然看作精神发展过程中的一个短暂环节，马克思把自然界和人类看作真正的客观存在，"被抽象地孤立地理解的、被固定为与人分离的自然界，对人来说也是无"[1]，"科学只有从自然界出发，才是现实的科学"[2]。人同自然界的真实关系是人同人自身的关系，因为自然界是人的无机的身体，人是自然的一部分。人类通过物质生产实践来改变人与自然的关系，人同自然的异化、人同人的异化只有在实践的王国中才能超越。而共产主义作为自然的人道主义与人的自然主义的复合体，是人与人、人与自然矛盾的真正解决。

---

[1] 《马克思恩格斯全集》第 42 卷，人民出版社，1979，第 178 页。
[2] 《马克思恩格斯全集》第 42 卷，人民出版社，1979，第 128 页。

新唯物主义是唯物主义自然观和唯物主义历史观的统一。福斯特认为，由于费尔巴哈的唯物主义看不到实践的革命意义，尽管他批判了宗教上的异化，但看不到现实生活中的异化，他不懂得"对于这个世俗基础本身应当在自身中、从它的矛盾中去理解，并在实践中使之革命化"①。费尔巴哈抽象的、直观的唯物主义在解释现实问题面前显得软弱无力。马克思看到实践的革命力量，这就意味着马克思和费尔巴哈的决裂是必然的。在福斯特看来，马克思在《关于费尔巴哈的提纲》中从实践角度建立了自己的新唯物主义，新唯物主义没有忽视外在的自然王国。"新唯物主义思想的关注点从自然转向历史——没有否定前者在本体论意义上的先在性。"② 新唯物主义既包含了本体论意义上的唯物主义自然观，也包含了认识论意义上的唯物主义历史观。自然只有被纳入人类物质生活领域时才作为研究对象。新唯物主义的思想在《德意志意识形态》中得以系统阐发。新唯物主义坚持唯物主义本体论的优先性，从人类生存的自然前提出发追踪人类社会的发展脉络。人类历史的第一个前提是，"首先就需要吃喝住穿以及其他一些东西。因此第一个历史活动就是生产满足这些需要的资料，即生产物质生活本身"③。物质生产活动中发生双重的关系。一方面是人与自然的关系，另一方面是人与人的关系。人类社会发展的不同阶段都是唯物主义本体论和唯物主义认识论的统一。

福斯特通过对马克思实践唯物主义形成历史的追溯，指出建立在"实践"基础上的新唯物主义是生态唯物主义。这种新唯物主义对自然的理解超越了旧唯物主义和唯心主义，自然不再被理解为意识或绝对精神的产物，自然也摆脱了外在的直观性，自然是人类实践活动元素之一。人与自然的关系是从事现实的物质生产活动的人同自然之间的物质、能量、信息的相互交换。正是立足人与自然关系角度重新阐释马克思唯物主义的生态学向度，弥补了当今生态学的哲学缺陷，从

---

① 《马克思恩格斯选集》第 1 卷，人民出版社，1995，第 55 页。
② 〔美〕约翰·贝拉米·福斯特：《马克思的生态学：唯物主义与自然》，刘仁胜、肖峰译，高等教育出版社，2006，第 126 页。
③ 《马克思恩格斯选集》第 1 卷，人民出版社，1995，第 79 页。

而彰显福斯特生态学的理论魅力。

在福斯特看来，马克思的实践唯物主义没有忽视自然的本体论地位，他把马克思的实践唯物主义看作本体论唯物主义与认识论唯物主义的统一。"马克思确实把他的唯物主义历史观看作是建立在唯物主义自然观的基础之上，并且它们共同构建了自然历史（在它所具有的培根哲学的意义上，自然历史也包括人类生产）的王国。"① 马克思唯物主义自然观是其生态学思想的基础，对马克思唯物主义自然观的再解读就必然是福斯特生态学思想的题中之义。

二　对马克思唯物主义自然观的再解读

人类历史就是一部探索自然奥秘、反思人类与自然关系的思想史。古希腊哲学是人类思想史的开端，也是关于人与自然关系探讨的最初源泉。古希腊哲学家试图通过对自然的探讨寻求宇宙万物生成的原因，亚里士多德曾在《物理学》中说，自然运动和静止的根本原因内在于自身，这是一种必然性而不是偶然性的存在。在大多数希腊哲学家看来，自然是神圣的有机体，通过自身生育繁殖造就世界万物。古希腊哲学家把自然理解为世界的本原，自然带有神圣的光环，万物都是由自然演化而来，而人作为"伟大的存在之链"中的一环，是自然的一个组成部分。自然是富有灵性的存在，任何人类对自然的征服都以祭祀神灵的仪式告慰内心。欧洲黑暗的中世纪，政治、经济、文化、自然科学的发展都是服务于神学的婢女。上帝是万物的创造者，自然界万物都是遵循上帝的旨意进行创造和安排。文艺复兴以来，随着人类主体性的膨胀，自然褪去了神圣的光环而被降低为工具性的存在，人与自然之间的矛盾愈来愈尖锐。

福斯特从哲学根基处重建人与自然关系，这对马克思生态学思想的还原与发展具有深远的指导意义。福斯特指出在生态学领域仅仅从价值学角度寻求生态问题解决的路径是空洞无力的。因为"人与自

---

①　〔美〕约翰·贝拉米·福斯特：《马克思的生态学：唯物主义与自然》，刘仁胜、肖峰译，高等教育出版社，2006，第126页。

然之间的关系问题，不仅具有生态学意义，它也是真正的哲学问题"①。福斯特通过对马克思文本著作的研读，认为在马克思生活的时代尽管生态问题没有当今这么严峻，但马克思博大精深的哲学致思中包含着丰富的生态学思想，尤其是从辩证统一的角度对人与自然关系的阐述对解决当下的生态问题仍具有重要的理论指导意义。

福斯特把伊壁鸠鲁视为唯物主义自然观的先驱。由于伊壁鸠鲁哲学具有反目的论倾向，受到培根、康德、黑格尔、罗伯特·波义尔、艾萨克·牛顿等大批哲学家和科学家的热烈追捧。伊壁鸠鲁和德谟克利特都是唯物主义者，但伊壁鸠鲁把神从自然界驱逐出去，通过原子自身的偏斜运动解释宇宙万物的生成，丰富多彩的世界是原子永不停息运动的结果，"自然界的死亡就成为自然界的不死的实体"②。这种"以自然解释自然"的朴素唯物主义，构成了马克思唯物主义自然观形成的基础。马克思受伊壁鸠鲁哲学的影响，痛恨神权对人的统治。在神统治的世界，人"无法消除的内心的恐惧中，人像动物那样受动"③。因此，马克思在哲学笔记中呼吁把超自然的神赶出自然界。

福斯特立足自然观的角度进一步挖掘费尔巴哈人本学意义上的生态学向度。他认为在马克思唯物主义自然观的建构上，需要对费尔巴哈的唯物主义加以重新认识。"在马克思看来，费尔巴哈的批判具有里程碑式的意义，因为它证明黑格尔的思辨哲学是在为神学世界观作理性的辩护和注脚。"④ 费尔巴哈批判了黑格尔思辨哲学为神学辩护的立场，同时也使马克思看到费尔巴哈自然主义的力量所在。福斯特认为费尔巴哈对自然的关注契合了马克思对政治经济学研究的需要，"对费尔巴哈自然主义的关注反过来进一步加强了马克思逐渐增长的

---

① 卜祥记：《福斯特生态学语境下的马克思主义哲学——〈马克思的生态学〉的旧唯物主义定向》，《哲学动态》2008 年第 5 期。
② 〔美〕约翰·贝拉米·福斯特：《马克思的生态学：唯物主义与自然》，刘仁胜、肖峰译，高等教育出版社，2006，第 7 页。
③ 〔美〕约翰·贝拉米·福斯特：《马克思的生态学：唯物主义与自然》，刘仁胜、肖峰译，高等教育出版社，2006，第 66 页。
④ 杨卫军：《重构马克思的生态学——福斯特对马克思生态观的解读》，《学习与实践》2011 年第 7 期。

对政治经济学的关注，继他的关于林木盗窃问题的文章之后，他意识到，政治经济学是解决人类对自然的物质占有问题的钥匙"①。

费尔巴哈把自然从唯心主义束缚下解脱出来，他的自然哲学为马克思的自然异化思想提供了理论指导。费尔巴哈认为在黑格尔那里自然只是绝对精神存在的一个环节，自然是空洞的、机械的存在，它只是思维的外壳。自然作为精神的对立物，是精神自我异化的产物。费尔巴哈把客观自然及人类从精神束缚下解脱出来，赋予自然界及人类以客观实在性。费尔巴哈使"'人与人之间的'社会关系成了理论的基本原则"，从而"创立了'真正的唯物主义和现实的科学'"②。福斯特受费尔巴哈自然哲学的启发，在《1844 年经济学哲学手稿》中从生态学角度对人类与自然的异化问题进行深度剖析。他认为人与人、人与自然关系的异化问题只有通过实践才能找到解决方案，任何纯哲学的思维无异于纸上谈兵而已。在福斯特看来，马克思的生态思想在随后的著作中并未消逝，只不过他将自然异化表述为新陈代谢断裂，通过揭示资本主义生产方式下人类与土壤、农业与工业、城市和乡村的对立问题，而进一步证实了马克思生态学思想的批判性和科学性。

福斯特在探索马克思唯物主义自然观时，立足劳动深度阐发人与自然的统一辩证思想。福斯特指出，在人与自然的关系上，自然界本身具有自我循环能力。由于深受李比希"归还定律"的影响，马克思从人与自然的相互作用中来定义劳动，把劳动理解为人和自然之间所进行的物质、能量和信息的交换过程。一方面，人类通过自身的劳动从自然中获取生存和发展所需的生活资料，人的生存发展离不开自然界，自然界是人的无机的身体，同时，人还通过排泄物的形式归还从自然中索取的成分，防止人与自然代谢的断裂，促进人与自然的良性循环。另一方面，人类自身的行为影响着自然的内在循环。如果人

---

① 〔美〕约翰·贝拉米·福斯特：《马克思的生态学：唯物主义与自然》，刘仁胜、肖峰译，高等教育出版社，2006，第 80 页。
② 〔美〕约翰·贝拉米·福斯特：《马克思的生态学：唯物主义与自然》，刘仁胜、肖峰译，高等教育出版社，2006，第 88 页。

类对土地进行积极改良，促进土地肥力提高，推动土壤循环向良性发展，可以改善土地的产出。但是，假若人类自以为是自然的主人，无视自然对人类自身的限制，过度向自然索取，那必将受到自然的惩罚。换句话说，人类活动是人类有目的地改造自然的过程，但这不是一个盲目的活动，因为主观能动性的发挥应建立在对自然客观必然性的认识之上。

福斯特从实在论意义上重新阐释了马克思唯物主义自然观思想。他认为马克思生态学强调外在自然相对于人类认识论的独立性，实在论意义上的唯物主义是马克思生态学思想的起点。但福斯特认为马克思实践唯物主义是本体论和认识论的统一，他认为实践"将社会变革与人类和自然的关系变革联系在一起"①，立足实践建构人与人、人与自然关系的有机统一。

第三节　传统资本主义生态批判中的新进展

在唯物主义光芒的照射下，马克思的生态学是解决生态问题的科学理论。福斯特曾一再强调："马克思的世界观是一种深刻的、真正系统的生态（指今天所使用的这个词中的所有积极含义）世界观，而且这种生态观是来源于他的唯物主义的。"② 福斯特以唯物主义为出发点，以新陈代谢理论为核心，证明了马克思唯物主义中蕴含着丰富的生态学思想。与此同时，他抓住"劳动"一词的"新陈代谢"意蕴，严厉批判资本主义生产方式带来的环境灾难，断然指出资本逻辑是人与自然代谢断裂的经济根源。

一　生态自然观的哲学建构与对资本主义生态批判的有机对接

在西方学术界，马克思一直被看作一位反生态的思想家，有学者

---

① 〔美〕约翰·贝拉米·福斯特：《马克思的生态学：唯物主义与自然》，刘仁胜、肖峰译，高等教育出版社，2006，第2页。
② 〔美〕约翰·贝拉米·福斯特：《马克思的生态学：唯物主义与自然》，刘仁胜、肖峰译，高等教育出版社，2006，前言第Ⅲ页。

指责他是主张控制自然的普罗米修斯主义者，马克思的自然观理应为当今的环境负责。福斯特为还原马克思的生态学思想，把问题导向唯物主义对待人和自然的全部存在的历史。他认为这是生态学困境的症结所在，也是马克思生态学思想建构的根本路径。在他看来，马克思立足实践实现了唯物主义与辩证法、唯物主义自然观与唯物主义历史观的结合，从而再现了"自然—人—社会三者之间辩证统一"的生态学向度。同时，他认为"新陈代谢"一词具有重要的生态意义和社会意义，既是马克思唯物主义与生态学思维方式相统一的具体表达，也是马克思对资本主义生态批评的核心要素。

为了证明马克思唯物主义中蕴含生态学洞向，他决定重溯马克思唯物主义的发展历程。在受伊壁鸠鲁唯物主义自然观启发，而借助费尔巴哈与黑格尔实现彻底决裂后，马克思建立了本体论的唯物主义自然观。福斯特认为马克思的唯物主义从未抛弃自然的先在性和客观性，唯物主义自然观始终贯穿在马克思的理论中。而针对以卢卡奇为代表的西方马克思主义对马克思自然辩证法的质疑，福斯特从批判卢卡奇对自然辩证法的否定开始，捍卫了马克思的自然辩证法思想，再次呈现了马克思主义理论的生态学思想。

苏联解体、东欧剧变后，西方马克思主义为了寻找新的革命力量和新的革命路径，对马克思辩证法的理解失之偏颇。卢卡奇在《历史与阶级意识》一书中，把辩证法看作革命的辩证法，把其理解为马克思主义学说的真正灵魂。但他将辩证法局限在社会历史领域，把辩证法理解为主客体间的相互作用，反对将辩证法应用到自然领域，因为自然界缺少自觉的实践主体。西方马克思主义把自然从辩证法中剥离出来，把唯物主义简单地理解为经济基础决定上层建筑的抽象概念。针对西方马克思主义对自然辩证法的否定，福斯特认为"在自然科学和社会科学之间存在（或者可能存在）着一种本质上同一的方法"[①]，这种方法蕴藏在马克思的实践观中。马克思指出，通过实

---

① 〔美〕约翰·贝拉米·福斯特：《马克思的生态学：唯物主义与自然》，刘仁胜、肖峰译，高等教育出版社，2006，第9页。

践人们把自然界变成人的无机的身体，而人属于自然界的一个部分。福斯特认为，马克思通过实践不但建立了主体与客体的辩证统一，同样也弥补了自然辩证法与社会辩证法的鸿沟。因为马克思在《德意志意识形态》中论述道："全部人类历史的第一个前提无疑是有生命的个人的存在。因此，第一个需要确认的事实就是这些个人的肉体组织以及由此产生的个人对其他自然的关系。"① 尽管福斯特把实践看作马克思生态唯物主义的核心范畴，但他从来没有抛弃唯物主义自然观的先在性，本体论意义上的唯物主义自然观始终贯穿在马克思的生态唯物主义思想中。

福斯特看到马克思的唯物主义辩证法蕴含着人与自然和解的密码，这种辩证法是对黑格尔合理内核的继承和发展。辩证法是黑格尔哲学的合理内核，黑格尔试图在精神领域寻找超越康德自在之物的困境的出路。在马克思看来，黑格尔的伟大之处是他"把人的自我产生看做一个过程，把对象化看做非对象化，看做外化和这种外化的扬弃；可见，他抓住了劳动的本质，把对象性的人、现实的因而是真正的人理解为人自己的劳动的结果"②。黑格尔在绝对精神领域实现了本质与现象、思维与存在的统一。他抓住了劳动这一核心范畴，他看到了异化产生的根源和消除的途径。但是，马克思认为黑格尔的辩证法是本末倒置的，马克思在《资本论》中说道："在他那里，辩证法是倒立着的。必须把它倒过来，以便发现神秘外壳中的合理内核。"③ 马克思认为黑格尔哲学是为神学辩护的思辨哲学，他建构的逻辑严密的精神哲学窒息了辩证法的科学性。为此，他决心从实践唯物主义实现辩证法的"越狱"。只有将辩证法置于实践唯物主义中，才能正确理解人与自然、人与人之间的异化问题。

新陈代谢是一个从生物学迁移来的概念。在生态学领域，主要是指人与自然、土地之间的物质交换。交换并非单方的索取，而要遵循

---

① 《马克思恩格斯选集》第 1 卷，人民出版社，1995，第 67 页。
② 《马克思恩格斯文集》第 1 卷，人民出版社，2009，第 205 页。
③ 《马克思恩格斯文集》第 5 卷，人民出版社，2009，第 24 页。

有进有出的原则，只有这样系统才能保持永久的活力。以人和土地之间的新陈代谢为例，我们一般把土地看作养育人类的母亲，土地中的养料转化为人类生存的物质资料，这谓之取。同理，人们将自然成分以排泄物的形式归还土地，这谓之归。但是，在资本主义制度下，马克思发现单方的无限索取致使大量排泄物堆积在城市，结果造成了土地贫瘠化、城市污染化，人与自然、城市与农村的新陈代谢发生断裂。福斯特沿着新陈代谢一词追踪了马克思对资本主义制度、社会进步与异化扬弃等生态学思想，认为劳动是理解新陈代谢的重要概念。马克思对共产主义的设想也超越了人与自然、人与人的异化状态。在共产主义社会人与自然的矛盾得以和解，"这种共产主义，作为完成了的自然主义，等于人道主义，而作为完成了的人道主义，等于自然主义"①。

福斯特认为唯物主义和辩证法奠定了马克思生态学的哲学基础。彻底的生态学分析是立足唯物主义的。只有以辩证的态度去面对人与自然之间的相互联系与相互制约才有可能使人类走出生态困境。他遵循马克思的研究路向，用深厚的理论去剖析现实的困惑，尤其是追寻资本主义制度下人与自然代谢断裂的根源问题，认为资本逻辑是生态问题的罪魁祸首。

二　新陈代谢断裂：对资本原则何以导致生态困境的逻辑补白

在福斯特看来，马克思的新陈代谢概念既具有生态学意蕴，也具有广泛的社会学意蕴。由于自然异化主要是从哲学领域加以阐述，显得过于抽象，为了消除这种抽象性，福斯特将新陈代谢断裂视为自然异化的具体表达，客观上就将其适用范围从土地肥力循环扩展到整个资本主义生产关系。同时他聚焦于新陈代谢断裂概念对资本主义生产的反生态性展开无情的批判。当金融资本在垄断资本主义的膨胀使经济陷入停滞—金融化陷阱时，他进一步批判了垄断金融资本主义。

①　《马克思恩格斯文集》第1卷，人民出版社，2009，第185页。

福斯特看到了马克思对资本主义私有制的批判中透射着自然的异化思想，于是他把舞台镁光灯主要聚焦于新陈代谢断裂来阐述马克思的自然生态思想。资本主义制度下新陈代谢断裂表现在工农业分离、城乡对立、森林砍伐、土地沙漠化、气候变化、鹿群消失、环境污染、资源耗竭等一系列社会问题上。同时新陈代谢断裂还跨越国界具有全球性趋势，尤其是在信奉帝国主义的国家中。马克思对这些显性问题的关注，使他进一步思考新陈代谢断裂的根源。福斯特认为，马克思深受李比希新陈代谢断裂思想与资本主义制度关系的影响，深刻洞察到资本主义工业化农业的反生态倾向，同时还受到同时代的 H. 凯里、J. 安德森的影响，使马克思认识到无情的资本逻辑造成了社会与自然代谢的断裂。以利润为导向的资本原则不顾自然的有限性，对充满魔力的交换价值的无限崇拜，必然导致自然与社会的日益疏离，最终导致代谢断裂。

福斯特把马克思新陈代谢断裂思想归纳为八条关键性结论①，其中第一、四、六条概述了资本主义制度下城乡新陈代谢断裂的现象，而第三、五条则是具体导致新陈代谢断裂的原因，而第二、七、八条则探讨对新陈代谢断裂的修复。是什么原因造成了新陈代谢断裂？其根源何在？他从马克思新陈代谢断裂中把握到资本主义制度与生态问题是相互对立的。但在资本主义发展的不同阶段，其原因表现形式有所差异。在 19 世纪四五十年代，新陈代谢断裂的原因主要是城乡分离及农产品的远距离运输；到 19 世纪五六十年代，福斯特对新陈代谢断裂的探讨已经转移到深层次的资本主义生产方式上来；到 19 世纪六七十年代，马克思对资本主义与新陈代谢断裂的探讨不再停留于一般性的描述，而是转移到从资本原则、资本逻辑视角对新陈代谢断裂展开更深刻分析。福斯特从马克思对新陈代谢断裂根源的探讨上意识到，资本与生态是根本对立的，任何幻想不根除资本主义制度而消除生态危机的策略都是痴人说梦。因为资本的本性是追逐利润，是进

---

① 〔美〕约翰·B. 福斯特：《历史视野中的马克思的生态学》，刘仁胜译，《马克思主义哲学研究》2004 年第 2 期。

行无休止的、指数式的利润增长。而医治生态危机则意味着利润缩减，这显然有悖于资本原则。布什约翰内斯堡地球峰会的缺席、美国政府拒绝在京都议定书上的签字都以铁的事实再次证明了资本与生态的天然对立。在福斯特看来，不根除资本逻辑，任何人都阻挡不了"破坏性冲动"转化为"破坏性失控"。

　　在对马克思新陈代谢断裂思想继承的基础上，福斯特围绕资本与生态的关系进一步阐述了生态帝国主义理论。生态帝国主义理论深化了马克思新陈代谢断裂的全球化倾向，资本主义发展到垄断金融资本阶段，帝国主义的本质并未改变。为满足利润最大化，与早期发动赤裸裸的战争行为而搜刮财富不同，新时期的帝国主义发家致富的秘密是"加强中心国家所实施的经济控制，特别是美国对于外围、进而对整个世界市场的控制"[1]。在国际舞台上，美国、欧洲国家、日本等成熟经济体一方面借助跨国公司平台，在"自由贸易"遮羞布的掩盖下，利用南方国家廉价的劳动力和丰富的资源获取更大的投资回报，在全球开展劳动套利行为。发达国家通过全球劳动套利获取大量财富，而服务于中心经济体的外围国家日益贫困化，发达国家的富有是以其他国家的贫穷为代价的，结果中心国与外围国之间出现很大的鸿沟。另一方面，发达国家通过经济全球化从南方国家榨取帝国主义租金，外围经济体由此成为满足发达经济体的蓄水池，但由于资源的跨国流动，外围经济体自身土地、资源等不能得到及时补给而身陷贫困、环境恶化的困境。再加上发达经济体还向外围经济体倾倒生态垃圾。"它们把国内部分劳动密集型、耗料、耗能和污染严重的传统工业转移到发展中国家。"[2] 结果是发达国家青山绿水、鸟语花香，而不发达国家则是乌烟瘴气、寸草不生。

　　福斯特拓宽了马克思的新陈代谢断裂理论，将其使用范围由人与土地放大到整个资本主义生产关系。在马克思那里新陈代谢断裂主要

---

① 〔美〕约翰·贝·福斯特：《帝国主义的新时代》，王宏伟译，《国外理论动态》2003 年第 12 期。

② 黄素庵、甄炳禧：《重评当代资本主义经济——科学技术进步与资本主义经济的变化》，世界知识出版社，1996，第 375 页。

表述的是自然异化思想，相比自然异化的抽象表达，新陈代谢断裂能在更广的范围内、更具体地表达人与自然的异化关系。所以，马克思在成熟作品中较多的用新陈代谢断裂阐述自然异化的思想。福斯特通过诊断金融化在垄断资本主义的膨胀，认为资本主义经济没有摆脱停滞的困扰，反而越来越依赖于金融化的刺激。随着金融泡沫的无限膨胀，虚拟资本脱离实体经济，金融逻辑支配实体经济，垄断资本主义陷入"停滞—金融化陷阱"。垄断金融资本切断了经济与社会、实体与虚拟之间的关系，资本主义面临严重的全面危机。

通过对资本主义危机的全面分析，福斯特认为生态危机根源于资本积累，"环境问题的根源在于我们的社会经济制度，尤其是资本积累的态势"①。资本积累是资本主义发展的动力源泉。资本逻辑推动资本主义从自由竞争发展到垄断资本主义，同时，资本自身也经历了由商业资本、产业资本、金融资本以及虚拟资本等形态的变化。"二战"后，资本主义经历了黄金发展期，大量积累资本滞留实体经济找不到有利可图的投资渠道，金融化成为经济发展的引爆点，产业资本的运行逻辑让位于金融资本。金融资本成为垄断金融资本的主导性力量，资本主义进入垄断金融资本发展阶段。

第四节　金融资本主义生态批判中的新进展

事物都处于变化之中，唯一不变的只是变化本身。资本主义已经有 500 多年的历史，作为人类历史上的一种经济社会制度，资本主义处于不断发展变化中。对资本主义发展阶段的划分，马克思早在《资本论》中曾把资本主义划分为简单协作、工场手工业和大机器生产阶段。列宁在"帝国主义理论"中把资本主义发展阶段划分为自由竞争和垄断两个时期。保罗·斯威齐把资本主义划分为竞争性资本主义、垄断资本主义和国家垄断资本主义三个阶段。福斯特在对资本

---

① 〔美〕约翰·贝拉米·福斯特、布莱特·克拉克：《星球危机》，张永红译，《国外理论动态》2013 年第 5 期。

主义发展阶段的研究上，继承了保罗·斯威齐的垄断资本主义理论，他看到自 20 世纪六七十年代以来，金融力量的统治地位不断加强，他认为资本主义进入"垄断金融资本时期"。这一发展阶段并不是对资本主义制度的本质性超越，在其发展阶段上仍然处于垄断资本主义，但由于金融资本的主体性张扬，这一时期资本主义危机爆发也不同于以往的表现形态，金融危机是资本主义经济危机的集中表达。新自由主义主导下，金融打开了资本增殖的新空间，但也造成经济停滞、金融化陷阱、两极分化严重、生态环境恶化等问题的凸显，给资本主义的发展笼罩了一层阴影。福斯特敏锐地捕捉到当前资本主义社会发展的痼疾，在坚守马克思主义理论的前提下，从金融资本逻辑视域对垄断金融资本主义展开新的批判，丰富了马克思主义理论宝库。

一　从资本逻辑走向金融资本逻辑

金融资本取代产业资本成为垄断金融资本发展的主要推动力。19 世纪末 20 世纪初，随着资本主义由自由竞争进入垄断阶段，垄断取代竞争成为资本主义社会的主要特征。产业资本垄断加强，银行资本与产业资本之间也建立了密切联系。随着信用制度的完善，金融资本得以成长。列宁曾论述道，"生产的集中；从集中生长起来的垄断；银行和工业日益融合或者说长合在一起，——这就是金融资本产生的历史和这一概念的内容"①。金融资本诞生的最初意义是为产业资本的发展融集资本，随着金融资本的发展，滋生了以"剪息票"为生的食利阶层，金融资本逐渐脱离了产业资本，成为支配社会的统治力量。由于持有金融资本的食利阶层或金融寡头往往是掌握国家权力的统治阶层，他们手中"操纵着几十亿资本，它就绝对不可避免地要渗透到社会生活的各个方面去，而不管政治制度或其他任何'细节'如何"。② 20 世纪 70 年代后，大量的经济剩余在产业资本领域找不到

---

① 列宁：《列宁全集》第 27 卷，人民出版社，2017，第 362 页。
② 列宁：《列宁全集》第 27 卷，人民出版社，2017，第 382 页。

有利可图的投资渠道，资本主义经济进入滞胀时期。产业资本的萎靡为金融资本的兴起提供了契机，金融化成为资本主义发展的新动力。对于金融化的角色，福斯特论述道："金融业替代生产企业执掌经济权力的格局，通过全球金融化的多种渠道影响着资本主义经济进程。"① 在金融资本主导下，垄断金融资本主义矛盾重重、危机不断，资本追逐利润的本性并未改变，就像德国罗莎·卢森堡基金会成员德科·克莱和米夏尔·布里认为的那样，不管资本主义发生怎样的变化，它仍是建立在私有产权之上，并以追求利润为目的的社会制度。

金融资本并未改变资本主义的扩张本性。金融资本是资本发展过程中的一种形态，它并未改变资本对利润无限增殖的本性。金融资本的积累最初依赖于产业资本的发展，因为金融资本只有通过让渡货币的使用价值才能获得剩余价值中的一部分。随着金融资本主体性的增强，金融资本逐渐背离了产业资本的发展，获得了相对独立性。福斯特借用马克思的资本运行公式加以说明。在简单商品经济中，货币只是物物交换的媒介，即 C—M—C，交换始于物品也终于物品，并不存在货币的增殖。在资本主义社会，资本扩张的本性决定了使用价值反倒成了货币增殖的媒介，即 M—C—M'，货币购买商品的目的是获得更多的财富，也就是实现货币的增殖（M' - M = ΔM）。交换始于 M，但不会终于 ΔM，因为资本扩张的本性注定了这个过程是无限循环的，资本家将 ΔM 作为新的资本再次投入生产过程，以此做往复循环运动。在垄断金融资本阶段，金融资本获得了自我流动性，金融资本可以通过房地产、保险、债券等金融工具实现流动。而不再借助于使用价值，这就意味着"资本主义经济使用价值结构的毁灭，这种经济不再由社会使用价值'C'支配，而是日益受到资本主义使用价值'CK'的支配"②。由于缺失了使用价值的环节，金融资本的流动公式则是 M—CK—M'。除非这个过程遇到外界阻力而中断，否则是

---

① 〔美〕约翰·贝拉米·福斯特：《论垄断金融资本》，陈弘译，《海派经济学》
2010 年第 31 辑。

② 〔美〕约翰·贝拉米·福斯特、布莱特·克拉克：《星球危机》，张永红译，《国外理论动态》2013 年第 5 期。

无休止的往复循环。通过对金融资本运行逻辑的分析，福斯特认为金融资本并未改变资本扩张的本性。

金融化的过度膨胀使整个社会陷入困境。金融资本最初是为了挽救因经济剩余而陷入滞胀的资本主义，可随着金融化刺激作用的消退，资本主义经济重返低迷期。换句话说，金融化并没有促使资本主义经济永久发展，反而带来了更大的矛盾。马格多夫和斯威齐曾把金融化看作充满危险的"救世主"。因为金融资本的积累是对社会财富的再分配，金融寡头通过银行、股票、债券、期货、基金等金融工具把大量民众卷入金融风暴。同时又通过金融杠杆谋取更大利润，结果是贫者愈贫、富者愈富，人民群众与金融寡头之间的矛盾日益加深。比如：占领华尔街的口号就是"99% 对 1% 的抗争"。财富与收入的严重背离在社会领域产生了"严重的不平等"，"'福布斯 400 富豪榜'中的区区四百人，却占有了相当于底层一半人数财富的总和，或者类似于 1.3 亿成年人财富总和的财富"①。与金融寡头财富的指数式增长形成鲜明对比的是，工人阶级处境越来越糟糕。工人工资多年停滞，家庭负债比例不断攀升，多数工人处于失业或半就业状态，工人享受的医疗、保险、养老金等福利不断缩减。

金融资本并未改变帝国主义的侵略行径。过去的 1/4 世纪，垄断尤其是金融垄断力量以前所未有的形式加强，垄断资本以跨国公司为载体渗透全球。"以跨国公司为代表的全球化的兴起是国际垄断资本在世界范围内进行劳工套利，对第三世界国家劳工进行超级剥削，从而获取巨额利润的过程。"② 西方学者为了掩盖垄断金融资本在发达国家与不发达国家之间造成的发展鸿沟，他们小心翼翼地把"帝国主义"仁慈化，把剥削一词从帝国主义体系中剥离掉。乔治城大学教授 G. 约翰·伊伦伯里说："与昔日老牌的帝国相比，美国的帝国

---

① 〔美〕约翰·贝拉米·福斯特、迈克尔·D. 耶茨：《皮凯蒂与新古典经济学的危机》，陆雪飞译，《哲学动态》2015 年第 12 期。

② 〔美〕J. B. 福斯特、R. W. 麦克切斯尼、R. J. 约恩纳：《全球劳动后备军与新帝国主义》，张慧鹏译，《国外理论动态》2012 年第 6 期。

目标和做法要节制而仁慈得多。"① 帝国主义真是仁慈与正义的象征吗？约翰·霍布森在《帝国主义论》中阐述了经济和金融利益集中是帝国主义的经济基础。列宁从垄断阶段来定义帝国主义，认为帝国主义是处于垄断阶段的资本主义，此时的经济力量掌握在大公司和银行资本融合形成的垄断资本手里。福斯特认为当今资本主义处于垄断金融资本主义阶段，这个阶段并非对垄断资本主义的超越。马格多夫在《帝国主义：从殖民时代到当代》中提出，资本主义从初始起就是一个世界体系，而帝国主义作为资本主义的高级阶段，它的扩张在本质上与资本主义寻求利润一样是这个体系的一部分。新时代的帝国主义没有改变野蛮本性，但新帝国主义对边缘国家的掠夺不再诉诸传统的战争武器，而是通过资本权力在不发达国家进行劳工套利满足利润欲望。一旦当"弱国"在石油、天然气上不能满足其贪婪本性时，帝国主义会立马撕下温情脉脉的面纱，毫不犹豫地诉诸武力。对此，1991 年的伊拉克战争则是最好的例证。

二　金融资本逻辑批判视域内对马克思主义的坚守

福斯特作为激进的左翼社会评论家，不像新自由主义为了掩盖金融资本的掠夺本性，不断粉饰、美化新帝国主义。他以发现问题、透视社会、寻找答案为己任。当全球经济陷入增长乏力、两极分化严重的困难境地，他以金融资本为视角透视垄断金融资本主义，构建了以停滞—金融化陷阱为核心的生态社会主义思想，对新帝国主义展开了无情的批判。深厚的政治经济学理论功底，使福斯特在对金融资本的批判中始终站立在马克思主义立场。正是在金融资本批判中对马克思主义理论的坚守，使他成为西方生态学思想家中一颗耀眼的明星。

对于"2008 年金融危机缘何而起"这个在学术界可谓是见仁见智的话题，不同学者由于立足点的不同，给出的答案也迥然相异。有学者把危机归结为金融监管的放松，有学者认为是美国一贯的消费理

① 〔美〕约翰·B. 福斯特：《重新发现帝国主义》，王淑梅译，《国外理论动态》2004 年第 1 期。

念所致，有学者认为是金融创新过度引起金融危机，有学者把问题引向中国，认为金融危机根源于中国的高储蓄。德国哲学家和社会学家哈贝马斯把危机归结为新自由主义的失败，他说："私有化的幻想已走到末路……新自由主义的议程早已丑态百出，当前这场金融危机加剧了美国业已暴露出来的物质和精神、社会和文化上的弊端，这些弊端是布什上台以来推行非国有化政策的结果。"① 福斯特认为从 20 世纪 70 年代以来，资本主义发生的显著变化可以概括为新自由主义、金融化和全球化。金融化是三者中的主导力量，新自由主义全球化的本质是垄断金融资本在全球化的扩张。因此，福斯特敏锐地抓住金融资本这个核心概念，他从外在的显性问题转到幕后本质，立足马克思主义理论对垄断金融资本做出深刻的剖析。

福斯特从资本积累角度透视垄断金融资本主义的衰落，发展了马克思的资本批判理论。由 2007 年美国次贷危机演变而来的金融海啸过后，整个世界范围内经济增长缓慢，陷入增长乏力的"停滞—金融化陷阱"。实体经济萎缩、金融领域泡沫破裂，世界经济进入寒冬期。危机的爆发再次点燃了人们对马克思主义理论关注的热情，西方学者纷纷回到马克思那里寻求根治金融危机的灵丹妙药。危机爆发后，"'怀念马克思'、'马克思归来'、'马克思是对的'、'马克思的拯救'、'回到马克思'"等话语活跃在各类学术刊物。

马克思主义之所以具有顽强的生命力，在于其同时代共振的理论品格。尽管在马克思生活的时代，金融资本还未成为占主导地位的资本形态，但马克思主义对资本本性的揭示永不过时。马克思在对资本本性揭露的基础上，还对虚拟资本做了科学分析。马克思在《资本论》第三卷中重点分析了国债、股票、汇票等虚拟资本的具体形式。虚拟资本是价值所有权证书，它本身只是"现实资本的纸制复本"②，虚拟资本没有价值，却可以"以钱生钱"实现财富增长。这是因为

① 《哈贝马斯谈新自由主义破产后的世界秩序》，赵光锐译，《国外理论动态》2009 年第 3 期。

② 《资本论》第 3 卷，人民出版社，2018，第 540 页。

虚拟资本是现实资本的所有权证书,有权获得现实资本能够分得的一部分剩余价值,也可以通过出售所有权证书获得收益。"正如在这种信用制度下一切东西都会增加一倍和两倍,以至变为纯粹幻想的怪物一样,人们以为终究可以从里面抓到一点实在东西的'准备金'也是如此。"① 虚拟资本具有较强的流动性和高收益性,但也蕴藏着风险和危机。如果虚拟资本过度膨胀、金融衍生品恶性泛滥,则有可能引发金融危机。同时,马克思还看到虚拟资本自身的运动规律,使它与现实资本逐渐分离。马克思说:"虚拟资本有它的独特的运动。"② 虚拟经济与实体经济分道扬镳,并脱离实体经济的运行逻辑,它不停地运转易主,以致它的市场价值与名义价值发生严重脱离。

面对全球经济遭遇的大灾难,如何从根源处对其做出令人信服的解释,这是当代学界的一大难题。福斯特认为从 20 世纪 70 年代后期开始,金融化力量的逐步崛起及其对资本主义生活的全面渗透,使资本主义进入一个新的混合发展阶段,他将之概括为"垄断金融资本时期"。由于生产中的资本积累本性并未改变,资本主义的本质并未发生嬗变。在他看来,金融资本异军突起的原因是实体经济利润空间的压缩,金融化是垄断资本吸取高额利润的新渠道。巴兰和斯威齐在《垄断资本》中曾围绕经济剩余的产出和吸收,阐述了垄断资本主义"停滞理论"。他用"经济剩余增长趋势"取代马克思的利润率趋于下降规律,经济发展的主要问题是为经济剩余寻找投资出路。由于资本主义不能有效解决日益增长的经济剩余而导致持续的生产过剩,挫伤了资本进一步投资的积极性,资本积累受到抑制。福斯特沿着斯威齐的经济剩余理论继续前行。他指出在垄断金融资本时期,资本积累具有双重含义。一方面是传统意义上的资本积累,另一方面是金融资产的积累。股票、证券不只是资本的所有权证书,更是资本增殖的手段。金融寡头把虚拟资本看作发财致富的蓄水池,试图通过"绕过生产过程而赚钱",一夜暴富的诱惑使寡头垄断资本家削尖脑袋往虚

---

① 《资本论》第 3 卷,人民出版社,2018,第 535 页。
② 《资本论》第 3 卷,人民出版社,2018,第 527 页。

拟资本里挤，虚拟资本达到了登峰造极的地步。"1985 年美国的债务约为 GDP 的 2 倍，20 年后，美国的债务上升为全国 GDP 的近 3.5 倍，逼近 44 万亿美元的全球 GDP。"① 金融寡头为了满足自己对资本的贪欲，通过分期付款、信用卡购物、次级房贷等手段鼓励居民消费，这种寅吃卯粮的做法满足了资本一时的贪欲，但也蕴藏着经济的杀手。美国以次级住房抵押贷款为基础的金融产品，通过打包和证券化技术构筑了繁荣的经济泡沫，一旦次贷出现问题，各种金融机构和投资者所持有的次级债及各种金融衍生品，就会因丧失支付能力而大幅贬值，导致资金链断裂，从而使整个经济陷入全面危机。

纵观福斯特的社会生态学思想，在对垄断金融资本主义的批判中一直围绕"资本主义的有效需求不足—生产过剩—透支消费—违约率上升—经济危机"的研究路径。他以金融资本为切入点，深刻分析了垄断资本主义的经济停滞、金融危机、积累悖论、新自由主义等社会现象，从消费和流通领域对经济停滞—金融化陷阱做出深刻剖析，以金融危机的视角丰富和拓展了马克思主义理论经济危机论。

---

① 〔美〕约翰·贝拉米·福斯特：《资本主义的金融化》，王年咏、陈嘉丽译，《国外理论动态》2007 年第 7 期。

第六章　福斯特生态学马克思主义的
理论不足与困境

福斯特生态学马克思主义以生态危机与金融危机为切入点，反思垄断资本主义制度下人类生存与发展问题。他以独特的理论视角深刻揭示了马克思唯物主义中的生态学洞见，在生态唯物主义指导下，反思工业化生产方式，戳穿新自由主义面孔，努力以马克思主义的立场、观点和方法探寻当今社会陷入危机的症结根源，为人类可持续发展指明方向。不可否认，面对新的时代课题，他的自然生态和社会生态思想丰富了马克思主义理论，为马克思主义在当代的发展和完善注入了新的元素，为我们探索人与自然、人与人的关系提供了新的视角。但我们还应正视一点，由于主客观因素的影响，福斯特的生态学马克思主义理论仍有缺陷和不足，他的自然本体论思想背离了马克思实践唯物主义内涵，他所提出的革命主体不够明确，他所构想的革命策略在概念上是模糊的。

第一节　生态哲学根基的滞后与对马克思
唯物主义思想的误读

一　人与自然的相互作用与"二元论"的生态自然观

在对当代绿色思潮理论的反思中，福斯特断然指责他们企图幻想通过变革抽象的生态价值观达成人与自然的和解，在思维模式上仍然滞留于人与自然的二元对立，没有摆脱西方形而上学的思维逻辑。这种形而上学的思维方式在西方学界的传统可谓根深蒂固。柏拉图开创了形而上学思维的先河，"纵观整个哲学史，柏拉图的思想以有所变化的形态始终起着决定性作用"①。形而上学思维把世界划分为主体与客体，认为五彩缤纷的世界要么来源于主体，要么来源于客体，二者之间存在着不可逾越的鸿沟。而文艺复兴、启蒙运动以来，随着人类主体性的解放，这种形而上学的思维方式发展到极致。从英国哲学家培根提出"知识就是力量"到洛克的"对自然的否定就是通往幸福之路"，从法国哲学家笛卡尔提出"我思故我在"再到德国哲学家康德主张"人是自然界的最高立法者"的观点，自然无不处于被奴役的地位，而人被看作宇宙万物中永恒存在的具有"唯一性""至上性"的主体性存在。外部自然被看作满足人类需要和欲望的客体性工具性存在。

西方绿色思潮在寻求人与自然矛盾的解决方案时，往往陷入人与自然关系的绝对思维领域。他们站在自然的角度，试图唤醒人们尊重自然、保护自然、关爱自然的生态意识，把自然本身的内在价值看作评判人类活动及其意义的唯一尺度。在罗尔斯顿看来，自然自身的存在即表征了自己的价值，这种价值是客观的，先于人类的认识。"在我们发现价值之前，价值就存在于大自然之中很久了，它们的存在先于我们对它们的认识。"② 或者走向另一个极端，高扬自文艺复兴以来人的主体性，把人看作万物存在的终极理由、宇宙的最高统帅。哈贝马斯曾看到人的主体性已成为自然界一切万物的来源，他论述道："既然世界已不再被看作是上帝的造物，而是人的理性的设计，自然这种合理性的根据也就出自人本身，出自人的理性。"③ 人依据自身的需要来处理人和自然的关系，把自然置于与人类相对的位置，自然异化为满足人类需要的工具手段，人和自然成为单向度的存在物。绿色思潮关于人与自然的思维方式不过是囿于"主体"和"客体"绝对对立的前提下争论孰优孰劣，亦即"用一个极端反对另一

---

① 〔德〕海德格尔：《面向思的事情》，陈小文、孙周兴译，商务印书馆，2002，第70页。

② 〔美〕霍尔姆斯·罗尔斯顿：《环境伦理学——大自然的价值以及人对大自然的义务》，杨通进译，中国社会科学出版社，2000，第294页。

③ 陈嘉明：《现代性与后现代性十五讲》，北京大学出版社，2006，第5页。

个极端"①。换句话说，生态中心主义与人类中心主义依然围绕"人类征服自然和自然崇拜之间的对立这样古老的二元论的重新阐述"②，其实问题的症结在于唯物主义如何对待自然和人类存在的方式。

福斯特在哲学根基处直击当代绿色思潮的软肋，可谓一针见血。因此，为了导引陷入困境的生态学，他意识到必须从哲学基础上重建人与自然的关联。在对马克思唯物主义思想的追踪中，他意识到马克思对劳动概念的理解蕴含着解决人与自然矛盾的革命力量，"我们应该通过行动，也就是说，通过我们的物质实践来改变我们同自然界的关系，并超越我们与自然界的异化"③。但是，他把马克思的劳动概念片面地理解为人与自然的相互作用，当他"把人与自然的关系诉诸'通过生产'所发生的'人与自然之间相互作用'的'新陈代谢'的物质交换关系时，这里出现的是福斯特对把握马克思哲学之存在论基础的无能为力"④。

换言之，福斯特依然把实践活动理解为在人与自然界相互对立前提下的统一关系即相互作用关系，即作为统一关系或相互作用关系的实践活动依然是以人与自然界的对立为前提的。在此，我们发现福斯特依然没有跳出旧唯物主义的思维范式，仍旧陷入了自然和人、主体与客体的二元分立的窠臼，因而在对劳动的理解上远远没有达到马克思的理论高度，没有达到实践之作为感性对象性活动的理论高度，从而错失与马克思思想的实质性对话。

马克思关于人与自然和解的思想建立在对黑格尔唯心主义自然观的批判继承之上。黑格尔作为近代哲学的终结者，在纯粹思想领域寻求人与自然的和解。黑格尔认为知性思维方式下人与自然是分裂的，

① 刘福森：《西方的"生态伦理观"与"形而上学困境"》，《哲学研究》2017 年第 1 期。
② 〔美〕约翰·贝拉米·福斯特：《马克思的生态学：唯物主义与自然》，刘仁胜、肖峰译，高等教育出版社，2006，第 21 页。
③ 〔美〕约翰·贝拉米·福斯特：《马克思的生态学：唯物主义与自然》，刘仁胜、肖峰译，高等教育出版社，2006，第 6 页。
④ 卜祥记：《福斯特生态学语境下的马克思哲学——〈马克思的生态学〉的旧唯物主义定向》，《哲学动态》2008 年第 5 期。

他试图通过"辩证法的思维方式"克服知性思维的局限性，达到人与自然的和解。在黑格尔看来，世界历史的展开就是客观精神的布展，"当理性之确信其自身即是一切实在这一确定性已上升为真理性，亦即理性已意识到它的自身即是它的世界、它的世界即是它的自身时，理性就成了精神"①。自然是绝对精神展开过程中的一个环节，是精神的对象化、外化。"精神在自然内发现它自己的本质，即自然中的概念，发现它在自然中的复本，这是自然哲学的任务和目的。"②精神与自然界在本质上是同一的，精神外化为自然界，自然界是精神的复本，精神和自然界是一个不可分割的整体。但由于黑格尔在纯粹精神领域实现人与自然的和解，他对精神外化为自然的理解没有诉诸外在感性物质因素，仍然停留在抽象理论层面谈论人与自然的和解，绝对的、封闭的精神领域窒息了人与自然矛盾化解的所有希望。尽管如此，马克思依然敏锐地在黑格尔的思辨唯心主义辩证法中发现了黑格尔否定性辩证法的伟大之处，即黑格尔抓住了劳动辩证法的本质，并把劳动作为人与自然统一的根据，只不过黑格尔唯一知道的是精神劳动。据此，扬弃黑格尔辩证法的思辨唯心主义，在现实个人的实践或劳动活动的基础上呈现人与自然的统一，创立唯物主义自然观就成为一个紧迫的任务。在这个方面，费尔巴哈的唯物主义进入了马克思的理论视野。

马克思唯物主义自然观的创立与他批判地继承费尔巴哈人本学唯物主义有着内在性关联。费尔巴哈推翻了唯心主义对哲学的长期统治，树立了人本学唯物主义的大旗。费尔巴哈从现实的人和自然出发开启了他的唯物主义哲学大门，他说："观察自然，观察人吧！在这里你们可以看到哲学的秘密。"③费尔巴哈认为哲学应当从自然开始，

---

① 〔德〕黑格尔：《精神现象学》（下），贺麟、王玖兴译，商务印书馆，1979，第1页。

② 〔德〕黑格尔：《自然哲学》，梁志学、薛华、钱广华、沈真译，商务印书馆，1980，第18页。

③ 费尔巴哈：《费尔巴哈哲学著作选集》（上卷），荣震华、李金山等译，商务印书馆，1984，第115页。

自然不是被上帝创造出来的，而是"形体的、物质的、感性的"① 存在。客观存在的自然是人类精神和意识的来源，而意识是人脑特有的机能，思维与存在的关系即是"存在是主体，思维是宾词"②。人是自然界的产物，自然界是人的母亲，人是"自然界的最高生物"。费尔巴哈所理解的人是具有自然属性的感性实体，也就是具有吃穿住用等自然需求的人。他把人的本质理解为抽象的"理性、爱、意志力"③，而不是建立在物质实践基础上的社会关系总和。费尔巴哈通过感性对象性原则解构了上帝的神圣性，他认为宗教、上帝的威力来源于人的本质异化，"人的绝对本质、上帝，其实就是他自己的本质"④。但费尔巴哈不了解革命的实践活动的意义，他高唱唯物赞歌而遮蔽了主体能动性思想，导致世界成为人与自然的抽象，费尔巴哈的唯物主义仍被定性为旧唯物主义。马克思批判他"对对象、现实、感性，只是从客体的或者直观的形式去理解，而不是把它们当作感性的人的活动，当作实践去理解，不是从主体方面去理解"⑤。尽管费尔巴哈唯物主义隶属旧唯物主义，但费尔巴哈哲学的批判武器——感性对象性原则深深吸引了马克思。在马克思看来，正是因为提出了感性对象性原则，费尔巴哈创立了真正的唯物主义和现实的科学。但因为费尔巴哈在批判黑格尔哲学时抛弃了黑格尔的否定性辩证法即劳动辩证法，所以他不了解人与自然界感性对象性关系的根据何在，即不了解正是作为对象性活动的现实个人的劳动或实践活动，创生出感性的人、感性的自然界以及人与自然界的感性对象性关系。

在《1844 年经济学哲学手稿》中，马克思在批判性地继承黑格

① 费尔巴哈：《费尔巴哈哲学著作选集》（下卷），荣震华、王太庆、刘磊译，商务印书馆，1984，第 659 页。
② 费尔巴哈：《费尔巴哈哲学著作选集》（上卷），荣震华、李金山等译，商务印书馆，1984，第 115 页。
③ 费尔巴哈：《费尔巴哈哲学著作选集》（下卷），荣震华、王太庆、刘磊译，商务印书馆，1984，第 28 页。
④ 费尔巴哈：《费尔巴哈哲学著作选集》（下卷），荣震华、王太庆、刘磊译，商务印书馆，1984，第 30 页。
⑤ 《马克思恩格斯选集》第 1 卷，人民出版社，1995，第 54 页。

尔和费尔巴哈思想的基础上，形成了基于感性对象性活动的唯物主义自然观。在马克思看来，费尔巴哈对自然和人都做非历史、非实践的理解，因为他没有从"感性活动"来看待他周围的世界。马克思发现了黑格尔辩证法的精髓，即"把对象性的人、现实的因而是真正的人理解为人自己的劳动的结果"①，正是"感性活动"揭示了实体与主体、人与自然界的本质关联。人作为现实的自然存在物，是对象性的自然存在物，人把自己的本质力量对象化为外在的存在物，对象性的存在物是对象性的本质力量的体现。对象性的存在物之所以能被设定，"因为它本来就是自然界"②。如果一个存在物是唯一的，在它之外没有任何的第三者，那么这个"非对象性的存在物是非存在物"③。人作为现实的、有血有肉的、活生生的人离不开外在的自然界，外在自然界是人欲望的对象，外在自然物是"表现和确证他的本质力量所不可缺少的、重要的对象"④。马克思对感性活动的诠释中包含了人和自然界的辩证关系，这种关系不再是简单意义上的相互作用，也不是创造与被创造的关系，而是人通过劳动把自己的本质力量对象化为自然存在物，自然存在物作为人的本质力量外化的体现。对象性活动证实了对象性物的存在，感性地确证着人与自然的对象性关系，人在这种对象性活动中确证着人类与自然的存在。

马克思把劳动看作打开人类历史的钥匙，他从劳动中看到了人与自然的统一。人是自然界的存在物，自然界是人的无机的身体。人不但享受着自然界中天然存在的无机物和有机物，同时还通过劳动从自然界提取原料创造出人类所需要的物质产品。"自然界是人为了不致死亡而必须与之处于持续不断的交互作用过程的、人的身体。"⑤ 人通过劳动能动地改造对象世界，"自然界才表现为他的作品和他的现

---

① 《马克思恩格斯文集》第 1 卷，人民出版社，2009，第 205 页。
② 《马克思恩格斯文集》第 1 卷，人民出版社，2009，第 209 页。
③ 《马克思恩格斯文集》第 1 卷，人民出版社，2009，第 210 页。
④ 《马克思恩格斯文集》第 1 卷，人民出版社，2009，第 209 页。
⑤ 《马克思恩格斯文集》第 1 卷，人民出版社，2009，第 161 页。

实"。① 人以怎样的方式对象化自己的本质力量，对象就以什么样的方式确证和表现人，人"在他所创造的世界中直观自身"②，自然界就是感性存在着的另一个人自身。人通过劳动创造人类历史，劳动过程"是自然界对人来说的生成过程"③，是"人对人来说作为自然界的存在以及自然界对人来说作为人的存在"④ 过程。

在这里，我们看到的乃是基于感性活动的马克思生态自然观的本质性呈现。作为现实个人对象性活动的实践、劳动或感性活动创生出人与自然界的现实对象性关系，而这种对象性关系就构成了马克思生态自然观的本质性内涵。人与自然界的感性对象性关系本质性地阻止了人们再度把人和自然界对立起来，也据此为生态文明奠定了坚实的自然观基石。当福斯特依然以人与自然界的对立关系为前提，并因而模糊不清地以其"相互作用"来诠释马克思的唯物主义自然观时，这就意味着他对马克思唯物主义生态自然观的理解尚未达到实践唯物主义的理论高度，是对马克思生态学唯物主义思想的误读，因而在对人与自然的理解上，实际上再次陷入了人与自然二元对立的思维范式。

二　从实践唯物主义向自然唯物主义的倒退

在对人与自然关系的反思中，福斯特试图从哲学基础上重建马克思的唯物主义，以此彰显马克思唯物主义的生态学向度。在对哲学唯物主义的理解上，他赞同英国哲学家布哈斯卡的本体论唯物主义、认识论唯物主义和实践唯物主义的划分。在他看来，马克思实践唯物主义"既接受了'本体论的唯物主义'也接受了'认识论的唯物主义'"⑤。尽管马克思的唯物主义历史观主要关注于"实践唯物主义"，

---

① 《马克思恩格斯文集》第1卷，人民出版社，2009，第163页。
② 《马克思恩格斯文集》第1卷，人民出版社，2009，第163页。
③ 《马克思恩格斯文集》第1卷，人民出版社，2009，第196页。
④ 《马克思恩格斯文集》第1卷，人民出版社，2009，第196页。
⑤ 〔美〕约翰·贝拉米·福斯特：《马克思的生态学：唯物主义与自然》，刘仁胜、肖峰译，高等教育出版社，2006，第3页。

但马克思理性唯物主义采取的是强调外在自然独立性的本体论观点，即"强调外在的物理世界相对于思维的独立存在"①。然而，福斯特把马克思唯物主义诠释为唯物主义自然观和唯物主义历史观的结合，认为马克思唯物主义视域下人与自然的关系从未空场，并陶醉于自我建构的生态唯物主义之时，他却根本没有意识到自然唯物主义和实践唯物主义的历史维度。他在对马克思唯物主义的解读中"抛却了唯物主义的历史维度，把分属于不同历史样态、具有本质界限的自然唯物主义与实践唯物主义归属于同一个马克思，并视之为马克思哲学的'巨大的潜在优势'与'超乎寻常的巨大的理论力量'"②。理论武器的不完善，注定了他对人与自然、历史与自然关系的解读不能超越旧唯物主义的视域。

当福斯特把马克思实践唯物主义诠释为自然唯物主义与历史唯物主义的杂糅拼接时，由于根本不懂得马克思哲学革命的本真意义所在，他再次与马克思失之交臂。马克思在《1844 年经济学哲学手稿》之"对黑格尔的辩证法和整个哲学的批判"③ 中，已超越费尔巴哈的水平而看到了黑格尔思辨哲学的闪光点——劳动辩证法。马克思认为黑格尔"抓住了劳动的本质，把对象性的人、现实的因而是真正的人理解为人自己的劳动的结果"④，而不是像费尔巴哈仅仅把黑格尔的辩证法理解为哲学与神学的和解。马克思看到的作为推动黑格尔思辨哲学演绎的"三段论"逻辑，其实也就是"劳动"的本质。"黑格尔把一般说来构成哲学的本质的那个东西，即知道自身的人的外化或者思考自身的、外化的科学看成劳动的本质。"⑤ 马克思吸取了黑格尔辩证法的合理内核，把抽象的精神劳动改造为现实个人的感性活

<hr />

① 〔美〕约翰·贝拉米·福斯特：《马克思的生态学：唯物主义与自然》，刘仁胜、肖峰译，高等教育出版社，2006，第 8 页。
② 卜祥记：《福斯特生态学语境下的马克思主义哲学——〈马克思的生态学〉的旧唯物主义定向》，《哲学动态》2008 年第 5 期。
③ 《马克思恩格斯文集》第 1 卷，人民出版社，2009，第 197 页。
④ 《马克思恩格斯文集》第 1 卷，人民出版社，2009，第 205 页。
⑤ 《马克思恩格斯文集》第 1 卷，人民出版社，2009，第 205 页。

动，这一点可以从马克思对感性活动的论述中洞悉。马克思指出：
"当现实的、肉体的、站在坚实的呈圆形的地球上呼出和吸入一切自
然力的人通过自己的外化把自己现实的、对象性的本质力量设定为异
己的对象时，设定并不是主体；它是对象性的本质力量的主体性……
并不是它在设定这一行动中从自己的'纯粹的活动'转而创造对象，
而是它的对象性的产物仅仅证实了它的对象性活动，证实了它的活动
是对象性的自然存在物的活动。"① 马克思以"感性活动"发动的哲
学革命，从根本上超越了实体与主体、物质与意识的二元对立，马克
思把"实践""劳动""感性活动"作为自己唯物主义的理论品格，
创建了科学的实践唯物主义，但这种唯物主义"关注的不再是自然
唯物主义意义上的物质实体的世界，而是这一世界由于人的实践活动
而成为人的世界"②。

尽管福斯特看到马克思在实践基础上架构起唯物主义自然观和历
史观的统一，但为了突出马克思唯物主义的生态学思想向度，他对马
克思唯物主义自然观的过分强调遮蔽了实践唯物主义的科学性。为了
复兴马克思唯物主义自然观，福斯特追溯马克思唯物主义思想的形
成、发展历程。但是，福斯特对"唯物"的自然概念理解俨然背离
了马克思的初衷。他认为马克思所关注的自然是一个在人之外存在的
客观自然，他反复"强调外在的物理世界相对于思维的独立存在"③
在马克思哲学中的重要地位。这种客观的自然是人类征服和改造的对
象，本体论意义上存在的自然是马克思哲学建构的前提。福斯特没有
厘清马克思所谓的物质概念已经不单纯是客观的自然存在，而是从自
然物质的具体形态中抽象出的"客观实在性"，"客观实在性"是物
质概念的哲学表达。在马克思看来，人类历史就是人类在尊重自然规
律的前提下实现自在自然向人化自然的转化，但不断物质形态怎么变

---

① 《马克思恩格斯文集》第 1 卷，人民出版社，2009，第 209 页。
② 范迎春、卜祥记：《马克思哲学的实践唯物主义性质》，《哲学动态》2015 年第
11 期。
③ 〔美〕约翰·贝拉米·福斯特：《马克思的生态学：唯物主义与自然》，刘仁胜、
肖峰译，高等教育出版社，2006，第 8 页。

换，最根本的客观实在性并未消失。尽管马克思谈论人化自然，但他并未否决自然的先在性，他认为"这种区别只有在人被看作是某种与自然界不同的东西时才有意义"①。

福斯特认为马克思唯物主义自然观来源于对费尔巴哈唯物主义的吸收和继承，立足自然主义去解读费尔巴哈人本学唯物主义，并认为费尔巴哈自然唯物主义相对伊壁鸠鲁是一种倒退。在他看来，费尔巴哈在《基督教的本质》一书中除了"人的本质"的陈词滥调外并无新意，并且这些观点早在青年黑格尔派那里已经阐发。福斯特认为使费尔巴哈名声大噪的是《关于哲学改造的临时纲要》。正是在这里，费尔巴哈发现了自然的基础地位。"一切科学必须以自然为基础"，离开自然的学说都是某种假设，"哲学必须重新与自然科学结合，自然科学必须重新与哲学结合"②。但由于费尔巴哈的唯物主义缺乏积极的理论内容，相比伊壁鸠鲁反目的论和决定论的唯物主义显得更为直观、抽象和空洞。因为它"只是黑格尔体系的倒置，没有任何自己的主张，因而将永远处于他所否定的巨大体系的阴影之中"③。在福斯特那里，他把黑格尔和伊壁鸠鲁看作是引领马克思哲学革命的力量之源，而费尔巴哈充其量也就是第二个伊壁鸠鲁而已。福斯特没有精准定位费尔巴哈在马克思哲学中的地位，没有看到在《基督教的本质》中"感性对象性原则"的革命高度。当费尔巴哈用"感性对象性原则"去透视自然界和人时，看到自然界的本质不再是绝对精神的再现，而是"人必然要与之发生关系的、否则就不能设想人的存在和本质的"④ 自然界。现实的自然界其本质应归属于现实的人，在感性对象性原则基础上构建了人与自然的内在关联。尽管费尔巴哈

---

① 《马克思恩格斯选集》第 1 卷，人民出版社，1995，第 77 页。
② 〔德〕费尔巴哈：《费尔巴哈哲学著作选集》（上卷），荣震华、李金山等译，商务印书馆，1984，第 118 页。
③ 〔美〕约翰·贝拉米·福斯特：《马克思的生态学：唯物主义与自然》，刘仁胜、肖峰译，高等教育出版社，2006，第 123~124 页。
④ 〔德〕费尔巴哈：《费尔巴哈哲学著作选集》（下卷），荣震华、王太庆、刘磊译，商务印书馆，1984，第 521 页。

不懂得感性对象性原则的根源何在，但问题的提出一方面意味着费尔巴哈在理论高度上超过了青年黑格尔派其他成员，另一方面也使费尔巴哈站在了新哲学的入口。

福斯特看到了马克思唯物主义是解决生态危机的革命力量，但由于在对马克思唯物主义根基的把握上误读了费尔巴哈这一关键环节，他在"切中问题之要害的同时却完全无力解决问题"①。福斯特所理解的实践唯物主义存在之前提是本体论意义上的唯物主义自然观，人与自然关系的延展离不开先在的自然，这实际上是把马克思对自然概念的理解简单化。因为在马克思看来，自然既指打上物质实践烙印的"人化自然"，也指不以人的意志为转移的客观"自然"。福斯特对唯物主义自然观的理解仍然没有跳出旧唯物主义的逻辑框架，对人与自然关系的理解依然是二元分立的思维范式。正是在旧唯物主义指导下，人类主体性的过度膨胀导致了自然的灾难。

三 自然唯物主义的自然观与工业文明的同谋

自然孕育着人类社会，人在对自然奥秘的探索中推动历史车轮的前行。自从人类诞生以后，人们就对自然的本原、价值和意义、人与自然的关系进行苦苦追寻，形成了对自然界的总的看法。在不同时期，由于理论家们的研究视角不同，对自然、人与自然关系的认识也迥然相异。

古希腊是人类文明的发源地，古希腊哲学是西方哲学的渊源。古希腊哲学发轫于对自然的追问，他们对神奇的自然现象感到诧异，由惊奇激发求知世界本原的欲望，形成了关于宇宙起源的哲学。人类面对神奇的自然既恐惧又依赖，一方面人类谨慎地利用自然，获取生存资料；另一方面又敬畏自然，对自然界顶礼膜拜，自然具有神秘莫测的威力。哲学是智慧学说，如何引领人们智慧地生活是希腊哲学家的历史使命。他们对自然进行理性的观察之后，认为自然界是灵动的世

---

① 卜祥记：《福斯特生态学语境下的马克思主义哲学——〈马克思的生态学〉的旧唯物主义定向》，《哲学动态》2008 年第 5 期。

界，逻各斯是主宰万物的理性，自然有其自身的运动规律。在赫拉克利特那里，"定则"支配着世界的发展，"在一切变化和矛盾中惟一常住或保持不变的，是位于一切运动、变化和对立背后的规律，是一切事物中的理性，即逻各斯"①。柏拉图把宇宙分为理念世界和自然世界，自然界的样态是由造物主按照理念的样态而设计的，"凡是被感知的世界所具有的任何实在性、形式或美都得自理念"②。亚里士多德的自然观不仅指宇宙中的自然事物，也意指社会领域里习俗、制度等，并暗含着将自然与自然法联系起来的思想。斯多亚学派从自然法探讨了自然的奥秘，他们指出"因为我们个人的本性都是普遍本性的一部分，因此，主要的善就是以一种顺从自然的方式生活，这意思就是顺从一个人自己的本性和顺从普遍的本性"③。这里的普遍性就是自然理性、逻各斯，个人普遍性是理性的一部分，美好的生活应遵从逻各斯，与自然法保持一致。在古希腊哲学那里，逻各斯是外在于人并统治世界万物的理性法则，人与自然的关系也就是人与逻各斯的关系，人的本质源于逻各斯，逻各斯凌驾于万物之上。这其实也就是人崇拜自然、敬仰自然、高扬自然价值的自然观。

文艺复兴结束了宗教神学的黑暗统治，唤醒了人类的主体性意识，实现了人性的自我复归。人从宗教束缚中解脱出来，积极思考人生，探究自然奥秘，自然界褪去了神圣的光环，对自然的敬仰和崇拜也随之销声匿迹。资产阶级发展壮大后，迫切需要一切资源满足自我增殖的贪欲，从功利主义的视角看待自然，把自然当作谋取个人私利的工具和手段，一种新的自然观悄然兴起。

经济的发展和自然科学的进步为新自然观的形成提供了肥沃的土壤。文艺复兴代表着资产阶级思想的胜利，为了满足对利润的无止境追求，资产阶级大力发展科学技术，以此提高对自然的征服能力。"近代世界与先前各世纪的区别，几乎每一点都能归源于科学，科学

---

① 〔美〕梯利：《西方哲学史》，葛力译，商务印书馆，2004，第22页。
② 〔美〕梯利：《西方哲学史》，葛力译，商务印书馆，2004，第67页。
③ 北京大学哲学系外国哲学史教研室编译《古希腊罗马哲学》，商务印书馆，2021，第390页。

在十七世纪收到了极奇伟壮丽的成功。"① 哥白尼在《天体运行论》中提出日心说，这预示着世界万物没有高低贵贱之分，万物都是按照相同的机械规律运行。吉尔特发现了磁铁引力为对自然界的研究做了铺垫，伽利略把定量实验与数学论证的方法应用到自然科学，用数学语言解构自然的奥秘，为后来的技术应用做了奠基。牛顿在伽利略研究成果的基础上发现了万有引力定律，牛顿用力学解释了神秘的自然界。自然不再是狡猾的理性机体，在科学技术的协助下，自然褪去了神圣的光环蜕变为满足人类欲望的一架机器。

自然科学的发展孕育着近代自然哲学的出场。"自然科学之所以对近代哲学起着决定性的影响，是由于它首先自觉地运用了科学方法因而取得了自身的独立，其次是它从此立场出发能够在形式上和内容上决定思想的普遍运动。"② 自然科学的发展提升了人们的认识能力，人是宇宙大舞台的中心，自然界降格为满足人类的工具，人类主体性的觉醒意味着用自己的思维审视世界，这呼唤着近代哲学的诞生。

笛卡尔开创的近代二元论哲学，拉开了近代哲学的序幕。黑格尔对笛卡尔在哲学上的功绩曾评论道："从笛卡尔起，我们踏进了一种独立的哲学。""近代的文化，近代的哲学思维，是从他开始的。"③ 笛卡尔开创了二元论的先河，他将"我思故我在"作为其哲学第一原理，从"我思"中提升出独立的主体，再通过"自我"推演出整个世界，自然界成为一个与主体相对应的客体，从而奠定了近代哲学关于"主体"与"客体"的二元论思想。在笛卡尔那里，思维高于存在，理性高过物质，这为工业文明征服自然、改造自然的形而上学思维方式埋下了隐患。

近代二元论哲学被西方工业文明奉为神圣宝典，在创造灿烂物质文明的同时，也暴露了自身的缺陷。人类主体性的自我膨胀浸透到资

① 〔英〕罗素：《西方哲学史》（下卷），马元德译，商务印书馆，1976，第43页。
② 〔德〕文德尔班：《哲学史教程》（下卷），罗达仁译，商务印书馆，1993，第513页。
③ 〔德〕黑格尔：《哲学史讲演录》第4卷，贺麟、王太庆译，上海人民出版社，1978，第62页。

本主义的每一个环节，资本主义大生产在机器轰鸣中展开了人与自然的交战，征服自然、战胜自然成为催促资本主义的无形力量。工业文明在创造物质财富涌流的同时，也暴露了自身的局限性。现代文明的兴盛给人类带来巨大福祉的同时也给人类带来许多问题，"今天的世界，是'问题'的世界。堆积如山的'问题'不断地向人类的理性发起挑战"①。资源短缺、全球变暖、冰川融化、物种濒危、经济停滞、两极分化等问题层出不穷，人类陷入生存危机和发展困境，对现代性的反思成为每一个理论工作者义不容辞的责任。一时间，剖析工业文明的理论之花开遍生态学马克思主义理论阵地。学者们主要围绕科学技术、经济增长、消费观念、控制自然等主题展开议论，但都没有触及问题的真正本质。福斯特作为生态学马克思主义的领军人物，不但对资本主义生产方式下人与自然的问题进行追问，还对社会领域中人与人的自然生态进行致思，从而丰富了生态学马克思主义的理论宝库。但是，由于批判的武器没有跳出旧唯物主义的框架，反倒无法在哲学根基上彻底与工业文明划清界限，而这种旧唯物主义自然观在本质上与工业文明必然有同谋关系。这是福斯特也不想看到的，但理论上的不彻底性只能意味着对工业文明无法避免的妥协甚至同谋。

第二节　新陈代谢断裂理论的旧哲学性质及其经济批判的非系统性

一　新陈代谢断裂理论的旧哲学性质

福斯特不满意绿色理论把马克思主义与生态思想简单的嫁接；在他看来，以往解救自然的生态理论都因哲学根基建立在人与自然二元对立之上，因而他们所提出的方针政策都是治标不治本，不能触及生态问题的根源所在。他带着生态问题重回马克思经典著作，在对马克思文本进行梳理的过程中坚定地认为，马克思唯物主义理论自身蕴含

---

① 赵红梅、戴茂堂：《文艺伦理学论纲》，中国社会科学出版社，2004，第297页。

着解决生态问题的革命性力量。福斯特对马克思生态思想的论述主要
集中于"新陈代谢断裂"及其生态意蕴，并认识到应从实践角度重
建人与自然的关联。"通过我们的物质实践来改变我们同自然界的关
系，并超越我们与自然界的异化。"① 但是，能正确切中问题的要害
并不意味着问题的真正解决，因为他对马克思实践唯物主义的解读是
立足在自然本体基础之上。福斯特以客观自然为基础构建体系完整的
马克思唯物主义，"在这里出现的乃是一个原则性的理论混乱或无原则
的折中主义，是对马克思哲学革命本质境域所在的无原则的遮蔽"②。

　　"新陈代谢"最早是应用于生理学领域的一个概念，李比希把它
的应用范围拓展到有机体与无机体的相互联系中，马克思借用新陈代
谢来表达劳动的内涵，把新陈代谢进一步应用到人与自然的物质变换
中。马克思曾说，劳动"是人和自然之间的过程，是人以自身的活
动来中介、调整和控制人和自然之间的物质变换的过程"③。新陈代
谢成为马克思主义理论的重要范畴，据不完全统计，在《资本论》
及其相关手稿、《反杜林论》和《自然辩证法》等相关著作中，新陈
代谢概念出现了110多次。④ 在福斯特看来，新陈代谢是生态唯物主
义的集中表达，"反映了马克思早期试图解释人类与自然之间复杂的
相互依存关系的、更为直接的哲学尝试"⑤。但是，当他把人与自然
的关系再度诠释为"相互作用""相互依赖"时，他对生态哲学的把
握仍然滞留于"人与自然""主体与客体"的二元论中。他没有洞悉
到，其实马克思早在对"感性活动""实践"的阐述中已经终结了旧
唯物主义的"二元论"模式。

---

① 〔美〕约翰·贝拉米·福斯特：《马克思的生态学：唯物主义与自然》，刘仁胜、
　　肖峰译，高等教育出版社，2006，第6页。
② 卜祥记：《福斯特生态学语境下的马克思哲学——〈马克思的生态学〉的旧唯
　　物主义定向》，《哲学动态》2008年第5期。
③ 《马克思恩格斯选集》第2卷，人民出版社，1995，第177页。
④ 郭剑仁：《生态的批判：福斯特的生态学马克思主义思想研究》，人民出版社，
　　2008，第97页。
⑤ 〔美〕约·贝·福斯特：《生态革命：与地球和平相处》，刘仁胜、李晶、董慧
　　译，人民出版社，2015，第157页。

　　马克思从实践出发来建构自己的哲学大厦，他所创立的哲学之所以称为新哲学，是因为他不再把主体或客体理解为创造关系，而是从实践出发，把对象、现实、感性"当做感性的人的活动，当做实践去理解"①。通过实践消融了人与自然的对立，使人对人来说作为自然界的存在或使自然界对人来说作为人的存在。在实践视域内，"劳动的现实化就是劳动的对象化"②，劳动是现实的、肉体的人把自己的体力、脑力投入自然界，通过对象化的劳动产品而体现人的本质力量。自然界是为人类提供生活资料的资源库，人类的生存一刻也离不开外部自然界的支持，自然界是"人的无机的身体"，"是人为了不致死亡而必须与之处于持续不断的交互作用过程的、人的身体"③。但自然界不会主动满足人类需求，只有人发挥主观能动性，在认识规律、尊重规律的前提下，"通过实践创造对象世界"④，按照人的审美标准把内在的力量对象化出去，才能生产出满足人类物质和精神需要的产品。工业的历史是人的本质力量对象化的确证，工业建立了人与自然的关联，通过工业才能透视"自然界的人的本质，或者人的自然的本质"⑤。马克思立足实践建立了新唯物主义，即实践唯物主义。实践唯物主义把现实个人的"连续不断的感性劳动和创造"作为"整个现存的感性世界的基础"⑥，从而消融了"主体与客体""人与自然"的二元对立。

　　劳动是马克思主义理论的重要范畴，马克思"在劳动发展史中找到了理解全部社会史的锁钥"⑦。马克思在感性活动的基础上表述着黑格尔的"实体即主体"原则，但这时的实体不再是孤独的、绝对的、客观的实体，而是被纳入人类实践活动范围，并作为人的本质力量对

①　《马克思恩格斯文集》第1卷，人民出版社，2009，第499页。
②　《马克思恩格斯文集》第1卷，人民出版社，2009，第157页。
③　《马克思恩格斯文集》第1卷，人民出版社，2009，第161页。
④　《马克思恩格斯文集》第1卷，人民出版社，2009，第162页。
⑤　《马克思恩格斯文集》第1卷，人民出版社，2009，第193页。
⑥　《马克思恩格斯文集》第1卷，人民出版社，2009，第529页。
⑦　《马克思恩格斯文集》第4卷，人民出版社，2009，第313页。

象化的感性实体，而主体是以实践为基础有血有肉的、现实的人。感性活动是马克思超越旧唯物主义和唯心主义的革命力量，正是感性活动使自然摆脱了感性的直观存在，使马克思对人本质的理解不再拘泥于抽象的类本质，在实践的基础上把环境的改变和人的活动统一起来。整个人类历史也就是人类通过劳动不断地将外在自然转化为人化自然的过程，这实现了自然史与人类史的统一。但在福斯特看来，"马克思确实把他的唯物主义历史观看作是建立在唯物主义自然观的基础之上"①，人类与自然之间的"新陈代谢关系"实质上是二者通过物质生产这个中介所发生的相互作用②。为了凸显马克思唯物主义的生态学向度，他曲解了马克思原本意义上自然史与人类史的关系。

马克思的自然观涵盖了自在自然和人化自然。自在自然是先于人类而存在、并未打上人类烙印的自然界，这种自然是人类生存和发展的母体。恩格斯指出："人本身是自然界的产物，是在自己所处的环境中并且和这个环境一起发展起来的。"③人类不是上帝造物主的产儿，而是自然界长期发展演变的产物，人属于自然界，脱胎于自然界。马克思承认外部自然界的优先地位，但是，他并没有仅仅驻足于对自在自然的关注，他把考察的重点放在被人类实践活动改造过的人化自然上。人化自然是现实的人感性活动对象化的产物，是"在人类历史中即在人类社会的形成过程中生成的自然界，是人的现实的自然界"④，是人类生活于其中的自然界，是在人类实践活动不断地由自在自然转化而来的人化自然界。正如马克思指出的那样，人生活于其中的现实世界绝不是"开天辟地以来就直接存在的、始终如一的东西，而是工业和社会状况的产物，是历史的产物，是世世代代活动的结果"⑤。

---

① 〔美〕约翰·贝拉米·福斯特：《马克思的生态学：唯物主义与自然》，刘仁胜、肖峰译，高等教育出版社，2006，第126页。
② 〔美〕约翰·贝拉米·福斯特：《马克思的生态学：唯物主义与自然》，刘仁胜、肖峰译，高等教育出版社，2006，第127页。
③ 《马克思恩格斯选集》第3卷，人民出版社，1995，第374~375页。
④ 《马克思恩格斯文集》第1卷，人民出版社，2009，第193页。
⑤ 《马克思恩格斯选集》第1卷，人民出版社，1995，第76页。

马克思的人化自然观从没有忽视自然界的客观性，相反，他认为自然具有不以人的意志为转移的客观规律。随着科学的发展，人们认为可以凭借科学的力量，向自然界索取人类所需要的一切。就像物理学家温伯格说："知道了这些定量，我们手里就拥有了统治地球、势头和天下万物的法则。"[①] 人类俨然是自然的主人，少数人为了满足自身利益，大肆宣扬消费至上，利用发达的网络激发人们的购买欲望，诱逼人们成为"物"的奴隶。奢侈消费、符号消费成为主导人的精神支柱，人只有在消费中才能找到自我存在的"价值"。资本主义利用消费者的欲望、需求和情感，展开对自然资源的剥夺与征服，把自然贬低为工具性存在，结果异化的消费欲望打破了生态系统的平衡，出现了消费—生态悖论。

危机起因于经济贪欲，经济危机与生态危机是资本主义危机的主要表现形式。在一定的技术条件下，自然资源是经济增长的基础。但在资本主义条件下，由于人们实际占有资源的多寡不均，财富高度集中在少数人手里，寡头垄断对利润无止境的追求，在资本积累过程中不断吮吸"自然界的自然力""人的自然力"，造成人与人、人与自然矛盾的加剧。马克思指出："资本主义生产发展了社会生产过程的技术和结合，只是由于它同时破坏了一切财富的源泉——土地和工人。"[②] 经济增长超越了自然资源的生态阈限，无限的增殖欲望超越了有限的资源空间，结果是导致成本上涨，利润空间缩减。而穷人则因经济不景气愈加贫困，有限的消费能力不断趋于下降。消费是生产的主要动力，必然会阻塞资源的流动，致使资源配置供求失衡，爆发经济危机。

福斯特站在哲学视域观察生态问题，从人与自然关系的本体论视角把脉当今的生态学困境，试图为我们解决生态危机打开全新视角。但是，当他从哲学根基处切中问题要害之时，却囿于旧唯物主义的理

---

① 〔美〕S. 温伯格：《终极理论之梦》，李泳译，湖南科学技术出版社，2003，第194 页。

② 《马克思恩格斯文集》第 5 卷，人民出版社，2009，第 580 页。

论框架理解人与自然之间的新陈代谢关系，即把人与自然看作以劳动为中介的"二元对立"关系，完全没有达到马克思的理论高度。他把马克思的实践唯物主义简单看作认识论唯物主义与本体论唯物主义的机械相加，完全错失马克思哲学革命的本真境域。马克思以"感性活动"为阵地所发动的哲学革命，开启了人与自然关系的全新路向。在马克思实践唯物视域中，自然对人来说是"自然界对人来说的生成过程"，人和自然之间的关系事实上"已经成为实际的、可以通过感觉直观的"① 了。事实上，人与自然之间的新陈代谢已不再是建立在以自然为先在的"二元对立"关系上的，而是自然作为人的感性力量的对象化存在，证实了人以感性活动为中介从而将自己的本质力量对象化为自然界。福斯特对马克思实践唯物主义的误判，使他对人与自然的关系理解终究没有跳出旧唯物主义的窠臼，依然囿于人类中心主义与生态中心主义的封闭圆圈，对于化解人与自然的矛盾起不到任何作用。

二 停滞—金融化陷阱之经济批判的非彻底性

在福斯特看来，当前资本主义社会危机四伏。在生态上，以利润为导向的资本主义生产超越了自然资源的承载限度，大气污染、全球变暖、资源匮乏、物种锐减等生态问题愈发严重。在经济上，自 2007 年美国爆发次贷危机以来，金融海啸席卷全球资本主义。当前，人类尚未走出金融危机的阴霾，经济金融化、停滞正常化等问题仍是困扰资本主义经济发展的重大障碍。在社会上，阶层分化，工人普遍处于半就业或失业状态，社会运动层出不穷。资本主义生产方式造成了资本与劳动、经济与自然之间代谢的断裂，人类面临资本主义经济与生态问题相互交织的"划时代危机。"

福斯特依据金融对社会生活的普遍渗透，断定当前资本主义发展进入垄断金融资本主义发展阶段。"金融化、全球化和新自由主义"是垄断金融资本主义的特征，金融化是三者中的核心要素，全球化本质是新自由主义主导下垄断金融资本在全球的统治。但由于消费动力不

---

① 《马克思恩格斯文集》第 1 卷，人民出版社，2009，第 196 页。

足，政府民用支出缩减，实体经济发展空间狭小，"经济停滞"是垄断资本主义的"正常状态"。资本主义为了克服资本发展障碍，所采用的唯一办法就是经济不断金融化，脱离实体经济的金融业犹如一匹脱缰之马驰骋在垄断资本主义经济中，结果造成了更严重的萧条和滞胀。

　　尽管福斯特围绕停滞—金融化陷阱对垄断资本主义做了深刻批判，可并未深入物质生产过程。他看到，自 20 世纪 70 年代，随着刺激经济增长的科技、战争、广告、民用支出等因素的消失，资本积累速度降低，大量经济剩余因实体经济空间的压缩而无法进入再生产轨道。寡头垄断为了追逐更多的剩余价值，"逐渐把剩余的资本投入金融领域以投机和谋取高额报酬"①。金融业通过研发大量债券、期货、对冲基金等金融衍生品刺激经济增长，金融化成为催化经济发展的主要力量。但由于金融产品的虚拟性和投机性，资本主义经济并未走出发展困境，反而在金融化的涨落中跌宕起伏，随着金融化力量的消退，资本主义经济"而不是快速的经济增长"②，反而陷入更深的停滞陷阱。尽管福斯特认识到金融化对经济的刺激不是一劳永逸的，也看到金融化带来的负面影响，但是他没有深入物质生产领域对问题展开进一步的追问。在马克思政治经济学中，货币最初是作为商品流通的中介而存在的，买卖在时空上的分离需要货币解决供需失衡问题。由于货币是财富的抽象表达，拥有货币就等于拥有财富。货币具有"价值尺度并因而以自身或通过代表作为流通手段来执行职能"③，它可以参与流通，也可作为财富而贮藏。在马克思看来，人类历史的前提是物质资料的生产，但在资本主义社会，资本的动力不是生产而是对剩余价值的占有。马克思指出："积累或规模扩大的生产，是剩余价值生产不断扩大，从而资本家发财致富的手段，是资本家的个人目

---

① 〔美〕约翰·贝拉米·福斯特：《划时代危机》，张晓萌、陈丹译，《理论视野》2017 年第 8 期。

② 〔美〕约翰·贝拉米·福斯特：《划时代危机》，张晓萌、陈丹译，《理论视野》2017 年第 8 期。

③ 《马克思恩格斯文集》第 5 卷，人民出版社，2009，第 152 页。

的。"① 占有和攫取剩余价值是资本主义生产的前提，这也就意味着资本与劳动的对立，随着生产的推进劳动者愈加贫穷。所以，马克思把生产放在社会生活的中心地位，经济、金融、货币的发展根源于物质生产过程。而金融资本的膨胀偏离了实体经济，远离了生产轨道，没有实体经济支撑的金融大厦，随时都有倾塌的风险。

福斯特立足垄断金融资本透视资本主义发展的新问题，认为停滞是资本主义的正常状态，金融化是寡头垄断对抗经济停滞的重要法宝。垄断资本通过扩大债务刺激居民的虚假消费欲望，以收入为基础的广大居民身陷债务危机，而寡头垄断借助信用杠杆的扩大劫掠大量财富。随着资本主义黄金时期的结束，凯恩斯的国家干预主义也拉上了帷幕，新自由主义成为经济舞台的主导思想。新自由主义倡导"国家最小化、市场自由化"的理念，这就为金融监管缺位、大量金融衍生品的泛滥提供了舆论环境。金融化的盲目积累，一方面导致了资本主义生产的盲目扩大，另一方面加剧了以收入为基础的底层人民生活的贫困化。尽管福斯特以金融化为中心对新帝国主义展开了无情揭露和批判，大大丰富了马克思的金融危机理论，但他对资本主义金融危机的分析主要侧重于问题的表面和直接原因，而没有深入资本主义基本矛盾当中，没有挖掘"金融积累悖论"后面的深层次原因，更没有意识到金融危机仍然是生产的社会化与生产资料私有制之间的矛盾在新时代的集中爆发。

尽管他指出了经济停滞和金融化的共生关系，也看到金融积累悖论带来的严重两极分化，批判金融资本逻辑对垄断资本主义的统治，但是并没有深入剩余价值的深度揭露金融资本的贪婪本性。在垄断金融资本主义时期，金融资本积累是新的积累形式，但不管资本的外在形态如何变化，资本对剩余价值的追逐没有变。只要资本主义生产方式没有变化，"生产剩余价值或赚钱，是这个生产方式的绝对规律"②。福斯特认为资本主义进入垄断金融资本主义阶段，这只是资本主义发展阶段的变化，资本主义并没有发生质变，那也就意味着生

---

① 《马克思恩格斯文集》第6卷，人民出版社，2009，第92页。
② 《马克思恩格斯文集》第5卷，人民出版社，2009，第714页。

产剩余价值仍然是支配垄断金融资本主义发展的铁的规律。从表面看，金融及其衍生品像具有魔力一样受到众人的关注，拥有了金融产品便拥有了财富。但福斯特没有看到财富的本质是工人所创造的剩余价值。关于财富的来源，马克思早就从剩余价值的角度阐述了财富来源于现实工人的活劳动。工人在劳动中创造的价值远远超过维持自身生活所需的生活资料，剩余部分被资本家无情地占有。股票、债券、期货等金融衍生品只不过是索取剩余价值的所有权凭证，实质上，对金融产品的迷恋仍然是对他人剩余价值的无偿占有。

第三节　金融资本逻辑批判视域中社会生态建构方案的非现实性

一　社会公正生态建构主体的不确定性

福斯特认为，当今人类社会面临"划时代的危机"。危机根源于资本主义生产方式，根源于资本对利润的无限索取，根源于资本主义生产方式的无限扩张。就像福斯特所说，"一场更加严峻的划时代危机正在当下发生，而这一危机主要是由旨在创造抽象财富的资本主义制度的无限扩张所引起的"[①]。在资本逻辑裹挟下，人们迷失在交换价值的王国里，对交换价值顶礼膜拜。社会生产的目的不是满足人类的真实需求，而是成为满足贪欲或虚假需求的手段。人类真实的需要被异化，个人的需要被外在的力量所牵制。弗洛姆对此描述道："购买和消费行为已经成了一种强制性的、非理性的目标，因为这种行为本身成了目的，至于所购买、所消费的东西有什么用处，以及这些东西蕴含着何种令人愉悦的内容，那是另外的事。"[②] 消费者自身的主体性需要被外在的市场力量所掌控，五花八门的促销手段牵引着整个

---

① 〔美〕约翰·贝拉米·福斯特：《划时代危机》，张晓萌、陈丹译，《理论视野》2017 年第 8 期。

② 〔美〕艾里希·弗洛姆：《健全的社会》，孙恺祥译，人民文学出版社，2018，第 110 页。

消费市场的走向。现代社会，人们迷失了自我存在的价值，好像只有在物质的消费中才能找到自我存在的理由，整个社会被炫耀消费、攀比消费之风所主导。"广告宣传把商品世界转换成一个追求象征性需要的'魔法性国度'。"① 这样"过度唯物主义"的消费方式，不可避免地造成自然资源的浪费。生态危机成为制约资本主义生产方式的瓶颈，资产阶级为了保证自身利益最大化，在金融领域通过创设大量金融衍生品聚集社会财富，从中掠取超额利润，使资本主义陷入经济危机与生态危机的双重困境。

随着资本与生态的对立，资本主义社会培育了葬送自己的掘墓人。面临划时代的危机，人们不能束手就擒、坐以待毙，而应该从现实的物质生活条件出发，变革现存的资本主义生产方式，建立人与自然、人与人平等和谐的生态社会。福斯特看到，资本积累的后果是劳动力处境不断恶化，工人长期遭受资本奴役而丧失权利，工人阶级普遍处于①就业率下降，②失业工人健康状况恶化，③工资增长停滞，④穷劳族增多，⑤对工作的劳工的剥削加重，⑥收入中的劳动份额降低的状态。② 经济金融化更加剧了贫富分化，处于金字塔顶端的富人可以通过金融投机轻而易举地将更多的财富占为己有，垄断资本通过全球劳动套利将全世界工人阶级普遍纳入贫困化轨道，贫富分化的鸿沟越来越大，全球工人阶级的生存状况决定了他们仍是社会革命的依靠力量。"这种反抗必将在环境无产阶级中找到其主要推动力，环境无产阶级的形成源自经济危机和生态危机的双重交迫以及工人团体和文化的集体抵抗——这是一种已经突显的新现实。"③ 福斯特认为，同时还要依赖于具有生态意识的农民阶级，只有实现工人阶级与环境工作阶层的联合，才能建立生态可持续世界。福斯特想把工人阶级与

---

① 〔美〕约翰·贝拉米·福斯特：《划时代危机》，张晓萌、陈丹译，《理论视野》2017 年第 8 期。

② 〔美〕弗雷德·马格多夫、约翰·贝拉米·福斯特：《美国工人阶级的困境》，王建礼、郭会杰译，《当代世界与社会主义》2015 年第 3 期。

③ 〔美〕约翰·贝拉米·福斯特：《漫长的生态革命》，刘仁胜、武烜译，《国外理论动态》2018 年第 8 期。

生态运动、女权运动等一些新的运动力量结合起来，但他没有意识到其他社会运动对资本主义的批判只是集中于某一方面，并没有触及资本主义的核心问题，即资本主义所有制问题。也就是说，其他运动力量的革命热情没有工人阶级坚决和彻底。

　　尽管福斯特看到了工人阶级革命的一面，但对工人阶级的分析仍不全面。他没有看到包括专门职业者、公务员和联合起来的工人在内的"中产"阶级的革命立场。2008 年美国金融危机后，中产阶级每况愈下，很大一部分因收入锐减滑向无产阶级队伍中。而福斯特对革命主体的认识仍过多集中于底层劳动人口，"有必要从全球资本主义等级秩序底层的劳动人口和诸多社会的斗争中获取其主要的推动力"①。福斯特所表述的革命主体不同于马克思所论述的无产阶级。在马克思看来，无产阶级不是一个固定的阶级，随着社会经济的发展，无产阶级不断有个体生产者和中间阶层加入。他指出："以前的中间等级的下层，即小工业家、小商人和小食利者，手工业者和农民——所有这些阶级都降落到无产阶级的队伍里来了，有的是因为他们的小资本不足以经营大工业，经不起较大的资本家的竞争；有的是因为他们的手艺已经被新的生产方法弄得不值钱了。无产阶级就是这样从居民的所有阶级中得到补充的。"②

　　在马克思看来，革命的力量只能来自无产阶级。由于生产资料私有制造成了资产阶级与无产阶级的日益对立，无产阶级看似自由实际上一无所有，是"因而不得不靠出卖劳动力来维持生活的现代雇佣工人阶级"③，而"资产阶级是指占有社会生产资料并使用雇佣劳动的现代资本家阶级"④。资产阶级是资本的人格化，"他"的使命就是不断吸取工人的血汗，把一切关系都打上金钱的烙印，结果是资产阶级

---

① 〔美〕约翰·贝拉米·福斯特：《生态革命：与地球和平相处》，刘仁胜等译，人民出版社，2015，第 238 页。

② 《马克思恩格斯选集》第 1 卷，人民出版社，1995，第 280 页。

③ 《马克思恩格斯选集》第 1 卷，人民出版社，1995，第 272 页注①。

④ 《马克思恩格斯选集》第 1 卷，人民出版社，1995，第 272 页注①。

"不能再支配自己用法术呼唤出来的魔鬼了"①，"资产阶级不仅锻造了置自身于死地的武器；它还产生了将要运用这种武器的人——现代的工人，即无产者"②。同时，马克思还分析小工业家、小商人、手工业者等中间阶级，指出他们由于自身经济的原因，革命立场不坚定，马克思说："中等资产阶级和小资产阶级，由于他们生存的经济条件而不可能发动一场新的革命；他们只能或者跟着统治阶级走，或者做工人阶级的追随者。"③ 在马克思看来，正是由于私有制下的阶级分化，资产阶级对无产阶级的压迫必然受到无产阶级的反抗，而两大阶级互相对立中只有无产阶级才能成为阶级斗争、社会进步的内在动力。

二 社会生态革命策略的空想性

通过透视垄断金融资本主义所表现出的显性问题，反思当前生态危机与经济危机产生的根源，福斯特认为资本主义制度是罪魁祸首。同时，他通过分析苏联社会主义垮台的原因，认为"社会主义"一词并未被扔进历史博物馆，社会主义战胜资本主义并不是一帆风顺的，就像资本主义代替封建主义是一个长期曲折的过程一样。福斯特在对 20 世纪 70 年代以来垄断资本主义进行诊断的基础上，提出资本主义自身已经隐含全面衰退的危机，经济增长停滞、贫富分化严重、生态恶化，地球作为人类的家园处于崩溃的边缘。反对资本主义制度的社会运动此起彼伏，社会主义复兴并非天方夜谭。在他看来，"生态政治运动和以对资本主义构成挑战运动的社会主义复兴即将到来"④。

福斯特对社会主义代替资本主义充满信心，但对社会主义取代资本主义的具体方案的看法却是模糊不清的。在他看来，"由于新的社会主义正处于形成之中以及受到正在变化的历史条件的影响，因此，

---

① 《马克思恩格斯文集》第 2 卷，人民出版社，2009，第 37 页。
② 《马克思恩格斯选集》第 1 卷，人民出版社，1995，第 278 页。
③ 《马克思恩格斯选集》第 3 卷，人民出版社，1995，第 94 页。
④ 〔美〕约翰·贝拉米·福斯特：《社会主义的复兴》，庄俊举译，《当代世界与社会主义》2006 年第 1 期。

想知道新的社会主义的复兴是以何种面目出现是不可能的"①。不过，在汲取苏联等社会主义国家经验教训的基础上，以及对垄断资本主义造成人与自然、人与人矛盾凸显的基础上，他从经济体制、生产目的、阶级等要素对未来的社会主义做了初步探讨。他认为计划经济是有利于保障民众的经济参与权的，市场经济只是社会主义经济的补充形式。"从民众的参与角度讲，计划可能是对民众参与经济决策、满足人民的真正需要方面的惟一有效的工具，这种需要的满足以及民众的积极参与的实现才是最重要的。"② 福斯特认为，社会主义生产的目的不再是资本积累，而是为了满足人们的真实需要，未来社会中每个人的自由是其他人自由发展的前提和条件。他认为要实现社会主义，就要超越阶级分化，化解人与自然的矛盾，否则社会主义不可能取得任何进展。福斯特立足资本逻辑，从生态危机与经济危机的双重角度对当代资本主义进行彻底的批判与否定，在总结历史经验教训的基础上提出建立人与自然、人与人和谐的生态社会主义，在一定程度上超越了西方生态学家单纯的自然生态理论，这是重大的进步。但是，福斯特并未给出实现这一美好社会理想的实施方案和相应策略，他只是对未来社会做了美好的勾画。美中不足的是对于如何实现生态社会主义，福斯特并没有给我们提供具体的行动指南，这使其生态学马克思主义思想蒙上了空想的面纱。

随着资本主义经济的发展，资本与劳动之间的对立日益凸显，工人阶级为反抗资本压制不断发起各种抗议事件，这引起了资本集团对劳工运动的关注。在金融危机之后，茶党和右翼势力等联合大型企业集团从劳动政策和立法上不断降低工人工资和工作场所的安全保障水平，工人身心受到极大的损害。财富与收入的巨大鸿沟激起了公众的愤怒情绪，劳工阶层对资本长期压制的反抗最终必然会引起一场自下而上的阶级斗争。尽管福斯特认识到阶级斗争是生态革命和社会革命

---

① 〔美〕约翰·贝拉米·福斯特：《社会主义的复兴》，庄俊举译，《当代世界与社会主义》2006 年第 1 期。
② 〔美〕约翰·贝拉米·福斯特：《社会主义的复兴》，庄俊举译，《当代世界与社会主义》2006 年第 1 期。

的斗争形式，也认识到底层民众的革命力量，但对于这场阶级斗争的领导者以及组织问题，福斯特没有给出切实可行的现实方案，再加之对这种自下而上的革命斗争缺乏现实可能性的论证，因而他对革命的探讨还是停留于抽象的理论层面。

垄断资本主义是一个涵盖经济、政治、文化、军事等方面的整体体系，是一个完整的总体性概念。福斯特依据自己建立的生态唯物主义从自然生态和社会生态双重视角对垄断资本主义进行了批判考察。尽管这种分析有力地揭露了资本主义的各种弊病，但仍摆脱不了片面性和局部性的缺陷。由于不能从整体上诊断资本主义，他提出的革命策略是模糊的、抽象的，在与活生生的现实碰撞中显得苍白无力。

虽然福斯特意识到资本主义制度本身存在着难以克服的结构性危机，并立足资本逻辑对资本主义制度展开口诛笔伐，但由于他未真正走向工人阶级反抗资本主义斗争的第一线，而只是躲在书斋中发出生态革命和社会革命的口号，这就使他解放自然、解放人类的愿望难以摆脱乌托邦式的空想。马克思主义鲜活的生命力在于它是理论与实践相结合的产物。马克思、恩格斯深入工人运动，在对革命经验总结的基础上撰写了《关于费尔巴哈的提纲》《德意志意识形态》《共产党宣言》《资本论》等光辉著作。实践的观点是马克思认识世界、改造世界的革命武器。马克思在《关于费尔巴哈的提纲》中阐述了"实践"的观点。他批判旧唯物主义和唯心主义不懂得革命的、实践的意义，把人的自然属性误认为人的本质，看不到哲学的真正意义在于改造世界，而不是解释世界。因此，谁不懂得实践的革命意义，谁就无法实现改造世界的梦想。

三　社会生态革命策略的模糊性

福斯特认为资产阶级不会自动退出历史舞台，美好的社会不会自动到来，要实现社会形态的更替，就要发动一场深刻的生态—社会革命。福斯特主张主要依靠下层阶级的革命力量，通过阶级斗争变革资本主义生产方式，超越资本主义制度，建立兼顾人类发展的长远利益和整体利益、合理调节人与自然和社会与自然之间的新陈代谢关系、与地球和平相处的生态社会主义。

在对生态革命的探索中，福斯特意识到革命道路的长远性和革命任务的艰巨性。为了克服资本主义制度下人与自然、人与人的异化状态，必须打破资本主义制度下资本逻辑的运行模式，建立一个以人的自由发展为核心的美好社会。但要克服资本主义长达几百年的统治，革命道路是漫长的。"这场革命必将伴随着胜利和失败以及持续的努力奋斗，它会长达数个世纪。"① 福斯特依据资本主义主要矛盾的发展变化，一直在探索实现社会主义的革命路径，原则性地提出了道德革命、生态革命和社会革命。尽管他意识到环境问题已经突破国界，成为全球人类面临的世界性难题，但他没有意识到生态革命需要唤起全世界人民的生态意识，只有全球人民同心协力才能共同应对。

尽管他对社会民主主义进行了批判，但对社会民主主义仍抱有幻想。在他看来，社会民主主义是社会主义运动的分化，和社会主义有着斩不断的亲缘关系，社会民主主义应该重新树立社会主义的革命目标，通过重塑社会民主主义使其回归社会主义阵营，回归群众路线。福斯特认为，"可以重塑社会民主主义，但是必须是一种以新方式回归群众与动员民众的运动，它标志着与社会民主主义传统主张根本相反的激进变革"②。

但是，从总体上，福斯特并没能提出具体的革命策略。一方面，这根源于他对垄断资本主义制度的诊断尚不够彻底。他试图摆脱西方学者就问题解决问题的思维模式，从哲学根基处重建生态学的理论武器，希冀从根源上寻找化解当今社会生态危机和金融危机的真正途径，他提出的"新陈代理断裂"理论、"生态帝国主义"理论、"停滞—金融化陷阱"以及对垄断金融资本主义的分析等从多角度揭露了资本主义罹患的重症，为后人研究资本主义提供了丰富的理论宝库。但是，他没有意识到导致垄断金融资本主义爆发生态危机和金融危机的基本矛盾仍然是资本主义生产社会化和生产资料私人占有之间

① 〔美〕约翰·贝拉米·福斯特：《漫长的生态革命》，刘仁胜、武烜译，《国外理论动态》2018 年第 8 期。

② 〔英〕比尔·布莱克沃特：《社会民主主义的危机——对话约翰·贝拉米·福斯特》，韩红军译，《红旗文稿》2014 年第 10 期。

的基本矛盾。生态危机和金融危机不是一种新的经济现象，只不过是资本主义固有矛盾在新形势下的具体的表达，所以马克思关于资本主义基本矛盾的理论仍是分析垄断金融资本主义的有力武器。不管危机以何种方式表现出来，也不论追逐剩余价值的资本形态如何变化，都没有超越马克思对资本主义基本矛盾的判断。

福斯特革命策略的模糊性还根源于他对经济危机与金融危机的模块化理解。虽然福斯特把资本逻辑看作生态危机与金融危机的根源，把资本主义制度看作社会危机的罪魁祸首，并把克服危机的希望寄托于新的生态社会主义。但是，他对生态问题与金融问题的剖析缺乏内在的有机联系。黑格尔把社会看作一个有机体，他认为国家的运行有着一种内在的必然规律。尽管他对社会的理解是建立在绝对精神之上，但毕竟他看到纷繁复杂的社会现象背后存在着内在的有机联系。自然资源是人类社会发展经济的基础，在一定的技术条件下，经济增长受制于生态系统中可供使用的自然资源。金融危机背后是人类无限欲望超越了有限的自然生态阈限，导致资源配置失衡。经济危机与生态危机之间存在着千丝万缕的联系，"一方面，生态系统为人类经济活动（经济系统）提供资源，承载与净化人类经济活动过程中所排放的废弃物；另一方面是，人类不断对生态系统进行干预，影响力生态系统的结构、功能与供给能力"①。只有把金融危机与生态危机置放于人类社会发展的有机整体中，才能把握二者之间的紧密联系，才能提出有针对性的革命策略。

福斯特的生态学马克思主义的症结主要在于对资本主义的分析和诊断侧重于消费和流通领域，而没有深入生产方式的本质环节。无疑，福斯特对资本主义在金融垄断资本阶段的批判是深刻和发人深省的，他既指责了工具理性下人对自然的藐视，也批评了资本逻辑下经济与社会循环的断裂。但是，他只看到"经济停滞"是垄断资本主义的正常状态，而没有意识到这种过剩是相对于人民的实际购买力而

---

① 林卿：《金融危机、经济危机与生态危机》，《福建师范大学学报》（哲学社会科学版）2010 年第 1 期。

言的。由于科学技术的进步，资本有机构成不断变化，固定资本的投资比率高于可变资本，有效需求的劳动力增长赶不上资本积累速度，工人普遍处于失业和半失业状态，实体经济发展空间的萎缩对工人阶级来说无疑雪上加霜。当广告媒体、政府支出、军事支出等刺激经济发展的力量弱化后，垄断资本家为了医治资本主义"停滞"的痼疾，纷纷通过债券、股票、保险、房地产等手段重新打通资本流通渠道。殊不知，金融资本的膨胀蕴含着更大的危机。一方面，金融资本刺激下实体经济盲目扩大；另一方面，金融创新制造了虚假需求。银行贷款、信用卡等金融工具可以满足没有能力支付的需求，这种寅吃卯粮的消费方式发展到一定程度，就使供给与需求之间的间隙扩大为难以弥补的裂缝。金融危机、经济危机、生态危机和社会危机都是危机的外在症候，供给和需求之间的矛盾才是问题的根源。

福斯特有关消费和流通的思想遮蔽了马克思关于资本主义生产方式论述的闪光点。在他看来，消费动力不足难以吸收经济剩余，消费增长赶不上经济剩余的增长，停滞成为垄断资本主义的正常状态。当金融化成为对抗经济停滞的法宝时，资本主义陷入停滞—金融化陷阱，贫富差距拉大、阶级矛盾激化，资本主义陷入全面崩溃危机。可以看出，他对资本主义的批判逻辑始终停留在消费和流通领域，而一直无法深入资本主义生产方式的本质环节。剩余价值论是马克思两大重要发现之一，他立足剩余价值揭开了产业资本家、商业资本家、借贷资本家发家致富的秘密源泉，批判资本主义社会劳动与资本的对立，分析了资本主义无法克服的危机，预言了社会主义革命的胜利。马克思在《1844 年经济学哲学手稿》中论述了异化劳动的四重规定性，指出工人创造的财富被资本家无偿占有，工人处于普遍的异化状态。资本的贪婪本性注定了资本家把占有的剩余价值再次投入生产过程，这是一个由剩余价值到资本，由资本到新的剩余价值的周而复始过程。资本在追逐利润的过程中，不断变换自身的外在形态。不管是对产业资本、商业资本以及虚拟资本的探讨，马克思都从本质上揭露了资本是为了追逐更多的剩余价值。马克思深入资本主义生产方式对金融资本的深刻分析，至今仍闪耀着智慧的光芒。

结语　唯物史观的生态哲学路向
及其当代意义

　　当前，人类面临的生存危机不仅来自人与自然的生态危机，还来自全球金融危机的阴霾。由 2007 年美国次贷危机演化来的全球金融危机是自大萧条以来最严重的一次。目前这场危机的影响尚未消失，发达资本主义国家经济复苏举步维艰。人类面临生态危机与金融危机相互交织的双重灾难。危机的根源在哪里？如何摆脱危机的枷锁？人类明天的出路何在？福斯特作为著名的左翼政治学者，为生态学马克思主义的理论建设做了大量有益探索。在西方马克思主义舞台上，福斯特是生态学马克思主义领域的佼佼者。

　　福斯特的生态学路径是从哲学基础上重建马克思的生态学思想，并据此剖析垄断金融资本主义社会生态与经济双重危机的根源。福斯特以化解人类生存危机为使命，在与各种生态思潮的碰撞中，他逐渐意识到哲学基础的虚弱或局限是生态学思想不能真正解决问题的根本原因。在他看来，不管是人类中心主义还是生态中心主义，都没有摒弃以往哲学关于人与自然二元分立的思维模式。要真正打通人与自然的关联，就要重建生态学马克思主义的哲学基础。通过考察马克思唯物主义的发展历程，福斯特认为马克思实践唯物主义从未抛弃本体论意义上的唯物主义自然观。在他看来，马克思没有割裂自然与人类的关联。相反，马克思在坚持自然本体论的同时，还把人类劳动看作自然史与人类史统一的中介。他通过对马克思"新陈代谢及其断裂"概念的阐释，揭示了资本主义制度的反生态性。他认为，资本主义制度是生态危机的罪魁祸首，而资本逻辑是生态破坏的直接凶手。在对资本的追踪中，福斯特还剖析了垄断资本主义制度下的金融危机。在垄断金融资本主义阶段，金融资本是资本的主要形态。金融资本仍视利润为安身立命的法宝，资本为了追逐更多的剩余价值，不断突破限制增殖的时间和空间界限。当实体经济利润空间萎缩时，金融化成为资本捞金的新工具。但金融化的实施却使资本主义陷入全面危机，资本主义制度终将崩溃，这不是人的主观臆测，而是资本主义发展到一定阶段的必然后果。

尽管福斯特的生态学思想存在着各种理论局限性，但他立足资本视角对资本主义生态危机与金融危机的批判分析，对我们构建美丽中国具有重要启示意义。在实现经济发展的同时如何保护好青山绿水？怎样才能远离病毒、灾难？如何描绘人与自然的和谐画面？福斯特在批判旧唯物主义人与自然的两极对立时，为我们实现人与自然、社会与自然的统一提供了一种新的视角。在统筹人与自然、社会与自然发展时，我们应坚持马克思实践唯物主义立场。在人类命运共同体构建中，秉持人是自然存在物，自然界是人的无机身体理念，绝不可以把人看作万物之上、唯我独尊的霸主，也不应把自然视为衡量万物的唯一尺度。人类应尊重自然而不是驾驭自然，应在认识自然规律的基础上顺应自然，"适应我国国情的生态建设，要求把世界视为自然、人和社会的复合生态系统"①。"生态文明建设是新时代中国特色社会主义的一个重要特征。加强生态文明建设，是贯彻新发展理念、推动经济社会高质量发展的必要要求，也是人民群众追求高品质生活的共识和呼声。"②

改革开放40多年来，我国在经济、科技和社会发展中取得累累硕果，但和西方发达国家相比还有一定的差距。目前，资本仍是驱动我国经济发展的重要力量。我们不能谈"资"色变，也不能任由资本无限扩张，"要为资本设置'红绿灯'"，"要防止有些资本野蛮生长"，"遏制资本无序扩张，不是不要资本，而是要资本有序发展"③。福斯特对垄断金融资本主义的批判，为我们发展经济提供了前车之

---

① 肖显静：《加快构建中国特色生态哲学》，《人民日报》2017年11月27日。
② 习近平：《论坚持人与自然和谐共生》，中央文献出版社，2022，第272~273页。
③ 习近平：《正确认识和把握我国发展重大理论和实践问题》，《求是》2022年10月。

鉴。他对垄断资本主义制度下的金融化陷阱、经济停滞、两极分化等问题的批判，阐明了金融逻辑下人与人的社会生态断裂的思想，这是他对马克思新陈代谢断裂思想的继承和深化。从他的社会生态思想看，他对金融危机的探讨不是像西方学者那样局限于外在的表象，而是深入问题的根源，坚持在一定的社会经济形态中揭露金融资本的虚伪性，并从实体经济与虚拟经济的相互关系中断定资本主义包含着自我毁灭的危机，这是马克思唯物主义辩证法思想的灵活运用。今天，金融化也是中国经济的重要组成部分。我们要处理好实体经济与虚拟经济的关系，"建设现代化经济体系，必须把发展经济的着力点放在实体经济上"，"加快发展先进制造业，推动互联网、大数据、人工智能和实体经济深度融合"，"增强金融服务实体经济能力，提高直接融资比重，促进多层次资本市场健康发展"①。

福斯特从新自由主义、金融化、全球化角度揭开了新帝国主义的温情面纱，有助于我们在新时期认清帝国主义的真实面目。新帝国主义并不是西方学者所描述的以"普世价值""自由贸易"为目标的世界国家，它没有改变传统帝国主义的剥削本质，"当代帝国主义本质上仍然是少数发达国家对广大发展中国家的剥削和压迫"②，追逐过剩的资本积累仍是其政治、经济、军事活动的核心。新帝国主义与古典帝国主义在本质上是一脉相承的，新帝国主义是垄断资本主义全球化的新发展。新帝国主义改变了以往依靠武力征服殖民地的政治统治方式，而是借助金融资本全球化掠夺广大发展中国家的民族财富，这是一种更为隐蔽的经济掠夺手段。以美国为首的发达资本主义国家通过国际货币基金组织、世界银行、世界贸易组织等跨国组织机构引诱不发达国家陷入"债务陷阱"，并趁危急时刻转移、侵吞这些国家的民族财富。随着资本主义制度在全球的铺陈，中国应对全球化采取审慎的态度，既要加强经济发展防护墙建设，增强自身

---

① 习近平：《决胜全面建成小康社会 夺取新时代中国特色社会主义伟大胜利——在中国共产党第十九次全国代表大会上的报告》，《人民日报》2017年10月18日。

② 谢富胜、李英东：《当代帝国主义发生质变了吗——国外马克思主义学者的最新争论及局限》，《中国社会科学评价》2019年第3期。

"免疫力"，又要警惕资本主义通过垄断金融资本全球化侵蚀我们国家的经济肌体，认清以美元为核心的金融货币帝国主义纳贡体制的真实面目。

当今，中国面临的世界格局是风险与机遇并存的。"我国发展仍然处于重要战略机遇期，但面临的国内外环境正在发生深刻复杂变化。我国有独特的政治优势、制度优势、发展优势和机遇优势，经济社会发展依然有诸多有利条件，我们完全有信心、有底气、有能力谱写'两大奇迹'新篇章。"① 我们应抓住大好时机，把发展中的危机因素降至最低，为中华民族的伟大复兴打造良好的自然生态和社会生态。

---

① 习近平：《关于〈中共中央关于制定国民经济和社会发展第十四个五年规划和二〇三五年远景目标的建议〉的说明》，《人民日报》2020 年 11 月 4 日。

参考文献

一 重要文献

1. 列宁：《帝国主义是资本主义的最高阶段》，人民出版社，2004。

2. 列宁：《列宁选集》，人民出版社，2012。

3. 《马克思恩格斯全集》第 1 卷，人民出版社，1956。

4. 《马克思恩格斯全集》第 2 卷，人民出版社，1957。

5. 《马克思恩格斯全集》第 5 卷，人民出版社，1958。

6. 《马克思恩格斯全集》第 26 卷，人民出版社，1974。

7. 《马克思恩格斯全集》第 25 卷，人民出版社，1974。

8. 《马克思恩格斯全集》第 42 卷，人民出版社，1979。

9. 《马克思恩格斯全集》第 46 卷，人民出版社，1979。

10. 《马克思恩格斯文集》第 1 卷，人民出版社，2009。

11. 《马克思恩格斯文集》第 2 卷，人民出版社，2009。

12. 《马克思恩格斯文集》第 3 卷，人民出版社，2009。

13. 《马克思恩格斯文集》第 5 卷，人民出版社，2009。

14. 《马克思恩格斯文集》第 6 卷，人民出版社，2009。

15. 《马克思恩格斯文集》第 7 卷，人民出版社，2009。

16. 《马克思恩格斯选集》第 1 卷，人民出版社，1995。

17. 《马克思恩格斯选集》第 2 卷，人民出版社，1995。

18. 《马克思恩格斯选集》第 3 卷，人民出版社，1995。

19. 《马克思恩格斯选集》第 4 卷，人民出版社，1995。

20. 〔德〕马克斯·韦伯：《经济通史》，姚曾廙译，上海三联书店，2006。

21. 〔美〕芭芭拉·沃德、勒内·杜博斯：《只有一个地球》，《国外公害丛书》编委校译，吉林人民出版社，1997。

二 著作类

1. 〔美〕阿尔·戈尔：《濒临失衡的地球——生态与人类精神》，陈嘉映译，中央编译出版社，1997。

2. 〔英〕阿列克斯·卡利尼科斯：《反资本主义宣言》，罗汉、孙宁、黄悦译，上海世纪出版社，2005。

3. 〔英〕阿诺德·汤因比：《人类与大地母亲》，徐波等译，上海人民出版社，2001。

4. 〔意〕安·拉布里奥拉：《关于历史唯物主义》，杨启潾等译，人民出版社，1984。

5. 〔英〕安东尼·吉登斯：《第三条道路：社会民主主义的复兴》，郑戈译，北京大学出版社，2000。

6. 〔英〕安东尼·吉登斯：《第三条道路及其批评》，孙相东译，中共中央党校出版社，2002。

7. 〔英〕安东尼·吉登斯：《历史唯物主义的当代批判——权力财产与国家》，郭忠华译，上海译文出版社，2010。

8. 〔英〕安东尼·吉登斯：《现代性的后果》，田禾译，译林出版社，2000。

9. 〔美〕巴里·康芒纳：《封闭的循环——自然、人和技术》，侯文蕙译，吉林人民出版社，1974。

10. 〔美〕保罗·巴兰、保罗·斯威齐：《垄断资本》，南开大学政治经济学系译，商务印书馆，1977。

11. 〔美〕保罗·斯威齐：《资本主义发展论》，陈观烈、秦亚男译，商务印书馆，1997。

12. 〔美〕伯顿：《资本的秘密：金融危机与大萧条经济周期的规律》，李薇、邓达山译，陕西师范大学出版社，2009。

13. 〔美〕本·S. 伯克南：《大萧条》，宋芳秀、寇文红译，东北财经大学出版社，2009。

14. 卜祥记：《青年黑格尔派与马克思的哲学革命》，商务印书馆，

2007。

15. 〔英〕布雷恩·威廉·克拉普:《工业革命以来的英国环境史》,王黎译,中国环境科学出版社,2011。

16. 曾建平:《自然之思:西方生态伦理思想探究》,中国社会科学出版社,2004。

17. 陈学明:《生态文明论》,重庆出版社,2008。

18. 陈学明:《驶向冰山的泰坦尼克号——西方左翼思想家眼中的当代资本主义》,人民出版社,2008。

19. 陈学明:《20世纪西方马克思主义哲学历程》,天津人民出版社,2013。

20. 程宝光:《虚拟资本与掠夺:资本主义最高和最后阶段论》,江苏人民出版社,2012。

21. 〔日〕大前研一:《再见吧美国:后金融危机的全球趋势》,陈鸿斌译,中华工商联合出版社,2010。

22. 〔英〕大卫·哈维:《新帝国主义》,初立忠、沈晓雷译,社会科学文献出版社,1999。

23. 〔英〕大卫·哈维:《新自由主义简史》,王钦译,上海译文出版社,2016。

24. 〔英〕大卫·哈维:《资本的限度》,张寅译,中信出版集团,2017。

25. 〔英〕戴维·佩珀:《生态社会主义:从深生态学到社会正义》,刘颖译,山东大学出版社,2005。

26. 邓晓芒:《思辨的张力——黑格尔辩证法新探》,商务印书馆,2016。

27. 邓晓芒:《德国古典哲学演讲录》,湖南文艺出版社,2017。

28. 〔德〕狄特富尔特:《人与自然》,周美琪译,生活·读书·新知三联书店,1993。

29. 丁晓雷等:《中国特色社会主义生态文明建设——人与自然高度和谐的生态文明发展之路》,中共中央党校出版社,2013。

30. 段忠桥:《当代国外社会思潮》,中国人民大学出版社,2010。

31. 范宝舟：《论马克思交往理论及其当代意义》，社会科学文献出版社，2005。

32. 范宝舟：《财富幻象的哲学批判：中国面向未来的财富观建构》，上海人民出版社，2016。

33. 〔法〕弗朗索瓦·沙奈：《金融全球化》，齐建华、胡振良译，中央编译出版社，2001。

34. 〔法〕弗朗索瓦·沙奈：《突破金融危机——金融危机缘由与对策》，齐建华、胡振良译，中央编译出版社，2009。

35. 〔德〕福尔迈：《进化认识论》，舒远招译，武汉大学出版社，1994。

36. 〔英〕戈兰·瑟伯恩：《从马克思主义到后马克思主义》，孟建华译，社会科学文献出版社，2011。

37. 郭剑仁：《生态地批判——福斯特的生态学马克思主义思想研究》，人民出版社，2008。

38. 〔德〕尤尔根·哈贝马斯：《作为"意识形态"的技术与科学》，李黎、郭官义译，学林出版社，2000。

39. 〔德〕汉斯·萨克塞：《生态哲学》，文韬等译，东方出版社，1991。

40. 何秉孟：《美国经济与金融危机解析》，社会科学文献出版社，2010。

41. 何萍：《马克思主义哲学与文化哲学》，武汉大学出版社，2002。

42. 〔德〕黑格尔：《历史哲学》，王造时译，上海书店出版社，2010。

43. 〔德〕黑格尔：《小逻辑》，贺麟译，商务印书馆，2013。

44. 〔德〕黑格尔：《精神现象学》，贺麟、王玖兴译，商务印书馆，1997。

45. 胡建：《马克思生态文明思想及其当代影响》，人民出版社，2006。

46. 胡颖峰：《超越工业文明》，中国财政经济出版社，2017。

47. 〔美〕霍尔姆斯·默斯顿：《环境伦理学》，杨通进译，中国社会科学出版社，2000。

48. 〔德〕马克斯·霍克海默、西奥多·阿多诺：《启蒙辩证法》，渠敬东、曹卫东译，重庆出版社，1990。

49. 贾学军：《福斯特生态学马克思主义思想研究》，人民出版社，2016。

50. 解保军：《马克思自然观的生态哲学意蕴》，黑龙江人民出版社，2003。

51. 〔英〕凯恩斯：《就业利息与货币通论》，徐毓枏译，商务印书馆，1997。

52. 康瑞华：《批判 建构 启思——福斯特生态马克思主义思想研究》，中国社会科学出版社，2011。

53. 〔英〕罗宾·柯林伍德：《自然的观念》，吴国盛等译，华夏出版社，1999。

54. 〔英〕克里斯托弗·卢茨：《西方环境运动：地方、国家和全球向度》，徐凯译，山东大学出版社，2005。

55. 〔法〕雷蒙·阿隆：《社会学主要思潮》，葛秉宁译，上海译文出版社，2015。

56. 〔美〕蕾切尔·卡逊：《寂静的春天》，吕瑞兰、李长生译，吉林人民出版社，1997。

57. 〔德〕尤·李比希：《化学在农业和生理学上的应用》，刘更另译，农业出版社，1983。

58. 李培超：《伦理拓展主义的颠覆——西方环境伦理思潮研究》，湖南师范大学出版社，2004。

59. 刘仁胜：《生态马克思主义概论》，中央编译出版社，2007。

60. 〔匈〕卢卡奇：《历史与阶级意识——关于马克思主义辩证法的研究》，杜章智、任立、燕宏远译，商务印书馆，1999。

61. 〔德〕鲁道夫·希法亭：《金融资本》，福民译，商务印书馆，1994。

62. 鲁品越：《资本逻辑与当代现实——经济发展观的哲学沉思》，上海财经大学出版社，2006。

63. 〔美〕罗宾逊：《全球资本主义论》，高明秀译，社会科学文献出版社，2009。

64. 吕世荣、周宏：《唯物史观的返本开新》，人民出版社，2006。

65. 〔美〕赫伯特·马尔库塞：《单向度的人》，刘继译，上海译文出版社，2014。

66. 倪瑞华：《英国生态学马克思主义研究》，人民出版社，2011。

67. 〔英〕培根：《新工具》，许宝骙译，商务印书馆，1984。

68. 〔法〕托马斯·皮凯蒂：《21世纪资本论》，巴曙松译，中信出版社，2014。

69. 〔美〕塞缪尔·亨廷顿：《文明的冲突与世界秩序重建》，周琪、刘绯、张立平、王圆译，新华出版社，1998。

70. 〔法〕阿尔贝特·史怀泽：《敬畏生命》，陈泽环译，上海社会科学出版社，1992。

71. 〔英〕E. F. 舒马赫：《小的是美好的》，虞鸿钧、郑关林译，商务印书馆，1985。

72. 孙承叔：《真正的马克思》，人民出版社，2009。

73. 〔美〕梭罗：《瓦尔登湖》，王光林译，中央编译出版社，2015。

74. 〔美〕唐纳德·哈迪斯蒂：《生态人类学》，郭凡、邹和译，文物出版社，2002。

75. 〔英〕特德·本顿：《生态马克思主义》，曹荣湘、李继龙译，社会科学文献出版社，2013。

76. 万希平：《生态马克思主义理论研究》，天津人民出版社，2014。

77. 汪晓莺：《马克思人与自然关系的社会历史批判研究》，中国社会科学出版社，2016。

78. 王南湜：《社会哲学：现代实践哲学视野中的社会生活》，云南人民出版社，2001。

79. 王南湜：《人类活动论：马克思的哲学革命》，北京师范大学出版社，2017。

80. 王青：《泰德·本顿的生态学马克思主义思想研究》，人民出版社，2018。

81. 王雨辰：《生态批判与绿色乌托邦：生态学马克思主义理论研究》，人民出版社，2009。

82. 王雨辰：《生态学马克思主义与后发国家生态文明理论研究》，人民出版社，2017。

83. 〔加〕威廉·莱斯：《自然的控制》，岳长龄、李建华译，重庆出版社，1993。

84. 吴晓求：《金融危机启示录》，中国人民大学出版社，2009。

85. 吴晓明：《哲学之思与社会现实——马克思主义哲学的当代意义》，武汉大学出版社，2010。

86. 〔法〕雅克·德里达：《马克思的幽灵——债务国家、哀悼活动和新国际》，何一译，中国人民大学出版社，1999。

87. 衣俊卿：《西方马克思主义概论》，北京大学出版社，2019。

88. 〔美〕约翰·贝拉米·福斯特：《生态危机与资本主义》，耿建新、宋兴无译，上海译文出版社，2006。

89. 〔美〕约翰·贝拉米·福斯特：《马克思的生态学：唯物主义与自然》，刘仁胜、肖峰译，高等教育出版社，2006。

90. 〔美〕约翰·肯尼思·加尔布雷思：《不确定的时代》，刘颖、胡莹译，江苏人民出版社，2009。

91. 〔美〕詹姆斯·奥康纳：《自然的理由：生态学马克思主义研究》，唐正东、臧佩洪译，南京大学出版社，2003。

92. 张雄、鲁品越：《新时代哲学探索》，人民出版社，2014。

93. 张一兵、胡大平：《西方马克思主义哲学的历史逻辑》，南京大学出版社，2003。

94. 张一兵：《当代国外马克思主义哲学思潮》（下卷），江苏人民出版社，2017。

95. 张志军：《20世纪国外社会主义理论、思潮及流派》，当代世界出版社，2008。

96. 赵敦华：《现代西方哲学》，北京大学出版社，2014。

97. 赵剑英、张一兵：《国外马克思主义的基本问题》，社会科学文献出版社，2006。

98. 赵卯生：《生态学马克思主义主旨研究》，中国政法大学出版社，2011。

三 论文类

1. 卜祥记：《马克思共产主义思想的生存论透析》，《社会科学战线》2002 年第 4 期。

2. 卜祥记：《马克思哲学存在论转向中的费尔巴哈因素与马克思的国民经济学批判》，《求索》2004 年第 10 期。

3. 卜祥记：《对黑格尔思辨哲学的态度是费尔巴哈早期思想的精髓》，《上海行政学院学报》2006 年第 2 期。

4. 卜祥记、关春华：《内涵与机制：感性活动视域中的生产力与生产关系》，《哲学动态》2012 年第 6 期。

5. 卜祥记：《"生态文明"的哲学基础探析》，《哲学研究》2010 年第 4 期。

6. 卜祥记：《资本主义起源问题的检讨》，《社会科学战线》2009 年第 1 期。

7. 陈武、刘魁：《生态正义与福斯特生态批判思想的逻辑生成》，《南京社会科学》2019 年第 8 期。

8. 陈学明：《国家、阶级与革命——评"西方马克思主义"的政治理论》，《江苏行政学院学报》2003 年第 3 期。

9. 陈忠：《资本的逻辑本性及其发展伦理约束——社会发展理论的一个基本问题》，《哲学动态》2009 年第 4 期。

10. 陈忠：《现代性的财富幻象及其发展伦理制约》，《学术研究》2011 年第 2 期。

11. 丁晓钦、谢长安：《从积累的社会机构理论看当代资本主义的发展阶段》，《马克思主义与现实》2017 年第 3 期。

12. 范仓海、单连春：《全球化背景下资本主义与社会主义关系的特点》，《马克思主义与现实》2011 年第 2 期。

13. 郭剑仁：《马克思的物质变换概念及其当代意义》，《武汉大学学报》2004 年第 2 期。

14. 何萍、骆中锋：《新自由主义批判：问题与趋向——对 21 世纪国外马克思主义哲学的一种思考》，《学习与探索》2019 年第 1 期。

15. 何自力、马锦生：《西方国家主权债务危机的成因探析》，《当代经济研究》2012 年第 8 期。

16. 胡大平：《人类学与马克思主义社会批判理论的总体性框架》，《南京大学学报》2015 年第 4 期。

17. 胡立法：《虚拟资本与美国金融危机——一个马克思主义经济学的视野》，《马克思主义与现实》2011 年第 2 期。

18. 胡莹：《新自由主义背景下资本主义经济的金融化及其影响》，《求实》2013 年第 8 期。

19. 胡莹：《马克思有没有"崩溃论"意义上的经济危机理论？——基于马克思危机理论演进过程的分析》，《当代经济研究》2017 年第 3 期。

20. 刘海蕃：《当前金融危机的原因与应对》，《马克思主义研究》2009 年第 2 期。

21. 鲁品越：《哲学主题的历史变迁与当代走向——兼论"以人为本"的马克思主义理解》，《哲学研究》2004 年第 7 期。

22. 鲁品越：《资本与现代性的生成》，《中国社会科学》2005 年第 3 期。

23. 鲁品越：《资本逻辑与当代中国社会结构趋向——从阶级阶层结构到和谐社会建构》，《哲学研究》2006 年第 12 期。

24. 马拥军：《论自然辩证法的实践性》，《自然辩证法研究》2004 年第 8 期。

25. 孙伯鍨：《以科学的理论态度研究"当代性"问题》，《南京大学学报》2001 年第 2 期。

26. 孙承叔：《资本与现代性——马克思的回答》，《上海财经大学学报》2006 年第 4 期。

27. 唐正东：《"消费社会"的解读路径：马克思的视角及其意义——从西方马克思主义消费社会观的方法论缺陷谈起》，《学术月刊》2007 年第 6 期。

28. 王常冉：《福斯特新陈代谢断裂理论的历史唯物主义之困》，《江海学刊》2009 年第 4 期。

29. 王德峰：《现代性状况和对历史唯物主义的"近代解读"的终结》，《复旦大学学报》2000 年第 6 期。

30. 王德峰：《在存在论革命的本质渊源中洞察历史唯物主义》，《江苏社会科学》2000 年第 6 期。

31. 王德峰：《让历史唯物主义真正出场——对"现实个人"概念的存在论探讨》，《云南大学学报》2002 年第 1 期。

32. 王德峰：《论历史唯物主义的本体论意义》，《学习与探索》2004 年第 1 期。

33. 王德峰：《在当代境况中重读历史唯物主义》，《云南大学学报》（社会科学版）2015 年第 4 期。

34. 王金林：《"感性现实"：马克思哲学当代性之秘密》，《江西师范大学学报》2002 年第 1 期。

35. 王金林：《现成性与历史性——海德格尔与马克思会通之一》，《当代国外马克思主义评论第三辑》，复旦大学出版社，2002。

36. 王雨辰：《评西方马克思主义对西方发达国家社会主义革命道路的探索——20 世纪社会主义运动反思之一》，《社会科学研究》2000 年第 6 期。

37. 王雨辰、杨松雷：《论法兰克福学派的问题逻辑与理论传统》，《江汉论坛》2015 年第 6 期。

38. 王雨辰：《论霍克海默尔和阿多诺对启蒙道德的批判》，《江汉论坛》2010 年第 12 期。

39. 王雨辰：《论经典西方马克思主义与国外马克思主义研究》，《陕西师范大学学报》（哲学社会科学版）2012 年第 4 期。

40. 王雨辰：《论科尔施后期思想中的马克思主义观》，《南京社会科学》2010 年第 6 期。

41. 王雨辰：《论西方马克思主义的消费伦理价值观》，《陕西师范大学学报》2010 年第 6 期。

42. 吴晓明：《马克思实践学说的本体论意义》，《南京社会科学》1996 年第 8 期。

43. 吴晓明：《现代性批判与启蒙辩证法》，《求是学刊》2004 年第

4 期。

44. 吴晓明：《论马克思哲学中的主体性问题》，《复旦学报》（社会科学版）2005 年第 5 期。

45. 吴晓明：《马克思主义哲学与通达社会现实的道路》，《中国社会科学》2007 年第 5 期。

46. 吴晓明：《黑格尔法哲学与马克思社会政治理论的哲学奠基》，《天津社会科学》2014 年第 1 期。

47. 吴晓明：《论黑格尔历史道路理论的具体化纲领》，《天津社会科学》2015 年第 1 期。

48. 徐大建：《资本的运营与伦理限制》，《哲学研究》2007 年第 6 期。

49. 郇庆治：《生态文明理论及其绿色变革意蕴》，《马克思主义与现实》2015 年第 5 期。

50. 仰海峰：《拜物教批判：马克思与鲍德里亚》，《学术研究》2003 年第 5 期。

51. 仰海峰：《人的单向度化与形而上学的回归——读〈单向度的人〉》，《当代国外马克思主义评论》2007 年第 11 期。

52. 仰海峰：《商品拜物教：从日常生活到形而上学》，《马克思主义与现实》2014 年第 2 期。

53. 尹海燕：《金融危机引发的对马克思主义当代价值的思考》，《山东社会科学》2010 年第 2 期。

54. 俞吾金：《马克思对现代性的诊断及其启示》，《中国社会科学》2005 年第 1 期。

55. 张雄：《现代性后果：从主体性哲学到主体性资本》，《哲学研究》2006 年第 10 期。

56. 张雄：《现代性逻辑预设何以生成》，《哲学研究》2006 年第 1 期。

57. 张宇、蔡万焕：《金融垄断资本及其在新阶段的特点》，《中国人民大学学报》2009 年第 4 期。

58. 赵磊：《对美国次贷危机根源的反思》，《经济学动态》2008 年第 11 期。

图书在版编目（CIP）数据

福斯特生态学马克思主义研究／刘雅兰著. －－ 北京：
社会科学文献出版社，2023.9（2024.12 重印）
ISBN 978 - 7 - 5228 - 2262 - 4

Ⅰ.①福…　Ⅱ.①刘…　Ⅲ.①马克思主义 - 生态学 -
研究　Ⅳ.①A811.693

中国国家版本馆 CIP 数据核字（2023）第 144679 号

福斯特生态学马克思主义研究

著　　者／刘雅兰

出 版 人／冀祥德
责任编辑／周雪林
责任印制／王京美

出　　版／社会科学文献出版社·马克思主义分社（010）59367126
　　　　　地址：北京市北三环中路甲 29 号院华龙大厦　邮编：100029
　　　　　网址：www.ssap.com.cn
发　　行／社会科学文献出版社（010）59367028
印　　装／唐山玺诚印务有限公司

规　　格／开　本：787mm × 1092mm　1/16
　　　　　印　张：17.25　字　数：255 千字
版　　次／2023 年 9 月第 1 版　2024 年 12 月第 2 次印刷
书　　号／ISBN 978 - 7 - 5228 - 2262 - 4
定　　价／98.00 元

读者服务电话：4008918866

▲ 版权所有 翻印必究